# 船舶与海洋复合材料结构物工程应用技术

## Composite Materials in Maritime Structures
### Practical Considerations

〔英〕R. A. Shenoi   J. F. Wellicome   著

梅志远　李华东　张焱冰　刘　令　译

科学出版社

北　京

图字:01-2017-2182

# 内 容 简 介

　　本书为 R. A. Shenoi 和 J. F. Wellicome 所著的 *Composite Materials in Maritime Structures* 的第 2 卷 *Practical Considerations*。主要阐述复合材料及其结构的相关理论在船舶、艇筏、海洋工程及深海装备的设计和建造过程中的工程应用。内容涵盖常见船舶复合材料结构的设计方法、胶黏剂的应用、复合材料结构制造技术;涉及复合材料结构实际使用方面的考虑,如复合材料结构对砰击载荷、疲劳性能的响应;阐述复合材料结构的设计准则、质量和安全性评估及设计的管理与组织。

　　本书可作为船舶工程和海洋工程专业的研究生、教师及学者的教材和参考书籍,并可为从事船舶与海洋复合材料结构物设计与工程应用的科学工作者、研究人员及技术工人提供复合材料结构工程应用的相关知识。

**图书在版编目(CIP)数据**

船舶与海洋复合材料结构物工程应用技术/(英)R. A. 施诺依(R. A. Shenoi),(英)J. F. 韦尔科姆(J. F. Wellicome)著;梅志远等译. —北京:科学出版社,2018.9

书名原文:Composite Materials in Maritime Structures-Practical Considerations
ISBN 978-7-03-058696-4

Ⅰ.①船…　Ⅱ.①R…②J…③梅…　Ⅲ.①船舶工程-复合材料结构　Ⅳ.①U663.9

中国版本图书馆 CIP 数据核字(2018)第 198503 号

责任编辑:张艳芬　姚庆爽　罗　娟 / 责任校对:郭瑞芝
责任印制:师艳茹 / 封面设计:陈　敬

*科学出版社* 出版
北京东黄城根北街 16 号
邮政编码:100717
http://www.sciencep.com
*河北鹏润印刷有限公司* 印刷
科学出版社发行　各地新华书店经销
*

2018 年 9 月第 一 版　开本:720×1000　1/16
2018 年 9 月第一次印刷　印张:14 1/4
字数:282 000
**定价:128.00 元**
(如有印装质量问题,我社负责调换)

# 译 者 序

随着 20 世纪 40 年代初玻璃增强热固性塑料（玻璃钢）的出现，以纤维增强树脂基复合材料（fiber reinforced plastic，FRP）为主要工程应用对象的船舶复合材料结构设计技术开始得到持续关注与发展。FRP 具有比强度高、无磁、耐腐蚀和抗海洋生物侵蚀等众多固有优良性能；同时，FRP 结构所具有的优异的可设计性，也为船舶结构的发展开辟了崭新领域。这种可设计性不仅体现为复合材料的铺层可设计性，更为重要的是，FRP 结构还能够在保证船舶结构强度和刚度的条件下，通过与功能材料的合理复合、结构形式优化设计，同时实现多种功能特性的兼容，这就为未来功能型船舶结构的设计与建造提供了广阔的发展空间和无限的可能。

40 多年来，随着我国国民经济的蓬勃发展，复合材料结构设计技术在我国航空航天领域内的发展尤其迅猛，而在船舶与海洋工程领域的应用却相对迟缓，尤其是在舰船复合材料结构工程应用领域，甚至出现了需求大于能力、工程先于理论的尴尬状态。以猎扫雷舰艇为例，2010 年以前，全世界 32 个濒海国家已建造全复合材料猎扫雷舰艇共计 391 艘，而我国至今没有一艘在役。究其原因，译者认为主要有三方面：首先，长期以来，船舶设计界总是将复合材料结构设计问题归结为材料问题，而忽视了总体需求与结构设计体系的主导作用；其次，与我国以往长期粗放式的经济发展模式以及船舶全寿命费用概念并没有真正得以贯彻落实不无关联；最后，我国船舶结构设计者对于新材料的应用过于谨慎，在紧迫工程进度要求下，熟悉且技术成熟度较高的钢质或铝质船体结构往往成为首选。

本书的英文原著虽成文较早，但它系统全面地阐述了船舶复合材料体系的选用，复合材料船体结构的设计、制造、生产管理、质量管理以及设计团队组织的基本模式与要求。书中提出的所应遵循的船舶复合材料结构设计、生产与管理的基本原则、特点及规律等，大多数在今天仍然具有很好的指导意义。因此，译者认为将其引入我国，以供船舶结构设计者和相关专业研究生参考学习是必要的。

本书在编译过程中得到课题组研究生的大力支持，周晓松、陈国涛、郑健、王亚楠、刘建良、杨国威等硕士和博士研究生参与编译了本书的部分章节，付出了辛勤的劳动，在此一并表示衷心感谢。

感谢海军工程大学研究生教材基金及海军工程大学科研自主立项项目对本书出版的资助。感谢咸宁海威复合材料制品有限公司在材料选型及制备工艺方面所提供的技术支持。

　　尽管编译组希望尽可能真实、清楚地向读者传达原著写作思想,但因为水平有限,书中难免存在不足,还望读者批评指正。

梅志远　李华东 等

海军工程大学舰船与海洋学院

2018 年 5 月

# 原 书 序

20世纪50年代初以来,纤维增强树脂基复合材料(fibre reinforced plastic, FRP,本书中简称复合材料)在船舶与海洋(本书中简称船海)结构物设计建造领域的应用得到稳步发展。早期FRP主要用于制造小型船艇,如救生船和游艇。随着工程技术的发展,依照规范建造的排水量达数百吨的复合材料船舶结构物已逐渐在工程中得到应用。同时,一些潜在的应用领域也不断得以开发,从雷达天线罩、桅杆、复合材料管件到大尺度海洋结构物,如水面船舶主船体结构、上层建筑结构、潜艇结构以及离岸工程结构物等。

随着投入使用的复合材料船舶数量以及结构物尺度的不断增长,材料技术、制作工艺方法以及设计流程也逐步成熟和完善。现在复合材料结构在重量、强度以及制造成本等方面全面超越金属结构已经成为可能,但这种超越的前提是必须具有完整且良好的复合材料结构生产质量控制体系。此外,全面系统的复合材料及相关结构力学知识体系也是设计和生产管理者所必须具备的。

本书及其姊妹篇将所收集到的素材,通过汇编整理为相互独立的两册。它们将为大尺度船海复合材料承载结构的设计和制备提供理论基础,并通过实例讲解复合材料在船海结构物工程设计领域的应用特点。

第1册书名为 *Composite Materials in Maritime Structures -Fundamental Aspects*,主要介绍复合材料结构的材料科学基础、复合材料结构的失效机理及强度理论,包括经典层合板理论、夹层板刚度理论等,还对数值计算方法予以介绍,如有限元分析方法。

第2册书名为 *Composite Materials in Maritime Structures -Practical Considerations*,主要介绍复合材料船海结构物工程应用问题,即本书。书中通过专门章节介绍复合材料排水型船舶以及滑行艇的设计问题,讨论了单壳船体结构和夹层船体结构的生产制备以及材料与结构损伤特征。最后,结合实例分析,阐述规范设计对产品质量影响的重要性以及设计管理工作的复杂性。

两册书各章节的作者都是船海工程复合材料结构物设计和生产领域内的国际知名专家,分别来自企业、船级社和科研院校。他们为这两册书的编撰倾注了大量心血,在此编委会对他们的辛勤劳动和付出表示感谢。

1993年3月南安普敦大学举办第18届WEGEMT研修班,这两册书的素材被整理为授课讲义。WEGEMT是欧洲海洋技术领域的大学联盟组织,该组织旨在提供继续教育平台,鼓励相关从业人员和研究生在28个成员单位内部进行交流,培养研究兴趣。研修学员大多具有相关专业研究生以上学历,主要来自造修船厂、设计部门或船舶公司,他们希望通过参加研修,更为广泛深入地理解复合材料船海结构物的设计特点,以期为今后工作的开展打下基础。

我们希望这两册书能引起从事复合材料结构相关技术工作者的兴趣。它们可作为高年级本科生或研究生教材,也可为研究人员继续教育提供参考。编撰本书的初衷是立足于海洋工程领域,但书中的相关素材和案例同样可为其他领域复合材料结构的工程应用提供帮助和参考。

第 18 届 WEGEMT 研修班由国际指导委员会组织建立,委员会主要成员如下:

| | |
|---|---|
| O. Gullberg 先生 | Karlskronavaarvet AB,Sweden(瑞典) |
| A. Marchant 先生 | AMTEC,UK(英国) |
| M. K. Nygard 教授 | Veritas Research & University of Oslo,Norway(挪威) |
| H. Petershagen 教授 | University of Hamburg,Germany(德国) |
| R. Porcari 博士 | CETENA,Italy(意大利) |
| H. Scholte 工程师 | Delft University of Technology,The Netherlands(荷兰) |

国际指导委员会审查通过了本书内容安排,并帮助挑选课程讲授人员,对此编委会深表感谢。举办研修班所需要的部分经费得到了 COMETT 基金会的支持,主要来自伦敦海洋科技有限公司理事会所管辖的大学与企业联合培训中心执行委员会。在此,编委会对于 WEGEMT 秘书长 J. Grant 先生在获取 COMETT 基金支持和研修班的宣传工作中所付出的辛勤劳动深表感激。

最后我们对南安普敦大学船舶工程系的 W. G. Price 教授及其他同事的鼓励、支持和帮助表示感谢。对 L. Cutler 女士为两册书的出版在文字和图片处理与编辑、排版等方面所做的大量专业性劳动表示衷心感谢。

R. A. Shenoi,J. F. Wellicome
Southampton

# 章 节 介 绍

本书主要从四个方面阐述复合材料在船海工程领域的工程应用问题,即设计方法、生产制备工艺、服役或使用,以及安全与质量管理。

第1、2章主要讨论排水型船舶和水动力支承型船舶的设计问题,由于设计载荷、船型、材料体系选型以及制造工艺等方面技术特征的典型性,应用背景选定为猎扫雷舰和滑行艇。这两章内容较为全面地涵盖了两型船舶复合材料船体结构设计的各个方面。

第3、4章着重探讨在复合材料次级结构制作过程中使用胶黏剂和连接接头细节设计的重要性。

第5、6章针对单壳加筋结构和三明治夹层结构的生产制备工艺展开讨论。前者是传统舰船板架结构形式的衍生,而后者在小型专业赛艇,如"美洲杯"赛艇结构选型,得到越来越多的青睐。

第7～9章对复合材料结构在服役或使用过程中存在的主要问题加以介绍。第7章的学习,希望使船东和船员能清楚地了解和认识复合材料船体结构缺陷(如裂纹和气泡),以及当缺陷出现时应如何处理,以确保船体结构的安全性。第8章主要介绍典型海洋载荷作用下复合材料结构的典型响应特征,以及在大载荷作用下可能出现的失效模式等。一般商用船舶的使用寿命可达25年以上,因此充分理解船体材料和结构的长期使用特性也是非常必要的(第9章)。

最后一个方面是安全性和生产质量管理问题。虽然这是一个普适性的议题,但它对于复合材料船海结构物的设计意义重大。迄今为止,在船海工程领域大规模的复合材料结构应用还主要集中于船、艇和潜艇结构物等,但离岸工程领域的应用需求目前已在逐步增长。因此,关于其主要设计特点,以及其特殊使用要求,如防火问题等,应该得到关注(第10章)。长期以来,国际海事组织和不同国家的监管部门一直希望能对船舶和其他海洋工程结构物的设计质量及安全性进行规范化与标准化管理。因此,对船海复合材料结构物的设计者、生产者和使用者而言,知晓各种相关法令、法规和设计规范是非常必要的(第11、12章)。最后,因为复合材料结构物设计所具有的复杂性,以及不同阶段所存在的庞大信息管理的需要,第13章对如何开展细致的设计组织工作进行介绍。

# 目　　录

译者序

原书序

章节介绍

第1章　排水型船舶设计 ……………………………………………… 1

1.1　引言 …………………………………………………………… 1

1.1.1　背景 …………………………………………………… 1

1.1.2　复合材料船舶结构的优异性 ……………………… 1

1.1.3　案例研究 ……………………………………………… 2

1.2　材料选型与测试 ……………………………………………… 2

1.2.1　一般性要求 …………………………………………… 2

1.2.2　制备工艺影响因素 …………………………………… 3

1.2.3　生产检验试验 ………………………………………… 4

1.2.4　力学性能测试与计算 ………………………………… 4

1.2.5　耐久特性 ……………………………………………… 5

1.3　设计准则 ……………………………………………………… 6

1.3.1　概述 …………………………………………………… 6

1.3.2　设计安全系数 ………………………………………… 6

1.3.3　载荷 …………………………………………………… 7

1.4　结构设计 ……………………………………………………… 7

1.4.1　结构形式 ……………………………………………… 7

1.4.2　设计因素综合分析 ………………………………… 10

1.5　结论 ………………………………………………………… 16

参考文献 ………………………………………………………… 17

第2章　水动力支承型船舶设计 …………………………………… 18

2.1　引言 ………………………………………………………… 18

2.2　概念设计 …………………………………………………… 18

2.2.1　概述 ………………………………………………… 18

2.2.2　设计要求 …………………………………………… 18

2.3　载荷 ………………………………………………………… 19

2.3.1　常规载荷 …………………………………………… 19

2.3.2　垂向加速度 ……………………………………………… 20

2.3.3　砰击压力 …………………………………………………… 20

2.3.4　静水压力载荷 ……………………………………………… 21

2.3.5　总强度载荷 ………………………………………………… 22

2.4　船体结构的成型制备 ……………………………………………… 22

2.5　结构分析 …………………………………………………………… 24

2.5.1　理论分析模型 ……………………………………………… 24

2.5.2　指标要求 …………………………………………………… 26

2.6　工程应用建议 ……………………………………………………… 27

2.6.1　生产特点 …………………………………………………… 27

2.6.2　建造成本 …………………………………………………… 27

2.6.3　相关标准 …………………………………………………… 28

2.7　结论 ………………………………………………………………… 29

参考文献 ………………………………………………………………… 29

第 3 章　胶黏剂 …………………………………………………………… 30

3.1　引言 ………………………………………………………………… 30

3.1.1　树脂黏结特性 ……………………………………………… 30

3.1.2　对胶接过程的影响因素 …………………………………… 31

3.1.3　胶黏剂的优缺点 …………………………………………… 32

3.2　设计考虑因素 ……………………………………………………… 33

3.2.1　不同类型载荷影响 ………………………………………… 33

3.2.2　接头几何形状设计 ………………………………………… 34

3.3　胶黏剂的选择 ……………………………………………………… 35

3.3.1　胶黏剂/黏结体兼容性 ……………………………………… 35

3.3.2　力学性能 …………………………………………………… 36

3.3.3　热力学性能 ………………………………………………… 38

3.3.4　海洋环境下的耐久性 ……………………………………… 39

3.3.5　选择标准 …………………………………………………… 40

3.4　胶接工艺 …………………………………………………………… 41

3.4.1　表面准备 …………………………………………………… 41

3.4.2　树脂调配、定位和固化 …………………………………… 41

3.4.3　质量认证 …………………………………………………… 42

3.5　应用场合 …………………………………………………………… 42

参考文献 ………………………………………………………………… 43

**第4章　连接及其附属结构实用设计** ················································ 44

4.1　背景 ······················································································ 44

4.1.1　连接设计必要性 ································································ 44

4.1.2　连接设计要求 ···································································· 44

4.1.3　连接形式分类 ···································································· 45

4.1.4　胶接与螺栓连接 ································································ 46

4.2　面内搭接或对接 ········································································· 47

4.2.1　连接特点和目的 ································································ 47

4.2.2　主要设计参量 ···································································· 48

4.2.3　螺栓连接建模技术 ····························································· 50

4.2.4　胶接理论模型 ···································································· 52

4.3　面外连接Ⅰ:骨架-壳板连接 ························································ 54

4.3.1　连接类型 ········································································· 54

4.3.2　设计参量 ········································································· 55

4.3.3　建模技术 ········································································· 55

4.4　面外连接Ⅱ:舱壁与外壳板连接 ·················································· 57

4.4.1　载荷传递特点 ···································································· 57

4.4.2　失效模式 ········································································· 57

4.4.3　设计参量 ········································································· 58

4.4.4　建模分析技术 ···································································· 58

4.5　筋材交叉连接 ············································································ 59

4.5.1　目的 ··············································································· 59

4.5.2　设计特点 ········································································· 60

4.5.3　建模分析 ········································································· 60

4.5.4　生产特点 ········································································· 61

参考文献 ······················································································· 61

**第5章　单壳结构船体生产制造** ······················································ 64

5.1　概述 ························································································ 64

5.2　建造过程的含义 ········································································· 64

5.3　场所布局 ·················································································· 65

5.3.1　概述 ··············································································· 65

5.3.2　厂房面积需求 ···································································· 65

5.3.3　生产周期规划 ···································································· 66

5.3.4　原材料储存 ······································································ 68

5.4　结构制备与装配船台 ··································································· 69

    5.4.1 总体布局 ···················································· 69

    5.4.2 船体结构模具 ·············································· 69

    5.4.3 材料铺设及固化成型 ···································· 71

    5.4.4 生产效率 ···················································· 74

    5.4.5 场所通风及安全性 ······································· 74

  5.5 板架制备车间 ················································· 75

    5.5.1 场所布局 ···················································· 75

    5.5.2 制板模具 ···················································· 76

    5.5.3 材料铺放及固化 ·········································· 76

    5.5.4 生产效率 ···················································· 77

    5.5.5 场所通风及安全性 ······································· 77

  5.6 部件装配车间 ················································· 77

    5.6.1 场所布局 ···················································· 77

    5.6.2 总装前准备工序 ·········································· 78

    5.6.3 结构部件组装 ·············································· 79

    5.6.4 装配技术 ···················································· 80

  5.7 下水后的舾装工作 ·········································· 80

  5.8 原材料处理 ···················································· 80

    5.8.1 树脂体系 ···················································· 80

    5.8.2 芯材和增强纤维 ·········································· 81

    5.8.3 清洗剂 ························································ 82

  5.9 质量保证措施 ················································· 82

    5.9.1 员工培训 ···················································· 82

    5.9.2 原材料检查 ················································· 82

    5.9.3 生产车间维护 ·············································· 83

第6章 夹层结构游艇船体建造 ································· 84

  6.1 概述 ····························································· 84

  6.2 生产场所设计 ················································· 84

    6.2.1 基于计算机集成制造生产模式 ······················ 84

    6.2.2 先进复合材料需求 ······································· 84

  6.3 平板生产车间 ················································· 86

    6.3.1 生产流程 ···················································· 86

    6.3.2 车间内成型 ················································· 87

  6.4 多轴加工机械或数控车间 ································· 87

  6.5 模具车间 ······················································ 88

6.5.1　原材料 ·················································· 88

6.5.2　模具制造 ··············································· 89

6.6　层压车间 ···················································· 89

6.6.1　原材料 ·················································· 89

6.6.2　生产过程 ··············································· 93

6.7　固化要求 ···················································· 95

6.8　总装车间 ···················································· 96

6.9　下水前装备配置 ·············································· 97

6.10　质量保证 ··················································· 97

第7章　复合材料结构的失效与修复 ································· 98

7.1　概述 ························································ 98

7.2　凝胶涂层（胶衣）失效 ········································ 98

7.2.1　常见缺陷 ················································ 98

7.2.2　凝胶背衬 ··············································· 102

7.3　凝胶涂层气泡形成机理 ········································ 103

7.3.1　概述 ··················································· 103

7.3.2　影响气泡形成的因素 ····································· 103

7.3.3　减少气泡的措施 ········································· 104

7.3.4　水汽缩聚试验 ··········································· 104

7.4　层合板设计预防失效措施 ······································ 105

7.4.1　铺层设计 ··············································· 105

7.4.2　标准复合材料 ··········································· 107

7.4.3　先进复合材料 ··········································· 108

7.4.4　避免层合板失效的常用措施 ······························ 108

7.5　夹层结构芯材 ··············································· 110

7.6　主船体结构设计中的防失效措施 ································ 111

7.6.1　概述 ··················································· 111

7.6.2　避免主船体结构失效的常见措施 ·························· 111

7.7　展望 ······················································· 113

参考文献 ························································ 113

第8章　砰击与撞击载荷作用下夹层结构响应特征 ···················· 114

8.1　概述 ······················································· 114

8.2　砰击载荷 ···················································· 115

8.3　砰击载荷作用下夹层板的响应特征 ······························ 117

8.4　材料性能和测试方法 ·········································· 119

8.5 单次和反复砰击对泡沫芯材的影响 ……………………… 121

8.6 固体物的撞击 …………………………………………… 123

参考文献 …………………………………………………… 124

第9章 疲劳特性 ………………………………………………… 125

9.1 概述 ……………………………………………………… 125

9.2 金属材料疲劳机理 ……………………………………… 126

9.3 复合材料疲劳机理 ……………………………………… 128

9.3.1 增强纤维 ……………………………………… 128

9.3.2 树脂基体 ……………………………………… 128

9.3.3 界面相 ………………………………………… 129

9.3.4 层合板 ………………………………………… 129

9.4 疲劳试验分析 …………………………………………… 132

9.4.1 树脂基体的影响 ……………………………… 132

9.4.2 增强纤维材料的影响 ………………………… 133

9.4.3 织物构型的影响 ……………………………… 134

9.4.4 其他影响因素 ………………………………… 134

9.5 疲劳设计及损伤准则 …………………………………… 136

9.6 结构疲劳 ………………………………………………… 137

9.7 结论 ……………………………………………………… 138

参考文献 …………………………………………………… 139

第10章 复合材料在海洋工程结构中的应用 ……………………… 141

10.1 背景 …………………………………………………… 141

10.2 材料选型 ……………………………………………… 142

10.2.1 增强纤维 …………………………………… 142

10.2.2 树脂基体 …………………………………… 144

10.3 制作流程和产品 ……………………………………… 146

10.3.1 板件的制作 ………………………………… 146

10.3.2 型材和板架的挤压成型 …………………… 147

10.3.3 FRP管件 …………………………………… 148

10.4 复合材料结构的耐火特性 …………………………… 150

10.4.1 耐火性特点 ………………………………… 150

10.4.2 耐火特性影响因素 ………………………… 154

10.4.3 夹层结构耐火特性 ………………………… 155

10.4.4 双层板材的防火特性 ……………………… 156

10.4.5 双层抗爆防火板设计 ……………………… 158

10.5　结论 ……………………………………………………………… 159

10.6　致谢 ……………………………………………………………… 160

参考文献 …………………………………………………………………… 160

**第 11 章　设计监管** …………………………………………………… 162

11.1　适用规范 ………………………………………………………… 162

11.1.1　背景：国际海事组织滑行艇设计准则 …………………… 162

11.1.2　船级社规范 ………………………………………………… 163

11.1.3　主船级 ……………………………………………………… 163

11.1.4　航行区域限制 R0～R4 …………………………………… 164

11.1.5　其他船级注释 ……………………………………………… 165

11.2　高速轻质船舶设计载荷 ………………………………………… 165

11.2.1　概述 ………………………………………………………… 165

11.2.2　垂向加速度 ………………………………………………… 166

11.2.3　局部载荷 …………………………………………………… 167

11.2.4　船体梁总强度计算载荷 …………………………………… 170

11.3　玻璃钢结构材料许用要求 ……………………………………… 172

11.3.1　概述 ………………………………………………………… 172

11.3.2　玻璃纤维增强材料 ………………………………………… 172

11.3.3　聚酯基体材料 ……………………………………………… 172

11.3.4　芯材 ………………………………………………………… 173

11.3.5　夹层结构胶黏剂 …………………………………………… 174

11.4　玻璃钢结构的设计与分析 ……………………………………… 174

11.4.1　材料性能及测试 …………………………………………… 174

11.4.2　计算方法和许用应力 ……………………………………… 175

11.4.3　主船体总纵强度 …………………………………………… 175

11.4.4　三明治夹层板 ……………………………………………… 175

11.4.5　单筋结构的板和加强筋 …………………………………… 178

11.4.6　肋骨框架和梁系 …………………………………………… 180

11.4.7　细节设计要求 ……………………………………………… 180

11.5　致谢 ……………………………………………………………… 181

参考文献 …………………………………………………………………… 181

**第 12 章　产品质量与安全** …………………………………………… 183

12.1　概述 ……………………………………………………………… 183

12.2　质量保证基本要求 ……………………………………………… 183

12.2.1　名词定义 …………………………………………………… 183

12.2.2　ISO 标准 ································· 183

12.2.3　质量保证体系 ··························· 186

12.2.4　当事人 ································· 186

12.2.5　合格证书 ······························· 186

12.2.6　适用规范 ······························· 186

12.3　设计阶段 ··································· 187

12.3.1　两种主要设计途径 ····················· 187

12.3.2　FRP 与金属材料的差异性 ··············· 187

12.4　制造阶段 ··································· 189

12.4.1　火灾/爆炸及健康危害 ·················· 189

12.4.2　产品生产要求 ························· 191

12.5　安装(仅针对 FRP 管路) ····················· 196

12.5.1　背景介绍 ······························· 196

12.5.2　规范要求 ······························· 196

12.6　服役期检查与维护修理 ······················· 196

12.6.1　规范要求 ······························· 196

12.6.2　调查和修复标准 ························· 197

第 13 章　设计管理与组织 ··························· 198

13.1　引言 ······································· 198

13.2　管理工作的必要性 ··························· 198

13.3　企业级设计管理 ····························· 199

13.4　项目级设计管理 ····························· 199

13.5　FRP 产品的设计管理 ························· 200

13.5.1　设计过程 ······························· 200

13.5.2　设计参数 ······························· 203

13.5.3　设计流程 ······························· 204

13.6　生产与设计接口 ····························· 205

13.7　设计质量保证 ······························· 206

13.8　组织 ······································· 206

13.9　设计管理和组织工程案例 ····················· 206

13.10　结论 ······································ 208

参考文献 ········································· 208

附录　复合材料组分力学性能 ························· 209

# 第1章 排水型船舶设计

## 1.1 引 言

### 1.1.1 背景

本章主要讨论复合材料在猎扫雷舰艇(mine countermeasures vessels,MCM-Vs)等排水型船舶结构建造中的应用。猎扫雷舰艇是目前完全采用FRP建造的最大尺度的排水型船舶。仅在英国,目前已下水或正在建造的FRP猎扫雷舰艇就有3个级别,共计19艘,而世界上最大的FRP船舶是美国的Osprey级猎扫雷舰,总长63m、排水量850t。

当前,复合材料船体结构形式主要包括单壳加筋结构、夹层结构、单壳无筋结构(厚硬壳)或以上三种形式的组合。此外,波形结构被认为是一种可用于未来新型MCMVs的结构形式。

### 1.1.2 复合材料船舶结构的优异性

在过去的25年里,玻璃纤维增强树脂基复合材料(GFRP)几乎已经完全取代木材,成为建造45~60m长MCMVs的首选结构材料。究其原因,除GFRP具有良好的力学性能外,更主要是因为它还具有其他众多的优异特性。以MCMVs为例,相对于钢材和木材,复合材料具有以下优点,能更好地满足此类特殊船舶的设计需求:

(1) 良好的绝缘性能。

(2) 无磁。

(3) 相对于木质船体,在维修和建造方面具有更好的经济性。

(4) 相对于木质船体,具有更好的坚固性和抗爆抗冲击能力。

(5) 在海洋环境中,具有良好的耐腐蚀和防腐烂特性。

目前,在常规船舶的建造中,低碳钢可能仍然是最可行的首选对象。相对于钢材,复合材料的一个主要优势是可减轻结构重量。虽然减轻结构重量对于任何海洋结构物都是有益的,但是这一要求对于排水型船舶的意义并没有那么显著。因此,除MCMVs这类对材料有特殊要求的水面船舶以外,复合材料在其他船舶上应用的首选是上层建筑和桅杆,以达到"减轻上部重量,提高船舶稳性"的目的。

化工行业经验已经证明,FRP具有良好的耐海水腐蚀性,这可能是FRP应用于船舶建造的另一个重大优势。因此,FRP是某些在恶劣环境海域(如中东海域)航行的船舶首选的结构建造材料。在这些海域中,船体结构的腐蚀速率非常高,钢质船体常常需要花费高昂的保养和维修费用。

从制造成本的角度来看,对于长度为25m左右的船舶,如果不考虑加工费,采用FRP和钢质材料的成本是基本相当的。因此,仅就经济性而言,小型船舶(长度小于25m)宜采用复合材料进行建造,大型船舶(大于25m)宜采用钢材进行建造。

### 1.1.3　案例研究

在对船舶结构设计原则进行初步讨论的基础上,本章将重点讨论50m长、单壳加筋结构FRP排水型船舶的设计问题,并以英国Sandown级猎扫雷舰为例,对其中的关键问题进行阐述。

在接下来的章节中,主要针对以下几点加以阐述:

(1)材料选型与性能表征方法。

(2)结构形式选择。

(3)总体布置对结构设计的影响。

(4)生产工艺要求对结构设计的影响。

(5)结构设计和分析。

## 1.2　材料选型与测试

### 1.2.1　一般性要求

船舶尺度对船体材料的选择具有重要影响。为了尽可能降低加工费用,船体结构的建造一般仅限于采用湿法铺层的开口模塑工艺,成型制备工艺则限于在15~25℃的大气环境中进行常温固化。因此,以上工艺要求实际上决定了所采用的基体材料只能是聚酯类树脂或者乙烯基酯树脂。而在这两者中,聚酯类树脂价格低廉、使用方便,且具有良好的性能和优异的海洋环境适应性。增强材料可选用的主要有E-玻璃纤维、R-玻璃纤维、碳纤维和芳纶纤维。其中,E-玻璃纤维成本最低,易于裁剪,结构重量一般是可接受的(至少对于排水型舰船而言),并且具有良好的耐火性和综合力学性能。综上所述,可以看出:无论最终选用何种结构形式,在理论上,E-玻璃纤维增强聚酯类树脂基体复合材料应是最理想的材料体系。当然,当减重要求比成本的增加更为重要时,例如,为满足某些特殊用途(如桅杆结构或防弹结构),也可采用一些其他材料。目前,一个重要的发展趋势是采用E-玻璃纤维和芳纶纤维混杂增强材料,可减轻15%的结构重量,且不会带来成本的大幅增加。

增强纤维的形式也存在多样性,如随机纤维毡、无捻粗纱织物、多轴向缝合织物或针织物等。用于船体结构制备时,目前无捻粗纱织物和混合织物(缝合织物和毡形层)占据主要地位;而多轴向编织物,由于消除了编织布中纤维曲折的问题,现在已得到越来越多的关注。

层合板的密度、厚度、强度以及模量特性在较大程度上依赖于增强纤维和树脂基体材料的性能,同时会受到成型条件的影响,如层压成型工艺、结构尺度和类型、工艺和质量的控制水平,甚至环境温度等,这些因素均会造成层合板性能理论预报的困难。因此,在开展层合板试件试验时,应保证其成型条件与实际结构建造及性能测试时相一致,这也是获得可靠设计数据的关键。

## 1.2.2　制备工艺影响因素

材料特性不仅对层合板最终质量有较大影响,也会影响产品的生产周期,其影响规律和程度只有通过大尺度产品试验才能得到最终的真实评价。产品生产时,应考虑的主要事项如下:

(1) E-玻璃纤维织物的可裁剪性在较大程度上依赖于布的重量。若计划采用标准宽度的织物,例如,在进行筋材覆盖层铺层时,如果能够按照预定宽度裁剪,且为避免边缘磨损而将织物边缘缝合,将非常有利于生产。在裁剪铺层边缘处,无捻粗纱织物相对于具有可缝合特征的织物和毡层混合织物,更容易发生绽裂和边缘磨损。

(2) 低黏度树脂基体有利于减少固化时间(可以通过滚筒碾压工艺实现织物的浸润,并排除气泡)。

(3) 层合成型时的树脂基体应具有触变性,以减少垂直面上的排出物,但这样会增加织物浸润的难度。同时,值得注意的是,对于致密的粗纱织物,水平放置铺设成型时,树脂含量将较高;而竖直铺设成型时,树脂的流失将非常严重。

(4) 大多数织物都能轻易实现圆柱形模具表面的铺设,但在角隅和双曲面位置处进行铺设成型时,可能需要进行裁剪,如筋材终止端、筋材剖面渐变区以及船体外板的艏部区域等。悬垂性较差的织物应尽量避免使用,因为这常常需进行大量的裁剪工作,易导致铺层搭接边集中,这就需要使用更多的材料,以弥补强度的损失。

(5) 反之,若织物的悬垂性太好,则容易发生扭曲,导致粗纱可直线拔出。此时,织物应该采用含有经纱的类型,以保证织物在铺覆时的整齐度,而混合织物则可以通过毛毡层和缝合技术以保持平整。

(6) 采用厚布以减少铺层数目的方法并不一定能够节省时间,因为此时每一层织物所需要的固化时间将变长。同时,在多数情况下,为了确保织物能够采用湿法铺设,实际工程中对织物的重量也是有一定要求的。

(7) 聚酯类树脂的固化反应是放热过程。如果布层铺设过快,则后续铺层将会阻碍前面铺层的热量散失,从而导致层合板固化升温过快,树脂的固化加快,甚至失控。同时,温度还有可能会升至某一个临界点,从而导致层合板内部产生永久性热损伤。

(8) 当采用嵌入式连接方式时,对于阶梯切削设计,应开展试件试验,以评估其连接效率与可实现的难易程度。

### 1.2.3　生产检验试验

生产阶段开展的材料性能初步测试试验,可以通过尺寸为 1m×2m 的小尺度平板完成。通过开展已黏结加强筋材的平板试验,可以检验截面边缘和端部织物的铺覆性。初步检测还可以通过对含胶量以及单层厚度进行检查来评估制备工艺性。通过以上方法,在材料选型阶段,可以很经济地对大量备选材料体系进行评估。

在充分掌握备选材料体系的工艺特性后,就需要制作一块 3m×3m×8mm 的平板,并从中切割试样进行力学性能测试。该尺度平板的检测非常重要,因为它不仅能够反映大尺度层合产品生产的难易程度,还能反映实际产品的空隙率以及织物边缘的对接与交错搭接问题。

在力学性能测试工作完成后,备选织物/树脂材料的数目将缩减至 2 或 3 种,这些备选材料体系将再次经历更为接近真实产品状态的测试工作。此时,将需要建造一个船体结构分段,至少应包含 3 或 4 个肋位的长度,并采用实际船体成型模具进行铺设。在此分段结构中,应包含所提出的结构设计方案中的主要特征,如横向骨架、纵向骨架、舱壁、T 形连接结构、平台、甲板、横梁的肘接以及其他筋材交叉连接结构形式。通过分段结构的制作,可以对产品生产过程中的每个方面进行检查,并可在分段结构不同位置切割试件,以检验结构的含胶量、厚度和力学性能。

### 1.2.4　力学性能测试与计算

力学性能测试可参照海军标准、BS、ISO、欧洲标准或 ASTM 执行。推荐使用标准如表 1.1 所示。

表 1.1　力学性能测试参照标准

| 测试类型 | 推荐标准 |
| --- | --- |
| 拉伸 | BS 2782 Part 10 Method 1003 |
| 弯曲 | BS 2782 Part 10 Method 1005 |
| 短梁剪切 | BS 2782 Part 3 Method 341A |
| 压缩 | BS 2782 Part 3 Method 345A |
| 面内剪切 | ASTM D4255(1983)Method A |
| 泊松比 | (参见拉伸测试标准) |
| 固化度(巴氏硬度) | BS 2782 Part 10 Method 1001 |
| 试件制备 | BS 2782 Part 9 Method 930A by machining |

　　对于采用织物增强的层合板,应对经纬两个方向的力学性能进行测试。由于复合材料性能的离散性,为了获得真实可靠的性能参数,每项测试应至少准备 5 个试件;若要对复合材料经向抗拉强度和拉伸模量进行测试,则需要从竖向和水平平板上沿纤维经向分别切取 5 个试件;而对于平纹织物,经纬向的测试结果可以通用。力学性能测试结果应采用常用统计方法加以分析。

　　在结构设计过程中所需使用的强度和模量等参数,应通过对测试结果取平均值,然后减去 2 倍标准差得到。以上数据处理方法,可以保证实际结构中 97.5% 的性能参数超过相应的设计值。值得注意的是,离散性是复合材料性能参数测试结果的一个固有特点。

## 1.2.5　耐久特性

　　在复合材料结构服役过程中,所有的树脂材料都会吸收少量水分(如聚酯类树脂吸湿率一般为 1%)。因此,当其应用于船海工程结构物建造时,在最初的 12~18 个月,其力学性能一般会下降 10%~20%,在随后的服役过程中,树脂力学性能的退化将变得比较缓慢。然而,对于采用树脂浸润的层合板,当其承受持续拉伸载荷时,力学性能退化现象将更加严重。试验研究结果表明,此种持续的应力水平不应超过极限载荷的 10%~20%(即安全系数应大于 5)。这种特性对于波浪载荷等极端工况下船体结构的设计没有太大影响,但对于承受固定载荷作用的结构应特别注意。对于此类结构应当保证较低的应变水平(0.3%~0.5%),以避免树脂中出现微裂纹,导致潮气侵入。

　　对于层合板试件应进行浸水或密闭空间内的加速老化试验。老化过程还可以通过提高环境温度或环境压力进行加速。为了将试验结果修正至实际时长,对于未进行后固化的聚酯类树脂,建议加速老化温度一般为 60~70℃,测试温度应保持在热变形温度以下。如果想更快地得出试验结果,可以将温度提高到 80~90℃,然后将性能与已知老化性能的层合板进行对比。英国国防部所使用的测试标准则是将试件浸入压力为 7MPa 的 23℃ 淡水中,试验周期为 100 天。

　　在进行船体外板铺层时,可以全部采用无捻粗纱布,但最外表面必须采用一层短切原丝毡。相对于无捻粗纱布,毡布可吸取更多的树脂,以确保玻璃纤维暴露于外表面时,海水不会沿纤维进入层合板内部,从而形成对内层织物的有效保护。在游艇制作过程中使用凝胶涂层也是出于这种考虑,当然,还可以起到美化船体的作用。

# 1.3 设 计 准 则

## 1.3.1 概述

舰船主船体结构的设计必须考虑由静态和动态波浪载荷引起的弯曲及剪切作用,同时,对于 MCMVs,还需要考虑由爆炸冲击引起的鞭状运动载荷。因此,需要开展以下分析工作:

(1) 对局部壳板、筋材尺寸及船体剖面模数进行计算,以保证在总纵弯矩、剪力及侧向水压力载荷作用下,构件应力不大于材料的许用应力。在进行应力分析时,必须对由船体梁结构(尤其是主甲板)不连续导致的应力集中作出限定。

(2) 对船体梁的固有频率及结构在各种载荷下的挠度进行校核计算,保证其满足设计要求。

(3) 对局部板格、加强筋单元及考虑舱壁约束的加筋板架临界屈曲应力进行计算。FRP 弹性模量较低,因此稳定性计算对于承压状态下的船底板架和主甲板结构尤其重要。

在进行小型船舶结构设计时,以上设计原则将不再适用,小型船舶壳板尺寸的选择主要取决于静水压力、水动力载荷以及一般性结构强度要求。

## 1.3.2 设计安全系数

目前大多数复合材料船海结构物都使用织物或毛毡增强材料建造,虽然这些材料本质上具有各向异性,而且了解其失效模式也十分必要,但是在设计时采用各向同性或正交异性板理论也是合理可行的。

当前工程中常用的设计安全系数如表 1.2 所示,以下系数的选取并未考虑载荷的不确定性或材料的离散特性,如最大载荷和材料最小力学性能等因素。

**表 1.2　不同设计载荷对应的设计安全系数**

| 载荷类型 | 设计安全系数 |
| --- | --- |
| 静态短期载荷(拉伸) | 3.0 |
| 静态短期载荷(压缩) | 2.0 |
| 静态长期载荷(干燥) | 4.0 |
| 静态长期载荷(浸泡) | 6.0 |
| 交变载荷 | 5.0 |
| 局部屈曲(筋材平行于载荷) | 1.5 |
| 加筋板柱形屈曲 | 2.0 |
| 屈曲(筋材垂直于载荷) | 3.5 |

对于短期静态载荷,安全系数可解释为:层合板达到许用应力时,将导致基体微裂纹的萌生。当结构应力高于许用应力时,虽然层合板依然能够承载,但会在层合板中产生永久性损伤。

对于筋材间板格的局部屈曲问题,例如,如果已在翼板与板材的连接处采用了积极的设计措施(如螺栓连接或韧性黏结剂)以有效防止筋材与板材剥离,那么此时采用较低的安全系数(如 1.5)是合理的。

对于疲劳问题,当结构承受高应变率载荷时,安全系数可取为 5.0。在进行全船结构设计时,可以采用静态短期载荷的安全系数设计,而不必考虑疲劳失效问题。

同时需要注意的是,由于 FRP 弹性模量较低,对结构变形进行评价也是非常重要的。在对承受内压的液舱结构进行设计时,应保证结构最大挠度不大于 $L/200$,以避免变形过大而导致边角处的连接结构破坏。对于类似于上层建筑中轻型甲板的板格结构,其最大挠度应不大于 $b/80$($b$ 为板格短边跨距),以避免船员踩踏时产生松软感,一般而言,此时结构的强度能够满足要求,但这种现象会导致船员产生不安情绪。

### 1.3.3　载荷

由于载荷与结构材料无关,对于作用在结构上的载荷问题,本章将不做详述。但从结构稳定性角度来看,面内载荷相对重要,因此有必要加以强调。表 1.3 给出了目前船舶结构设计时的常见载荷工况。

表 1.3　船体结构载荷

| 基本载荷 | 海洋载荷 | 操作载荷 | 战斗载荷 |
| --- | --- | --- | --- |
| 人员活动载荷 | 主船体弯矩 | 进水 | 直接冲击波 |
| 结构重量 | 波浪砰击 | 直升机降落 | 爆炸引发的鞭状运动 |
| 液舱压力 | 水动力/波浪拍击 | 进坞 | 载荷 |
| 设备重量 | 横摇/纵摇/垂荡惯性力 | 海上补给 | 火炮爆炸压力 |
|  | 风载 | 锚泊 | 高速破片 |
|  |  | 停泊 | 火炮后坐力 |
|  |  |  | 导弹尾流压力和尾焰 |

# 1.4　结 构 设 计

## 1.4.1　结构形式

复合材料船体的几种基本结构形式如图 1.1 所示。这些结构形式在大型水面舰船结构的使用中均具有各自的优缺点,如表1.4所示。同时,表1.5给出了不同结构形式船体重量和建造成本的对比分析结果。

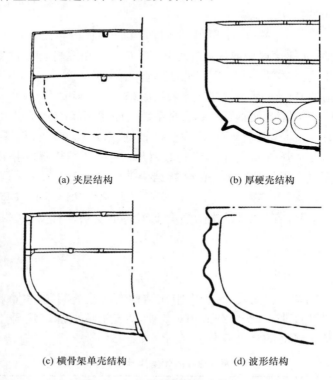

(a) 夹层结构　　　　　　　　　　(b) 厚硬壳结构

(c) 横骨架单壳结构　　　　　　　(d) 波形结构

图 1.1　复合材料船体基本结构形式

**表 1.4　几种典型船体结构形式优缺点对比[1]**

| 结构形式 | 优点 | 缺点 |
|---|---|---|
| 单壳加筋结构 | 结构性能和响应特性已被较好掌握<br>可实现自动化建造<br>易于设备安装<br>成本随船体建造数目增加而降低<br>易于质量控制<br>服役检测方便 | 建造成本较高<br>抗冲击性能需要重点关注 |
| 厚硬壳结构 | 易于自动化成型<br>劳动成本低<br>水线以下基本无须二次黏结<br>抗冲击性能良好 | 重量较大<br>材料成本高<br>检测手段亟须提高<br>附件及机械配套安装难度大<br>质量控制难度大 |

| 结构形式 | 优点 | 缺点 |
| --- | --- | --- |
| 夹层结构 | 可以较低重量实现高弯曲刚度特性(刚度/重量比高)<br>可实现无模具制造<br>二次黏结工艺最少<br>建造、维护和使用成本低于常规结构<br>易于设备安装 | 检测手段亟须提高<br>结构长期耐久性需要验证<br>需要对芯材采取必要的防火保护措施 |
| 波形结构 | 重量较轻<br>材料和劳动成本较低<br>可实现自动化 | 横向强度较低<br>内部结构安装较困难<br>模具笨重且形状复杂 |

由表 1.4 比较可得出以下结论:

(1) 夹层结构可实现较低的建造成本(一次性或小批量生产,其成本最低)和较高的结构比刚度(刚度/重量),且在服役过程中,更易于质量保证、检查和维护。夹层结构的以上优点在目前建造的小型船舶上已得到很好的体现。随着使用和设计经验的增加,夹层结构必将在未来大型船舶中得到发展和应用。

(2) 通过大量资金投入,厚硬壳结构目前已在很大程度上实现机械自动化生产,从而可有效降低劳动成本,但这种结构形式将导致船体重量过大,不适于生产周期长且船体结构重量要求高的舰船建造。同时,厚硬壳结构建造的质量保证和服役期内的损伤检测比较困难。

(3) 单壳加筋结构的技术风险最低,其设计、建造检测、维护和维修问题都已得到很好的解决。因此,在各种载荷作用下,当对船体结构的强度和耐久性要求较高而对重量要求不严格时,单壳加筋结构最适合排水型船舶的建造。单壳加筋结构船舶的建造成本要高于夹层结构,尤其是一次性的船舶结构形式,但建造成本的差距可随着建造数量(5 艘或 5 艘以上)的增加而逐渐降低。

(4) 相对于单壳加筋结构,波形结构重量更轻。但要在主船体结构中得到应用,还需要开展大量研究工作。波形结构的制造成本较高,尤其是制作模具的成本和铺层的复杂程度较高。

在复合材料舰船结构设计时,可以将以上结构形式混合应用,以综合利用其各自的优点,给出不同结构部件最优设计方案。例如,一种最理想或最有发展前景的参考方案是:采用单壳加筋结构建造船体外板和主甲板结构,采用波形结构设计水密舱壁结构,而采用夹层结构建造次承载结构,如内部甲板(非强力甲板)、轻舱壁和上层建筑等。英国 Sandown 级猎扫雷舰和法国 BAMO 级猎扫雷舰就使用了以上两种或更多种基本结构形式。

表 1.5　不同结构形式相对重量和相对成本对比[2]

| 结构形式 | 相对重量 | 相对成本 |
|---|---|---|
| 1) 单壳加筋结构 | | |
| 　纵骨架式底部和横骨架式舷侧 | 1.00 | 1.00(0.75) * |
| 　横骨架式底部和舷侧肋骨间距: | | |
| 　　1m | 1.23 | 1.17 |
| 　　1.67m | 1.53 | 1.24 |
| 　　2.5m | 1.82 | 1.26 |
| 2) 贴面波形结构 | | |
| 　高度 0.3m | 0.75 | 0.79 |
| 3) 波形结构 | | |
| 　高度 0.16m | 1.24 | 1.55 |
| 　高度 0.48m | 0.75 | 0.94 |
| 4) 聚氯乙烯(PVC)泡沫夹层结构 | 0.73 | 0.62 |
| 5) 玻璃增强热固性塑料(GRP)厚硬壳(无筋) | 3.04 | 1.92 |

　＊采用树脂黏结替代螺栓连接。

## 1.4.2　设计因素综合分析

### 1. 设计过程概述

大型复合材料排水型船舶结构的设计流程如图 1.2 所示。可以看出,其总体设计过程与钢质船舶基本一致,但同时需要解决一系列由材料类型变化和 MCM-Vs 抗冲击要求所带来的问题。

在整个设计过程中,必须注意结构的连续性、筋材和 T 形接头的安装与终止,以及机械设备的安装与配合等问题。

### 2. 总体布置对结构的影响

船舶总体布置对结构设计复杂性和设计成本具有显著影响。为简化结构设计工作,在方案设计阶段,总体布置设计时应重点考虑以下几点:

(1) 主横舱壁应布置在肋骨间距整数倍位置处,以避免肋距在船长方向发生变化,从而造成舱壁与外板上已有肋骨的间距过小。

(2) 舱壁间距应在船长方向上大致相等,从而实现舱室的等长度分布。在实际工程中,这往往很难实现,而且会遇到长短舱室相接的情况,此时就需要减小纵向筋材的尺寸,从而导致泡沫修整和铺层裁剪的工作量增加;适应筋材跨度变化的

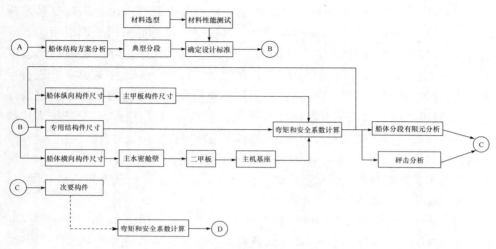

图 1.2　GRP 猎扫雷舰艇设计流程

最优方案应是:保持筋材的横截面尺寸不变,而只改变其表层复合材料的铺层方式。在所有舱室中,主机舱应是比较特殊的,其纵向具有较大跨距,在任何情况下,都需要进行特殊设计,以提供主机和减速齿轮箱的安装基座。

(3) 无须将主横舱壁设置在上层建筑的前后端壁处(这一点对于钢质船舶结构设计属于强制性要求)。这是因为 FRP 具有良好的柔韧性,可以避免在这些位置出现明显的应力集中。

(4) 在对横向和纵向骨架间距进行优化设计时,必须保证蒙皮螺钉连接和筋材表层铺覆能够顺利实施。因此,主船体和主甲板的骨架间距一般为 1~1.5m,而上层建筑以及内部结构则为 0.6~1.0m。若筋材的间距设置过大,其截面尺寸必然提高,这将侵占过多的舱室空间。

(5) 所有轻型舱壁均需要进行结构性设计,使其能有效支撑上层甲板。同时,应尽量将通道设计为直线分布,以便为甲板纵桁与横梁提供连续、刚性的直线支撑。

(6) 在主甲板上,一般都需要布置大量舱口和装载开口。这些开口应布置在船体中线附近,并在长度方向上最大限度地保持直线分布,从而保证开口边线外侧的纵向骨架可以平行于船体中线直线布置,与贯穿纵向骨架的横梁一起对开孔边缘进行加强。这将最大限度地保证船体的纵向剖面模数,并避免纵向骨架在开口附近发生“曲折”,降低建造难度并减少铺层工作量。

(7) 在进行甲板或舱壁布置时,需考虑舱壁与甲板、舱壁与外板 T 形连接结构的贯穿余量。虽然通过螺钉贯穿连接也能保证接合角处的强度和刚度,但最优的方案应是确保这些接头的顺畅贯穿。

(8) 对于复合材料,几乎任意形状的结构件都可以通过采用适当的模具进行制造。但是,对于相对简单的结构,如上层建筑,则可以考虑采用平板组装的方式进行建造,相对于采用整体式模具建造的方式,这种组装方式可显著降低建造成本。实际工程应用中,在前期对生产工艺进行充分研究的基础上,通常需要进行一定程度的折中处理。一般而言,主要结构部件应最大限度地考虑使用平板组装方式,这样就可以使用通用平板模具对不同尺度的结构进行制造;而具有三维形状的结构都需要通过特定模具进行建造。例如,在进行甲板结构设计时,理论上最好只采用直线结构,不设置梁拱,这样就可以对甲板板进行平面建造,从而从根本上避免了平板工具和筋材基线的调整。以上处理途径可以保证所有表面的平整度,有利于实现模块化建造和舾装的先进性。

(9) 整体式液舱应最大限度地利用内部已有构件。如主舱壁和下甲板可以分别作为液舱的端部和顶部结构,而纵向液舱舱壁应该布置在底部纵向骨架的中线位置。

## 3. 结构布置

Sandown 级猎扫雷舰的结构布置特征如图 1.3 所示,与先前 Hunt 级猎扫雷舰不同的是,其采用了纵骨架式的底部和主甲板结构。采用这样的结构形式,是因为 Sandown 级前期的可行性论证报告发现:相对于横骨架式结构而言,纵骨架式结构在重量和建造成本方面具有更大的优势,主要体现在以下几点:

(1) 更有利于保证船体梁的纵向弯曲刚度。

(2) 筋材相交现象大幅减少。

(3) 船体外板的屈曲安全系数可设计得更低,可以按照加筋板的许用强度进行确定。

当然,采用纵骨架式结构也存在一定不足:由于船底板的横向斜升变化较快,底部骨架常需要进行形状调整,以保证骨架与外板垂直相接;舷侧纵向骨架的铺覆存在较大难度(舷侧骨架建议采用垂向布置);为支撑纵向骨架,主横舱壁的重量较大(建议采用波形结构以减轻重量)。

舷侧肋骨的下端终止处,应在艉部区域直接与底部最外侧纵向骨材形成简支对接。由于船体艉部结构刚度较大,外部静水压力不会在连接结构处形成较大的应力峰值。肋骨的上端应通过圆弧过渡或肘板终止于主甲板横梁,这可以保证船体外板和主甲板结构之间具有良好的连续性和横向强度。

主甲板整体为纵骨架式结构,并在纵向骨架之间设置较小的横梁进行支撑,横梁端部在甲板边缘处与舷侧肋骨相接。

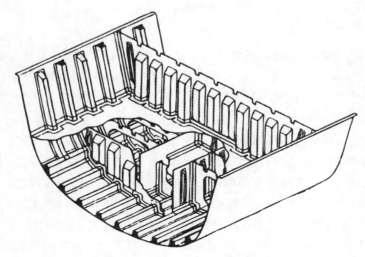

(a) 纵骨架式单壳结构(Sandown级猎扫雷舰)

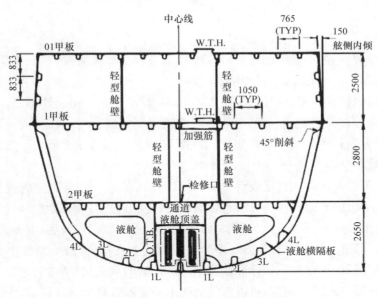

(b) Sandown级MCMVs中剖面

图 1.3　Sandown 级猎扫雷舰的结构布置特征

　　船体外板平均厚度为 20mm 左右,应对液舱、砰击区域及其他载荷较大的部位进行局部加强。甲板板的厚度为 15~25mm,在船长方向上随纵向载荷和横向载荷的变化而变化。

4. 板的设计

船底外板的厚度主要由面内载荷和横向压力载荷共同确定,其力学模型在不同载荷工况下有所不同:在静水压力载荷作用下,可以等效为"筋材中线处固支的长矩形各向同性板";在分析骨架间局部壳板屈曲时,可以等效为"筋材翼板与板相交处简支的正交各向异性板"。

分析表明,横向静水压力载荷是决定壳板厚度的主要因素。通过对典型加筋板结构和层合板失效进行有限元分析,可以进一步确定壳板厚度尺寸,但开展有限元分析的前提是,首先要根据简单梁板理论确定壳板的初始设计尺寸。

根据静水压力载荷确定舷侧壳板的厚度以后,可以将典型的三跨肋骨及其壳板构成的板架转换为正交各向异性板,进而通过有限元法,对结构在面内剪切和船体梁中垂产生的纵向面内压缩载荷共同作用下的屈曲抵抗能力进行校核分析。

5. 筋材设计

设计过程中,需要确定的筋材设计参量主要包括截面高度、截面宽度、腹板角度、翼板宽度、腹板铺层和上盖板铺层。

筋材的设计参量多、设计自由度大,因而需要开展标准化设计研究,以便生产部门进行泡沫截面定型,确定筋材截面的过渡及变截面筋材的铺层裁剪宽度。同时,沿筋材方向过多的铺层数目变化,也将给表层敷设带来诸多不便。以上措施将导致生产效率急剧下降。

对此,最优解决办法就是设计一系列标准截面尺寸,例如,对一艘舰船可以设计 10 种或更少的截面尺寸。在沿每根筋材的长度方向上,横截面尺寸应尽量保持不变,当减重要求较高时,可以在筋材的长度方向上改变铺层角度,例如,船体底部纵向骨材,需要穿过多个舱室,得到多个主横舱壁的支撑,并被分割为多个不等跨度。针对该问题,可以首先从标准截面中选择合适的截面尺寸,进而通过对不同舱段内骨材铺层方式进行调整,可以有效解决不同跨度骨材的设计问题,并且不会带来明显的质量增加。

一般而言,骨材表层成型时,通常要求在骨材泡沫芯材上采用全宽度增强材料铺覆。但更优的方法是在筋材表面上每次采用两块纤维织物进行铺层,并在筋材面板处交叠(即此处为两倍的铺层数目),或者最好在筋材面板处增设单向纤维带,以提高截面惯性矩,并使筋材重量最低。

如图 1.4 所示,在设计承受横向载荷和端部载荷加筋板的帽形加强筋时,应对以下几类失效模式加以考虑:

（1）腹板剪应力失效。

（2）面板拉/压应力失效。

（3）含单向增强纤维面板最大应变失效。

（4）壳板拉/压应力失效。

（5）面板局部屈曲。

（6）腹板剪切屈曲。

（7）加筋板筒形屈曲。

（8）翼板与壳板间黏结界面层间剪切失效。

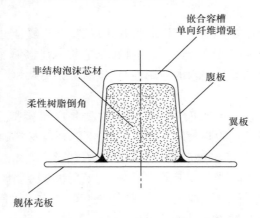

图 1.4　单壳加筋结构-典型筋材与壳板连接结构形式

当筋材主要传递应力确定以后,其主要的失效模式就很容易得出。

同时,在计算复合材料筋/梁截面属性时,还应考虑壳板、筋材和单向纤维带的弹性模量与极限强度的差异性。

6. 数值仿真分析

由于采用层合板有限元建立整船或舱段模型,工作量巨大,并且需要花费大量的计算时间,因此最优计算方法应是在以下两个层次上开展有限元分析。

首先,主船体结构的整体响应可以通过常规计算方法和各向同性单元进行建模计算,其计算精度是满足设计需求的。通过计算,可以对船体剖面上的应变及主舱壁之间外板和甲板的变形给出较为真实的评估。

其次,需要对局部细节处的应力分布特征进行详细分析,此时应建立加筋板局部模型,其边界条件来源于整体模型计算结果,在计算过程中建议采用正交各向异性单元。

通过局部模型计算,可以得出加筋板每一点上的应力,并可进行复合材料层合板的逐层分析,从而得出每层的应力、应变和安全系数,以及整个层合板的等效弹性模量和刚度。在此基础上,可以按照需要对结构铺层方式进行调整优化,其结果可以反馈至整体和局部模型中,进行新的计算分析。

现在已有一些专用的程序和单元,可以用于某些特殊结构(如连接接头)的细节研究性分析,计算结果的有效性应通过试验进行验证。

# 1.5　结　　论

自第一艘 GRP 船舶 HMS Wilton 号开始建造至今,复合材料造船技术经历了25 年的发展,当前可用于船舶建造的材料和制造技术已经越来越多。同时,重要的是,为证明新材料和设计技术的适用性,大量的试验测试和模型试验已经广泛开展起来。

目前,复合材料在大型水面舰船的应用主要集中于猎扫雷舰艇,从 MCMVs 的使用经验来看,与其他舰船采用钢材和铝材相比,复合材料确实带来了相当大的好处。将复合材料应用于大型舰船(如护卫舰)的上层建筑和桅杆可能是未来发展的另一个方向,它可以降低船体上层建筑重量,提高耐疲劳损伤、防火和抗冲击(如采用高模量材料芳纶纤维等)性能,并可降低全寿命成本。同时,通过掺入雷达吸波材料,还可有效降低雷达反射信号特征。

大型上层建筑的建造可以采用钢质横向框架＋外部承载 FRP 壳板的结构形式。采用以上结构形式,可以使结构的建造和维修成本最低,同时内部的韧性钢质框架可以使上层建筑具有良好的抗核空爆冲击性能。此外,应注意对一些问题进行专门处理,如武器和跟踪仪的安装(刚度要求较高)、舱室电磁干扰屏蔽问题等。

对于长度在 70m 以上的舰船,其总纵弯矩载荷较大,若采用复合材料建造主船体,需要采用高模量材料,因此经济性不佳。但复合材料结构可以用于主船体的内部结构,如下层甲板、水密舱壁和轻舱壁,可以有效减轻结构重量。

在复合材料舰船结构制造领域,目前绝大多数采用的是 E-玻璃纤维增强材料及少量特殊用途的高模量材料。新型织物形式,如多轴向织物、斜纹织物和针织物将逐渐取代传统的平纹织物和短切纤维毡。舱外复合材料结构的基体树脂体系以聚酯树脂或乙烯基酯树脂为主,而酚醛树脂和改性丙烯酸树脂具有良好的耐火性能,可以在舱内复合材料结构建造中得到应用。

# 参 考 文 献

[1] Report of Cttee. V. 8,Composite structures[C]//Proc. 10th Intl. Ship Struct. Cong. ,Lyng-
    by,1988.
[2] Smith C S,Chalmers D W. Design of Ship Superstructures in Fibre Reinforced Plastics[S].
    Trans. RINA,129,1987.

# 第 2 章　水动力支承型船舶设计

## 2.1　引　　言

关于水动力支承型船舶的设计方法,本章将主要以 Karlskronavarvet 公司设计建造的具有隐身特征的高速水面效应船(SES)为例进行阐述。

该型舰艇是为瑞典皇家海军建造的试验艇,主要目的是发展舰艇隐身技术,并为军用 SES 的 FRP 船体结构优化设计奠定基础。为了验证试验艇结构平台的适用性,课题组开展了针对各种海况的大量试验测试工作。同时,完成了恶劣海况下高速航行时作用于 SES 的动态载荷数据测试工作。

## 2.2　概　念　设　计

### 2.2.1　概述

在试验艇概念设计阶段,出于隐身设计的要求,对船体结构的尖角、面与面之间的相交角隅形式等均提出了特殊要求。同时,为了获得新材料体系在此类船舶结构中的长期使用经验,首次将乙烯基酯树脂应用到大型舰艇全尺度生产过程中。

为了满足导弹和主机的布置要求,需要分别在船体的舷侧外板和主机舱舱口上部的甲板处采用大开口设计。同时,由于隐身设计的需要,开口处应具有较高的刚度,给结构设计带来了较大难度和复杂性。

试验艇主尺度如下。

艇长(垂线间长):$L_{pp}=27.0$m;型宽:$B_{max}=11.4$m;排水量:$\Delta=130$t。

试验艇船舯剖面如图 2.1 所示。

### 2.2.2　设计要求

在进行试验艇结构设计时,应对船体结构重量进行优化,并需要保证其在水雷爆炸冲击载荷作用下的结构强度。基于以上需求,最终决定试验艇采用夹层结构形式进行设计。

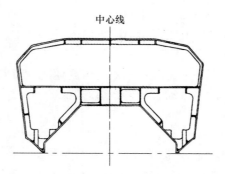

中心线

图 2.1　试验艇船舯剖面图

因为试验艇设计航速要求为 50kn[①]，所以设计时需要考虑船体与漂浮物碰撞产生的次生损伤问题。高速航行时，漂浮物碰撞可能会在船艏部区域产生小范围的结构损伤，若艏部区域未进行合理设计或芯材强度不足，这些微小损伤将扩展为较大范围的次生损伤，并最终导致船体外表面层合板与芯材界面发生剥离。

为了尽量降低舰艇水中声辐射特征，应确保主机基座支撑结构的刚度尽量大。同时，由于船体中部需为导弹布置提供大开口，主甲板和上层甲板骨架应能承受总纵弯曲的弯矩和扭矩载荷作用。

由于瑞典海军对 SES 的设计经验有限，该项目的研究基础主要来自两艘 33m 长、载客 300 人 SES 的设计和生产经验[1]。这两艘 SES 是按照船级社规范进行设计和建造的，设计载荷以及最小铺层厚度的强度标准也均来自该规范[2]。

## 2.3　载　荷

### 2.3.1　常规载荷

试验艇结构设计所使用的标准和设计载荷如下。

由于 SES 具有独特的较大型宽结构特征，其设计准则与常规船型存在较大差异。对 SES 结构影响最大的载荷是恶劣海况下高速航行时的波浪砰击载荷。

SES 船底板架面积大，且在总体结构重量中占比较高，因而船体底部壳板最大设计压力的选取，对总体结构重量具有显著影响。

目前，能够用于确定大型 FRP 夹层 SES 建造设计载荷的速度-海况包络线数据非常有限。

一般而言，在设计时，应主要考虑以下载荷：

---

① 1kn＝1.852km/h。

（1）由冲击或加速度引起的集中载荷。

（2）作用于船体底部的砰击载荷。

（3）静水压力载荷。

（4）中垂或中拱状态下的总纵弯矩载荷或高速航行时的砰击弯矩载荷。

（5）水雷爆炸产生的复杂动态冲击载荷。

### 2.3.2　垂向加速度

根据 DNV 规范，船体垂向加速度可以表示为

$$a_\mathrm{v}=\frac{k_\mathrm{v}g_0}{3458(H_\mathrm{s}/B_\mathrm{wl}+0.084)}\cdot\frac{\tau}{4(50-\beta_\mathrm{cg})}\cdot\frac{(v/\sqrt{L})^2LB_\mathrm{wl}^2}{\Delta}\qquad(2.1)$$

式中，$k_\mathrm{v}$ 为垂向加速度的纵向分布系数，其取值参考图 2.2；$H_\mathrm{s}$ 为有义波高（m）；$\beta_\mathrm{cg}$ 为船纵向重心（LCG）处横剖面舯部斜升角（最小 $10°$，最大 $30°$）；$\tau$ 为航行纵倾角（最小 $4°$，最大 $7°$）；$B_\mathrm{wl}$ 为设计水线宽（m）；$L$ 为船长（m）；$g_0$ 为标准重力加速度；$v$ 为最大航速（kn）；$\Delta$ 为排水量（t）。

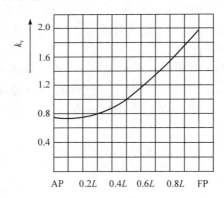

图 2.2　垂向加速度的纵向分布系数 $k_\mathrm{v}$

试验艇垂向加速度设计状态选取航速 50kn 和有义波高 1m 进行计算，得出其艏部垂向加速度为 $85.2\mathrm{m/s^2}$（约 $8.7g$），而船舯 LCG 处加速度为 $42\mathrm{m/s^2}$（约 $4.3g$）。

### 2.3.3　砰击压力

在船体底部结构和平面湿甲板结构设计时，应考虑砰击强度要求。

根据 DNV 规范，砰击压力设计载荷如式（2.2）所示：

$$P_\mathrm{sl}=1.3k_1\left(\frac{\Delta}{A}\right)^{0.3}T^{0.7}\left(50-\frac{\beta_x}{50}-\beta_\mathrm{cg}\right)a_\mathrm{cg}\quad(\mathrm{kPa})\qquad(2.2)$$

式中，$k_1$ 为纵向分布系数，取值见图 2.3；$A$ 为设计载荷作用面积（$\mathrm{m^2}$）；$T$ 为 $L/2$

处吃水（m）；$\beta_x$ 为载荷作用平面中心处舭部斜升角（°）；$\beta_{cg}$ 为纵向重心处横剖面舭部斜升角（最小 $10°$，最大 $30°$）；$a_{cg}$ 为纵向重心处设计垂向加速度。

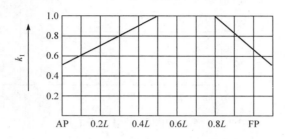

图 2.3 船底板砰击载荷纵向分布系数 $k_1$

在试验艇 $0.8L$ 处船底舭部斜升面上，平板面积约为 $2\mathrm{m}^2(0.9\mathrm{m} \times 2.3\mathrm{m})$，实际作用砰击载荷大小可由式（2.3）计算：

$$P_{s1} = 1.3 \times 1.0 \left(\frac{130}{2}\right)^{0.3} \times 0.7^{0.7} \times \left(50 - \frac{30}{50} - 30\right) \times 43.2 \quad (\mathrm{kPa}) \quad (2.3)$$

则

$$P_{s1} = 153\mathrm{kPa}(0.153\mathrm{MPa}) \quad (2.4)$$

结构设计是不断迭代的过程，因而在壳板最终尺寸确定之前，设计标准和载荷可能需要经过多次校核或修正。对于所设计的舰艇底部结构的不同区域，也应采用上述方法进行校核计算，并对结构不同位置处的砰击载荷进行确定。

对 SES 而言，其他需要进行强度校核的区域主要还应包括两片体之间的平面湿甲板结构（连接桥）和艏部斜面板架结构。当 SES 在恶劣海况下随浪高速航行状态下转向时，速度降低，舰艇将向下与波浪发生撞击。此时，艏部结构将受到最为严重的砰击载荷作用。

根据 DNV 规范，作用在平面湿甲板结构上的砰击载荷可由式（2.5）计算：

$$P_{s1} = \frac{1.9 k_t L}{A^{0.3}} \left(\frac{0.19 + 0.39\sqrt{L}}{C_b}\right)^2 \left(1 - \frac{H_c}{0.7L}\right) \quad (\mathrm{kPa}) \quad (2.5)$$

式中，$L$ 为舰垂线至载荷点的距离（m）；$H_c$ 为水线至载荷点的垂直距离（m）；$k_t$ 为纵向压力分布因子，取值见图 2.4；$C_b$ 为方形系数。

对于试验艇，通过计算可以得出艏部斜角区域所受砰击载荷为 144kPa。

## 2.3.4 静水压力载荷

根据 DVN 规范，作用于舷侧、上层建筑和露天甲板上的静水压力，计算公式如下：

水线以下的载荷点，取值为

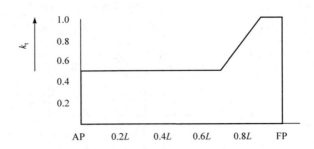

图 2.4　平面湿甲板纵向压力分布因子 $k_t$

$$P = 10h_0 + \left(k_s - \frac{1.5h_0}{T}\right)0.08L \quad (\text{kPa}) \tag{2.6}$$

水线以上载荷点,取值为

$$P = ak_s(cL - 0.53h_0) \quad (\text{kPa}) \tag{2.7}$$

式中,主船体舷侧,$P_{\min} = 6.5\text{kPa}$;露天甲板,$P_{\min} = 5.0\text{kPa}$。舰艇船中至尾部,$k_s = 7.5$;首垂线之前,$k_s = 5/C_b$;首垂线与船中之间,$k_s$ 线性变化。$h_0$ 为吃水 $T$ 到载荷作用点的垂直距离;舷侧和开放式干舷甲板,$a = 1.0$;干舷甲板以上的露天甲板,$a = 0.8$;$c$ 为与边界条件相关的系数,以上情况下其数值最小,取值为 0.08。

船底板砰击载荷的计算已在前面给出,静水压力载荷可以通过式(2.8)得出

$$P = 10 \times 2 \times 0.7 + (0.9 - 1.5 \times 0.7/0.7) \times 0.08 \times 27 = 36\text{kPa}(0.036\text{MPa}) \tag{2.8}$$

### 2.3.5　总强度载荷

一般而言,对于长度小于 40～50m 的常规船型舰艇,根据局部强度所确定的构件尺寸均能满足总纵强度要求。但是,进行 SES 型舰艇设计时,必须对其总纵强度进行校核。DVN 规范对船体梁上所应承受的纵向弯矩和扭矩具有相应规定。

## 2.4　船体结构的成型制备

由于试验艇采用泡沫夹层结构方案,整个船体可采用阳模工艺进行建造。主要工艺流程包括:首先在模具上铺设泡沫芯材,并采用结构性腻子胶将芯材进行整体黏结;然后在芯材表面进行 FRP 外表层铺层;最后将已成型的船体翻转,移走模具,并进行内部 FRP 铺设工作。

基于对船体结构减重和生产工艺性的综合考虑,最终确定船体外板芯材厚度

为 60mm。

如果采用更薄的芯材,将使板格尺寸变小,这样会增加支撑骨架(如纵桁和肋骨)的数量,并最终导致生产周期延长,造成较大的结构重量。同时,为保证结构的坚固性,即使面内应力水平较低,表层层合板的厚度也应满足最小厚度要求。

用于结构尺度分析的材料参数均来自瑞典相关材料管理部门已开展的大量材料测试工作,此项工作已在设计阶段之前完成,可在此基础上进行材料组合和优选。

在以上工作中,已对多种不同玻璃纤维与基体树脂组合的复合材料性能进行了测试,其中树脂体系主要包括聚氨酯改性的不饱和聚酯树脂及不同类型的乙烯基酯树脂等。在测试过程中,层间剥离强度得到重点关注。结果表明,玻璃纤维的光洁度对层合板层间剥离强度至关重要。相对于层间剥离强度,通常具有限制要求的拉伸强度对玻璃纤维增强材料的尺度敏感程度并不高。实践经验表明,采用相同玻璃纤维和相同工艺制造的层合材料,当纤维尺寸改变时,其拉伸强度基本相同,但层间强度可能只有预测值的 40%。

已进行的试验工作还包括由不同纤维和树脂组成的复合材料冲击试验。通过这些试验,最终确定层合板的增强材料体系采用常规 E-玻璃纤维,主要由 800g/m² 织物和 100g/m² 短切纤维毡(氯磺化聚乙烯(CSM))组合而成。对于舱壁与船体壳板的连接铺层,主要采用数量不等的预裁剪±45°玻璃纤维铺层。

对于承受波浪砰击和水雷爆炸冲击载荷的船体外板和舱壁连接部件,基体应采用橡胶增韧乙烯基酯树脂材料。舰艇其他部件树脂基体可以采用标准不饱和聚酯树脂。

对于舰艇所使用的 0°/90°正交织物增强复合材料,纤维方向拉/压强度应大于180MPa,弹性模量应不低于12GPa。对于采用乙烯基酯树脂基体的复合材料,层间剥离强度应为 17～22MPa;而采用不饱和聚酯树脂时,层间剥离强度应为10～15MPa。

为实现夹层结构的最优化设计,芯材应满足以下几个要求:低密度、高剪切强度和刚度、高剪切失效应变。应对不同密度芯材进行规范和严格选型。同时,由于芯材和表层相互作用对夹层结构的设计具有重要影响,所以在芯材选型时应考虑表层和芯材性能之间的匹配关系。

快艇底部结构将承受砰击引起的较大冲击载荷作用,若将质量较差的芯材用于这些位置,将存在重大安全隐患。质量太差的芯材在波浪砰击载荷作用下将很快产生剪切疲劳问题,而且若与漂浮物等发生碰撞,在水压作用下将产生层间剥离,从而导致严重的次生破坏问题。

一般而言,舰艇用芯材可选用刚度较大的 PVC 泡沫,根据在主船体上应用部位的不同,密度可在 60～200kg/m³ 进行选择。在实际工程中,芯材将通过黏结形成均质芯材结构。芯材黏结剂多采用结构性聚酯腻子,强度一般能够满足与芯材强度相当的指标要求。但是,从断裂伸长率角度来看,芯材断裂伸长率一般能够达到 6%~10%,而聚酯腻子的断裂延伸率则较低(1%~2%)。对于承受冲击载荷的结构,作为芯材黏结剂的腻子,性能应与芯材基本相同。

在该项目进行时,市场上最好的低密度腻子,能够满足强度要求(最低6MPa),断裂伸长率为 3.5%,并能采用常规泵进行抽吸作业,因此最终在全船上均采用这种腻子进行芯材黏结。

# 2.5　结构分析

## 2.5.1　理论分析模型

试验艇结构分析工作主要基于 DNV 高速快艇设计规范进行,通过不断迭代完成设计。为确定船体板的尺寸,应对舰艇不同部件在横向分布载荷作用下的力学响应进行分析,通过计算得出不同结构层合板正应力、芯材剪应力和板挠度分布特征。

### 1. 应力分析

根据 DNV 规范可以得出,横向载荷作用下夹层板中心点处上下表层最大正应力为

$$\sigma_c = \frac{160pb^2}{W}C_n \quad (\text{MPa}) \tag{2.9}$$

式中,计算平行于长边方向应力时,$C_n = C_2 + \nu C_3$;计算平行于短边方向应力时,$C_n = C_3 + \nu C_2$;$C_2$、$C_3$ 的取值见图 2.5;$W$ 为夹层板单位宽度剖面模数($\text{mm}^3/\text{mm}$);对于表层等厚度夹层板,$W = dt$。

在横向载荷作用下,夹层板边界中点处芯材的最大剪应力为

$$\tau_c = \frac{0.52pb}{d}C \quad (\text{MPa}) \tag{2.10}$$

式中,计算长边中点芯材剪应力时,$C = C_4$;计算短边中点芯材剪应力时,$C = C_5$;$C_4$、$C_5$ 的取值见图 2.6。

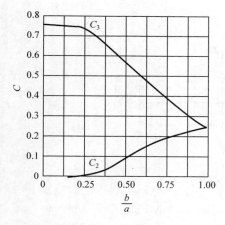
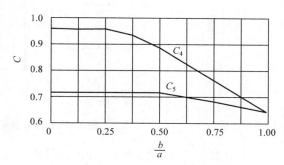

图 2.5　$C_2$、$C_3$ 插值曲线　　　　　　　图 2.6　$C_4$、$C_5$ 插值曲线

## 2. 挠度分析

平板中心处挠度为

$$w=\frac{pb^4}{D_2}(C_6+sC_7)\times 10^6 \quad (\text{mm}) \tag{2.11}$$

对于表层等厚度且弹性模量相等的夹层板,有

$$D_2=\frac{Etd^2}{2(1-\nu^2)} \tag{2.12}$$

式中,$\nu$ 为泊松比。

对于表层不等厚度且弹性模量不同的夹层板,有

$$D_2=\frac{E_1E_2t_1t_2d^2}{(1-\nu^2)(E_1t_1+E_2t_2)} \tag{2.13}$$

式中,下标 1、2 分别表示内、外表层。

$$s=\frac{\pi^2 D_2}{10^6 Gdb^2} \tag{2.14}$$

$C_6$ 和 $C_7$ 取值如图 2.7 所示。

下面以 $0.8L$ 船长处船底板为例,对其结构应力和变形进行分析。板上由波浪砰击引起的最大载荷为 $p=0.153\text{MPa}$。

相关参数如下所述。

平板尺寸:$a=2.3b=0.9\text{m}$。

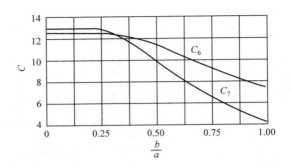

图 2.7　$C_6$、$C_7$ 插值曲线

表层层合板:厚度 $d=5.0$mm,拉伸极限强度 $\sigma_u=180$MPa。

芯材:厚度 $d=60$mm,剪切强度 $\tau_u=2.9$MPa。

采用式(2.9)~式(2.14)进行计算,可以得出夹层板表层与芯材的应力及挠度如下。

(1) 表层应力:$\sigma=40.10$MPa（$\approx 0.22\sigma_u$）。

(2) 芯材剪应力:$\tau=1.0$MPa（$\approx 0.35\tau_u$）。

(3) 平板中点挠度:$\delta=11$mm。

(4) 挠度/宽度比:$\delta/b=11/900\approx 0.012$。

以上性能完全满足设计要求。

### 2.5.2　指标要求

结构设计指标要求主要针对层合板与芯材最大应力以及船体板变形挠度,并基于 DNV 规范提出。但在某些区域,当结构具有特殊刚度要求时,例如,为满足40mm 口径 Trinity 炮性能要求,其支撑结构的刚度就必须足够大。

通过采用 300 个 8 节点等参夹层单元对火炮基座周边支撑结构进行有限元分析,设计人员发现:在不过多增加结构重量的前提下,仅采用常规单向玻璃纤维进行增强很难达到结构刚度要求。

对此,一种可行的结构方案是采用碳/玻混杂纤维结构。有限元分析结果表明,采用以碳纤维为主的加强筋对支撑结构进行增强是经济性和重量效率更高的方案。通过对最终全尺度结构进行测试,刚度计算值与测试值吻合度很好。

主机支撑结构是另一个具有特殊刚度要求的区域,其刚度对结构水中声辐射特性至关重要。通过局部结构有限元分析发现,在此区域采用玻璃纤维和芳纶混杂纤维铺层结构,能够满足结构刚度和声辐射要求,并可有效减轻结构重量。

# 2.6　工程应用建议

## 2.6.1　生产特点

在设计过程中,应关注生产方面的相关问题,并将意见不断地反馈给设计人员。对于高速 SES 船舶,结构重量非常敏感,对整船重量的要求十分严格。因此,船体结构严格的重量控制要求应及时反馈给生产和设计部门,以便采取合适的改进措施或对某些设备进行重新设计。

在大型纤维增强复合材料结构建造过程中,应保证铺层和黏结工艺的顺利实施,否则将很难达到要求的结构性能。在 SES 生产过程中,可以采用在大型猎扫雷舰艇 GRP 夹层结构建造中已得到很好验证的工艺方法。

采用简单的木质阳模建造技术和泡沫夹层设计对于不同舰艇的小批量建造非常有利。

相对于阴模建造,以上建造方法模具成本较低,同时易于保证芯材和外表层之间的黏结性能,这一点是采用阴模建造和真空袋压成型较难实现的。采用阳模建造的缺点是结构外表面较为粗糙,因此当结构表面光洁度要求较高时,应进行表面打磨并涂刷腻子。

在舰船设计初期,曾讨论过是否应对船体进行分段建造,并建议分别建造两侧片体,然后将平湿甲板制作为预制平板,通过平湿甲板将两侧船体片体连接起来。以上工艺可以简化外表层成型后船体的翻转过程。

然而,由于工期较紧,且试验艇结构具有特殊的隐身性要求,工程人员认为以上方法存在一定的潜在风险,因而在实际建造时,还是将船体沿中心线分割为两个结构部件分别进行建造,并最终通过复合材料层压工艺将其连接为一个整体。

对复合材料结构而言,平板结构的生产工艺最简单、最便于生产。同时,一般在使用乙烯基酯树脂或低密度聚酯腻子黏结芯材板条时,树脂的触变性通常会带来很多问题,但在平板结构中,此类问题可以得到有效化解。因此,在实际建造时,舱壁和宽板肋骨通常被生产为平板结构,而大型平板(如甲板)则一般采用分段建造,并在各分段两侧采用复合材料层压工艺进行连接。

船尾喷水口的外形非常复杂,且具有很高的光顺度要求,因而一般采用阴模工艺进行制造,在将喷水口通过铺层黏结于船体后,再将出水口附近的芯材黏结到位。

## 2.6.2　建造成本

一般认为,FRP 船舶的造价远高于钢质或铝质船舶,但是从 20 多年船舶建造经验来看,实际情况并非如此。虽然 FRP 船体材料成本较高,但其建造和舾装总工时较短。

对高速船舶(如载客 SES)而言,每年运行时间很长,当采用价格较高但强度更高的材料,并进行船体结构优化设计后,可以有效减轻船体结构重量,所带来的经济效益将远高于所增加的成本。例如,通过采用计算机优化程序对 33m 长载客 SES 进行结构优化[3],在满足强度和变形要求的情况下,可以减轻 30% 船体结构重量。然而,在实际情况下,由于要考虑结构的坚固性和其他具体实际问题,如标准化设计,重量的减轻可能无法达到以上指标。当然,对于一艘载客 SES,比较关心的问题往往是如何节约其运行成本,但若能减轻结构重量将是非常有意义的,那么尽管建造成本较高,其长期经济效益还是非常可观的。

船舶的运行成本主要与燃油费用、保养、维修和服役寿命相关。船舶结构重量降低就可以选用相对小型的主机,进而可以显著地节约燃油费用。结构的保养主要包括检测和油漆,相对于钢质和铝质结构,复合材料结构的检测难度较大,相关检测手段目前仍处于研究和发展阶段,而钢材和铝材的检测手段已经相对成熟。复合材料的维修需要良好的环境条件,但其工艺流程相对简便,目前对 FRP 及其夹层结构的维修已有很多指导性准则,但由于材料组合的多样性及材料技术的不断发展,目前 FRP 还没有像钢和铝材的维修一样形成标准化文件。FRP 结构小范围维修可以由经过培训的工人使用修理包和手糊工艺快速便捷地完成;大范围的修理工作则需要借助码头相关机械辅助完成。

对于一艘设计合理且生产合格的舰船,如果能得到必要的维护(如涂刷油漆),并避免层合板的紫外线老化问题,那么其服役寿命是非常长的。根据相关文献报道,通过对已服役 20 多年的复合材料舰船进行取样测试,船体结构的力学性能并没有出现下降。

### 2.6.3　相关标准

就 FRP 船舶安全性而言,耐火性是需要考虑的最重要的问题之一。耐火性设计的重要内容就是应尽可能地减少有毒气体以及防止火灾向邻近舱室蔓延,并保证结构的完整性。

通过添加阻燃剂或在表面喷涂防火涂料,FRP 夹层结构的耐火性能将优于铝质材料。但是,对于 FRP 船舶,目前国际上尚未建立类似于钢质和铝质船舶防火的通用规范,因此 FRP 船舶设计评估目前均由各国相关权威机构承担。若两个国家的耐火性标准和设计审批程序存在较大差异,两国之间进行船舶贸易时就会出现很大分歧和问题。

另一个关于 FRP 船舶产品标准的问题是:对于苯乙烯的排放,由于各国经济条件不同,不同国家的许可标准也可能存在较大差异。

# 2.7　结　　论

　　FRP是建造大型舰船和小型筏艇的优良材料,其主要限制来源于对材料性能认识的不完整和使用经验的缺乏。

　　对于高速船艇,目前对于设计载荷谱的相关研究还十分有限,从而增加了很多不必要的强度分析工作。但鉴于船级社和海军正在开展大量相关研究工作,有理由相信未来这些问题一定会得到很好的解决,并可在很大程度上提高FRP船舶结构的性能。

## 参 考 文 献

[1] Hellbratt S E,Gullberg O. The high speed passenger ferry jet rider[C]//Proc. 2nd Intl. Conf. Marine Applications of composite Materials,Florida Institute of Technology,Melbourne,March 1988.

[2] Tentative Rules for Classification High Speed Craft[S]. Hovik:Det Noreske Veritas,1990.

[3] Romell G O,Ljunggren L A,Esping B J D,et al. Structural optimization of a surface effective Ship[C]//Proc. 1st Intl. Conf. Sandwich Constructions,Stockholm,June 1989.

# 第3章 胶 黏 剂

## 3.1 引 言

树脂基体与增强纤维材料之间的界面黏结效应是复合材料存在的基础。尽管本章大部分内容都是在阐述界面本身的黏结作用,但其最终目的是探讨更高要求结构部件间的黏结问题,即如何将标准的复合材料结构部件通过有利于工艺生产的方式黏结成结构整体。更为详细的有关黏结的基本原则和细节论述,可参见文献[1]～[5]。

### 3.1.1 树脂黏结特性

虽然人类使用动植物或矿物类黏结材料的历史已有数千年,但仅仅在过去的50年内,随着合成树脂的出现,才加速了胶黏剂的发展和黏结技术的进步,可选的胶黏剂变得空前繁多,许多具有足够黏结强度的胶黏剂称为"结构胶",几乎可以满足所有可能胶接接头的制作需要。选择合理的黏结工艺必须建立在对黏结剂固有特性有效掌握的基础上,并主要取决于黏结剂的化学属性、结构设计和工艺制造等因素。

胶接成功与否主要取决于黏结力,而黏结力水平则取决于黏结体和胶黏剂界面的分子构造特征和胶黏剂本身。一种高效合理的胶接连接设计应满足以下条件:

(1) 胶黏剂组成分子与黏结体表面材料之间要有良好的浸润性。

(2) 界面黏结力不因任何原因而随时间延长发生退化或消失。

(3) 界面黏结强度和刚度,应满足连接接头应力和应变要求。这不仅要考虑静态和动态承载特性,还需考虑环境温度和蠕变特性的影响。

条件(1)只有当胶黏剂将黏结表面完全浸润的情况下才能满足。但这种浸润过程将受到脱模剂的影响,脱模剂会造成胶黏剂不能被黏结体完全吸收。条件(2)要求杂质分子不能进入黏结界面,进而取代胶黏剂材料。而条件(3)则主要依赖于黏结界面的相关黏结性能参数,如模量、强度和玻璃化转变温度等。

一般情况下,胶黏剂在使用中必须经历一个不可逆转的转变过程,即从湿态或黏态到固态,湿态下,胶黏剂可较好地浸润黏结体。根据这个转变过程的差异性,可对胶黏剂的类型进行如下简单分类:

（1）溶解基型，固化反应过程中溶解基消失后材料固化。

（2）热塑性型，加热液化，冷却固化。

（3）化学固化型，固化过程依赖于化学反应（放热或不放热）。

其中，第（3）类包括大多数的人造橡胶和热固性树脂，它们在 FRP 复合材料基体和结构胶黏剂中得到大量应用。有别于热塑性树脂，热固性树脂本质上不具备可熔性，但能够通过改性增强其特殊或专门功能特性。因此，市场上该类树脂产品需求数量目前正在持续增长。

### 3.1.2 对胶接过程的影响因素

胶黏剂本身的强度问题将在下节加以讨论，本节暂不考虑。下面将主要根据胶黏剂性能、应用潜力和固化参数来缩小范围，寻找合适的胶黏剂体系，以便根据工程实际需要，做出合理选择。

#### 1. 胶黏剂与黏结体匹配性分析

文献[1]～[5]针对大部分部件类型的黏结问题，给出了相对应的胶黏剂体系。一般情况下，相关设计人员在使用前常常会向制造商进行咨询并寻求技术支持。当处理 FRP 结构黏结问题时，尤其是当 FRP 结构部件需要与合金或钢质部件进行连接时，Lee[6] 将这种选择缩减到了 3 类。

（1）环氧树脂：单一型和 AB 型。

（2）丙烯酸树脂：单一型、伪单一型和 AB 型。

（3）聚氨基甲酸乙酯树脂：单一型和 AB 型。

此外在黏结过程中，FRP 结构部件中所使用的基体材料种类也会对黏结性能产生重要影响，但是其影响程度小于胶黏剂或黏结界面的影响，这一特点对于结构部件的连接尤其重要。通常来讲，结构部件的连接仅需要刚性的环氧树脂（高模量）和改性的丙烯酸树脂来提供结实可用且具有耐久性的黏结界面。但是刚性的胶黏剂往往具有脆性特点，为了解决此类问题，一般会通过添加橡胶基来阻止界面微裂纹的扩展。

#### 2. 胶黏剂固化特性

为获得耐久性良好的结构黏结界面，并确保使用胶黏剂时黏结界面尽可能不产生空泡，表面预处理工作必不可少。对于较宽的连接带或填充空腔要求高的部位，要完成好这项工作，最好采用带有自动或手动的单一连续发泡计量装置进行拉网式空泡排除。前面所提到的大部分胶黏剂材料体系，自然摇匀后均具有较好的空腔填充能力，其中也包括采用手糊成型工艺的 FRP 复合材料。对于大部分 AB 型胶黏剂，推荐在浇注机内部进行自动混合，以确保正确的混合比例和成分均匀性,并防止空气进入。

当胶黏剂浇注完成后,黏结界面成型时间通常会出现一定的差异变化,这主要取决于凝胶时间,且与胶黏剂类型相关。室温条件下,黏结界面的固化成型过程可能会持续从采用丙烯酸树脂的几分钟到采用 AB 胶模式环氧树脂的一个多小时。开始黏结之后,在被黏结结构件上还可能需要进行进一步的处理工作,此时一定要注意保护薄膜不被破坏,否则会导致空气进入。通常在 24h 以内,黏结区域内的胶黏剂需要保持足够的有效强度。因此,黏结界面在此时间段内,必须要求黏结结构部件能够被安全固定。一般来讲,对于刚度较大的结构,胶黏剂在固化过程中会表现出非常小的收缩特性,因此它们不需要很高的辅助压力,也不需要在连接区域形成过大的内在应力。多余的胶黏剂会溢出,从而在接头处形成黏胶带,黏胶带会改变接头的应力分布特征,并对接缝形成密封效应,这对胶接接头的成型质量是有利的。因此,这些多余的胶体可以被光顺处理,但不应该被铲除。

一般来讲,提高黏结区域的温度可以加速固化过程,并使得热固性树脂在固化过程中实现更为完全的交联,从而使胶接接头的强度特性更好。但必须注意,黏结区域的温度不宜过高。对 FRP 结构而言,提高界面的固化成型温度意义并不大,这主要是因为 FRP 本身具有良好的隔热性。因此,尽管单一型的热固性环氧树脂具有优异的性能水平,但采用升温加速固化工艺的应用前景极为有限。

### 3.1.3　胶黏剂的优缺点

工程中,在进行 FRP 结构连接时,相对于螺栓连接和铆接,胶接的主要优点如下:

(1) 提高结构表面完整性,使结构表面更加光顺。

(2) 能够制造形状更为复杂的结构物。

(3) 连接接头应力分布更加均匀。

(4) 对连接结构组件不会产生破坏。

(5) 具有更好的疲劳和阻尼特性。

(6) 具有更好的绝缘密封性能。

(7) 具有辅助夹具简化装配特性。

当然,胶接方式也存在一定的局限性。在很多情况下,需要采用一定数量的螺栓才能满足结构连接功能的需求。尤其对于以下问题,采用胶接连接时必须注意:

(1) 胶接接头的耐久性与工艺过程密切相关。

(2) 需要修改连接接头形式的设计,以避免劈开型撕裂模式的出现。

(3) 对于极端环境的抵抗能力有限,如过热环境或冲击载荷作用。

(4) 高温环境下将产生蠕变。

（5）不能立即达到最大强度特性。

（6）在结构部件集成时，需要使用特殊辅助夹具工装。

（7）胶接连接结构不易拆除进行维修。

目前尚无直接有效的非损伤质量控制程序，质量控制只能依赖严格的工艺制作流程控制、连接试件测试和目视检测技术。

## 3.2 设计考虑因素

胶接接头所需要承受的 5 种典型载荷形式为压缩、拉伸、剪切、劈裂和剥离，如图 3.1 所示。在上述每一种载荷作用下，胶黏剂的响应特性并不相同。同时，对于实际胶接接头，其具体载荷形式也并不是完全单一的模式。一般而言，胶黏剂的压缩和剪切承载特性较好。然而，由于胶接接头的扭曲和应力分布的不均匀性，黏结界面很容易受劈裂效应影响，这会对拉伸载荷作用下的胶接接头产生明显影响，因为拉伸载荷很难保证对称而不产生劈裂效应，而这种劈裂效应将会对接头性能起到决定性作用。图 3.2 给出了一个标准搭剪接头的放大变形状态和相应的应力分布特征。

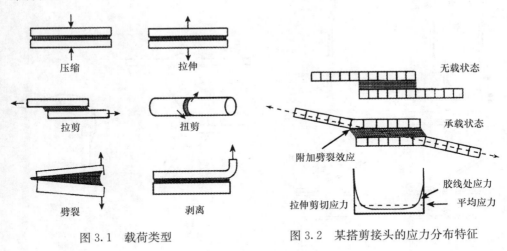

图 3.1 载荷类型　　　　图 3.2 某搭剪接头的应力分布特征

### 3.2.1 不同类型载荷影响

对于 FRP 结构，最大应力一般出现在其自由边界处。当黏结体出现扭曲变形时通常会在自由边界处产生劈裂效应，而接头中心位置处载荷较小，从而导致连接接头上平均应力通常会小于初始破坏位置的峰值应力，这主要取决于黏结体和胶黏剂的长度、厚度和相对模量。具有较低模量的胶黏剂一般会产生更为均匀的应力分布,但其强度会较低。关于这类问题的讨论可参考文献[1]～[4]。在文献[6]和[7]中 Lees 举了一个例子,在汽车传动系统设计中使用钢(或铝)质联轴节与 GRP/环氧推进杆形成共轴连接。该设计方案中最重要的是如何既使胶黏剂所承受的应力低于弹性极限,又使连接中心区域保持非承载状态,以防止蠕变[7]。

### 3.2.2　接头几何形状设计

应尽可能避免劈裂和剥离失效模式,图 3.3 对照给出了一些"许可"与"禁止"使用的连接形式。就对接连接和角连接而言,建议采用锥形渐变的双带咬合形式。对于合金和 FRP,可分别采用挤压成型和拉挤成型工艺,形成具有连接翼板的增强型接头,如图 3.4 所示。此外,应特别注意对加强筋终止自由端进行加强或局部降低刚度,如图 3.5 所示。

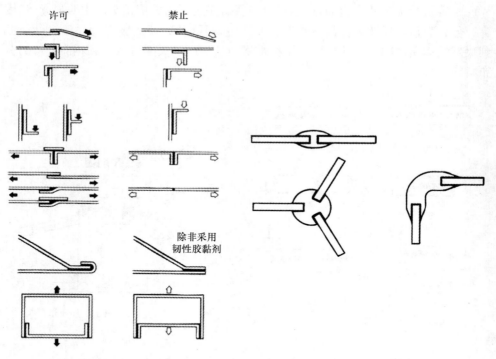

图 3.3　"许可"和"禁止"使用的连接形式　　　图 3.4　对接和角连接接头

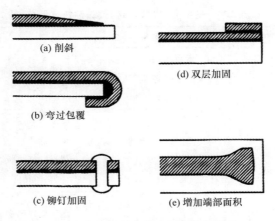

图 3.5　加强筋终止自由端部加强措施

# 3.3　胶黏剂的选择

胶黏剂的选用必须综合考虑各方面影响因素,如材料兼容性、应力许用范围、接头形状、制备方法、力学性能、热、蠕变以及备选胶黏剂的耐久性等。因此,需要对某型连接接头进行长期使用设计时,就有必要针对广泛的备选胶黏剂体系进行大量相关性能试验测试工作,这将意味着必须花费大量时间才能得到充分成熟的设计和全新的研制成果,同时也意味着大量资金的投入。

### 3.3.1　胶黏剂/黏结体兼容性

备选胶黏剂体系的兼容性数据可以参考 3.1.1 节所述,从备选胶黏剂体系中可以得到 FRP 结构黏结的适用类型,如表 3.1 所示。从表中很容易发现,相比于实用性方面的因素,如应用特性、固化流程和长期耐久性等,刚度(杨氏模量)和强度等指标对胶黏剂更为重要。然而,模量对于胶黏剂的主要意义是使其具有完全不同的应用潜力。

当杨氏模量较低时($<20MPa$),如单一体型 PU 胶黏剂,由于其承载能力较差,通常仅作为密封胶使用。

低模量到中等模量范围的材料($20\sim500MPa$),适合于作为挡风玻璃或轻质非承载平板的托板(内衬),此类复合材料结构的重量相对于胶接面积和宽度而言(一般指面板边缘宽度)较小。此时接头的长度(承载方向)和宽度(垂直方向)的差异极为重要,此时的应力水平一般反比于黏结宽度,而几乎不受长度方向尺度的影响,除非胶黏剂本身非常柔软或长度非常短。低模量 PU 胶黏剂具有此类特性,对于具有不同热膨胀特性的薄黏结体,可能会导致局部应力较高或表面扭曲问题。

**表 3.1　主要复合材料结构胶黏剂特点汇总**

| 胶黏剂类型 | 主要特点 | 主要优点 | 主要缺点 |
|---|---|---|---|
| 单一型聚氨酯 | 低模量,极低强度 | 使用简单;适用于合适尺寸的热金属变形体;填补大缺口;无须搅拌 | 对湿度敏感;非结构型胶黏剂;固化慢;耐久性使用仅适用于非金属界面 |
| AB型聚氨酯 | 极低到中等模量,极低到中等强度 | 可快速固化;适用性较好;可填补大缺口 | 对湿度敏感;需加热获得可接受的生产时间;耐久性使用仅适用于非金属面。某些版本不能作为结构型胶黏剂;必须混合使用 |
| 单一型丙烯酸树脂 | 中等模量,中等强度 | 极其快速固化;应用简单;适用性极强;金属连接适用性好;结构型胶黏剂;无须搅拌 | 需要良好的配合和间距以获得最好的性能;最好小于 1mm |
| AB型丙烯酸树脂 | 中等模量,中等强度 | 快速固化;应用简便;可延缓固化优点;适用性极强;填补大缺口;光污染应对特性好;结构型胶黏剂 | 必须混合 |
| 单一型环氧树脂 | 高模量,极高强度 | 快速固化;应用简单;极其耐用且性能全面;无须搅拌 | 需要热固化 |
| AB型环氧树脂 | 中等到高模量,中等到高强度 | 应用简单;耐久性好;升温/加热可快速固化;结构型胶黏剂 | 必须混合搅拌;固化慢 |

高模量材料,如热固性环氧树脂(1000～5000MPa),能够满足高强度结构应用需求,但有时由于黏结体具有不同的收缩特性(热固化处理而产生)或边界高应力(由于刚性材料)特性,强度往往无法达到要求。作为一种折中处理的办法,有必要考虑使用模量较低的 AB 型环氧树脂以满足结构长期使用的承载要求。一般而言,韧性较好的胶黏剂,如排序位于丙烯酸刚度序列之间的和冷/热处理过的 AB 型环氧树脂是 FRP 结构实际应用的胶黏剂。

理论上,通过对连接接头进行详细的三维弹塑性有限元分析,能够充分反映上述诸多问题。但是准确获取所有胶黏剂材料的体积模量数据是极为困难的。因此,为了一些特殊的应用需求,试图开展类似研究工作去评估备选胶黏剂并不切合实际。正常情况下,一般会针对备选试件进行一系列力学性能测试。此外,当温度和蠕变效应影响较大时,也需要进行相应的试验测试工作。

### 3.3.2　力学性能

文献[8]详细介绍了一些具备可行性的小尺度试验方案,这些试验已用于胶黏剂/黏结体组合后基本力学性能的评估。图 3.6 给出了测试试件的尺度范围,可用于评估一定范围内备选胶黏剂材料在拉、剪、弯曲/劈裂和剪切冲击载荷作用下相关力学响应特性。表 3.2 给出了钢和 E-玻璃纤维间采用不同 AB 型环氧树脂连接时的平均失效应力。图 3.7 给出了进一步的操作要求,试验件保持胶黏剂类型不变,而对黏结体进行改变,试验结果见表 3.3。分析试验结果可知,平均失效应力水平主要取决于黏结体的刚度特性。

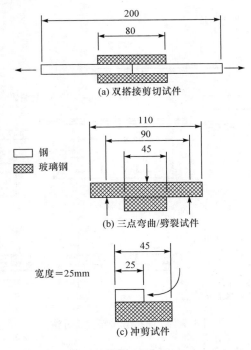

图 3.6 测试试件尺度范围

一般而言,很难通过失效的连接接头,推断出其应力分布特征,但通过进行钢/玻璃钢搭剪试件在失效载荷下的强度有限元仿真分析结果显示:在 0.1mm 厚黏结模拟界面中,拉伸剥离应力水平从自由边上的 150MPa 减小至中心位置处的 10MPa。相应的剪应力水平在 85~10MPa 变化,平均失效剪应力只有 13MPa。因此,在解释标准测试结果时,应该清楚地认识到,大部分情况下所测得的试验值只能作为类似胶黏剂相互横向比较的基础。

胶接接头的抗疲劳性能在载荷适中的工况下是非常优异的。这与 3.2.1 节的结论一致,即胶黏剂的设计峰值载荷在任何时刻都应处于弹性应力水平范围内。此外,疲劳交变载荷波动范围将维持在远低于极限载荷的水平上,极限载荷值可由静态力学性能试验测得。当胶接接头的疲劳性能较为重要时,必须开展相关试验工作以及相应的有限元分析工作。

**表 3.2 环氧胶黏剂力学性能对比**

| 类型 | 供应商 | 冲击能/J | 劈裂剥离力/kN | 剪切力/kN |
|------|--------|----------|---------------|-----------|
| 2005 | Ciba Geigy | 38 | 3.7 | 34 |
| 2004 | Ciba Geigy | 23.5 | 2.8 | 30 |
| E32 | Permabond | 31.5 | 3.8 | 37 |
| E34 | Permabond | 19 | 2.8 | 17 |
| 9323 | 3M | 28 | 3.7 | 35 |
| 1838 | 3M | 27 | 3.8 | 30 |

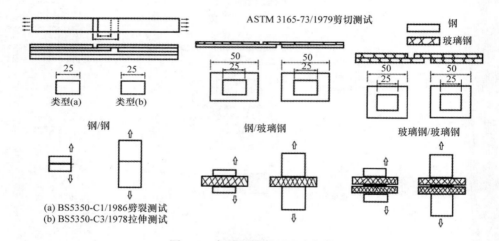

图 3.7 各种黏结界面试验方法

**表 3.3 Araldite 2004 环氧胶黏剂黏结强度**

| 连接类型 | 剪切/MPa | 拉伸/MPa | 劈裂/MPa |
|----------|----------|----------|----------|
| 钢/钢 | 34.0 | 33.0 | 8.3 |
| 钢/玻璃钢 | 13.0 | 15.2 | 4.2 |
| 玻璃钢/玻璃钢 | 9.5 | 8.0 | 3.5 |

### 3.3.3 热力学性能

温度升高将对胶黏剂产生两种主要影响。第一,胶黏剂抗剪强度和抗拉强度在升温初始时刻将出现缓慢下降,而当温度达到 $T_g$(玻璃化转变温度)后将迅速下降,直到胶黏剂碳化。第二,当温度上升到同样范围时,胶黏剂的蠕变特性将以相似的模式快速增强。幸运的是,这种变化趋势在温度低于 0℃时依然能够保持,即温度越低,强度越高,但延展性将逐渐下降。

由上述内容可知,当黏结过程需要进行高温操作时,$T_g$ 是非常重要的参数。同时,在热带地区使用 AB 型胶黏剂时,应特别注意温度因素的影响,因为此时环境温度常会高于 50℃。最近在关于 GRP 防火/抗爆墙的研究[9]中考虑了火灾条件对胶接接头设计的影响。根据防火规则,在任何情况下结构连接接头都应设计在结构背面,139℃是结构温度上升的最大许可温度。这也意味着当爆炸或火灾环境升温至 160℃时,胶接接头需要抵御环境载荷和自身重量至少 2h。表 3.4 列出了采用"环氧胶黏剂"的厚搭接剪切试件在蠕变试验中载荷与温度的敏感性数据,可以看出:在 155℃时,应力约为表 3.3 中所给出的室温平均失效应力的 3%～4%,玻璃化转变温度 $T_g$ 为 90℃的 AB 型环氧胶黏剂(Araldite 2004)只能维持大约 1h。值得注意的是,在 100～200℃胶黏剂蠕变特性将迅速退化。由于大部分单一型环氧胶黏剂均具有较高的玻璃化转变温度(120℃左右),当黏结体膨胀问题不突出时,采用热固化成型工艺将极大地提高胶接接头的耐高温性能。

表 3.4　Araldite AB 型 2004 环氧胶黏剂热蠕变性能

| 连接类型 | 剪切应力/MPa | 温度/℃ | 失效时间/h |
| --- | --- | --- | --- |
| 钢/钢 | 1.07 | 200 | 2640 |
| 钢/钢 | 1.34 | 200 | 16 |
| 钢/钢 | 1.07 | 250 | 0 |
| 钢/GRP | 0.9 | 100 | >2000 |
| 钢/GRP | 0.5 | 150 | 3 |
| 钢/GRP | 0.5 | 155 | 1.5 |
| 钢/GRP | 0.25 | 200 | 330 |
| 钢/GRP | 0.25 | 203 | 20 |

在需要考虑高温问题的工程应用中,胶接接头的设计有必要考虑接头的失效安全,或采用附加的螺栓或铆钉予以加强。此外,发展无机硅酸盐类胶黏剂以提高胶接界面的耐高温性能也是未来发展的重要趋势。

### 3.3.4　海洋环境下的耐久性

耐久性是胶黏剂选型的重要指标依据。本质上它取决于胶黏剂的化学反应、黏结体和使用环境。当分析黏结界面强度特性时,必须考虑耐久性,同时耐久性可以通过被控制环境下的加速老化试验或长期暴露试验结果进行分析评估。对此,Lees[6]针对 SMC 连接中一种使用 AB 型环氧胶黏剂的试件开展加速老化试验进行验证。虽然经过良好预处理(打磨并除油污)的界面比基本可接受界面的初始剪切强度高38%以上,但经过4000h(40℃,95%的相对湿度环境下)后,这种差异消失了。两种预处理试件均仅保持老化前可接受界面强度的62%。由于老化,两种预处理方式的影响此时基本趋于一致,因此不论采用哪一种预处理工艺,此时应力水平就可以代表该胶接接头长期的应力分布状态。当然,该观点是否能被广泛接受,还有待进一步研究。

一般而言,胶黏剂的长期强度是由黏结体表面预处理和偶联剂是否合理应用所决定的,如硅烷类胶黏剂。偶联剂可用于抑制胶接界面由潮湿环境影响而带来的界面弱化效应。这一点对于金属结构连接是极为重要的,而FRP结构长期力学性能受黏结体树脂基体材料的影响可能会更大。

对于胶接连接的长期力学性能,Lees[6]认为"采用热固化工艺的单一型环氧胶黏剂将拥有极佳的耐久性",而AB型环氧胶黏剂的性能潜力可能会差一些。他进一步总结得出:环氧胶黏剂(而不是其与黏结体界面)的耐久性可能与黏结体所采用树脂基体的特性无关。

丙烯酸酯胶黏剂,如果不进行橡胶基改性,用于结构连接时将表现出过脆的性能特点。如果对其进行化学改性,胶黏剂将变得柔软,但容易受潮气入侵和溶剂吸收的影响。相反,如果采用氯磺化聚乙烯进行增韧,胶黏剂将会具有非常优异的耐久性,性能上将优于目前已在海洋结构物中得到应用的聚酯类复合物。改性方面的研究和发展促成了VOX系列胶黏剂的产生,该系列胶黏剂能直接将玻璃和复合材料进行胶接且不需要单独涂刷底漆。

聚氨酯容易受到水的化学侵蚀,特别是在温暖湿润环境下或存在金属或金属氧化物的条件下,此时金属或金属氧化物将起到催化剂的作用。因此,一般不考虑将聚氨酯用于海洋结构中金属结构组件的连接。

### 3.3.5 选择标准

通过本节讨论可知,胶黏剂的黏结强度和破坏形式主要取决于胶黏剂与黏结体间的连接结构形式、载荷特性、温度、蠕变及耐久性因素,以及实际操作和产品生产环境下所采用的预处理技术、应用与固化流程。在设计初期,对胶黏剂体系的选型主要基于公开发表的文献,并会得到胶黏剂生产厂家的支持,然后可通过小尺度试件的力学性能测试加以证实。当需要开展进一步设计工作时,就有必要针对尽可能少的备选方案,开展基于产品原型的大尺度模型试验。在这种情况下,有限元应力分析工作的开展需要考虑结构的实际承载特点,以进一步修改模型结构尺寸和高承载区的接头形状,并通过增加接头的柔韧性来缩减高应力集中区域。

# 3.4 胶接工艺

一般而言,制造商并不会对特定产品最适合的生产流程提供太多的咨询和建议,而且他们经常推荐客户去寻找拥有大型混合和给料装备的专业制造商。本节中大量资料主要来自文献[6]、[9]、[10]所给出的小规模模型试验及实际运用经验。一般而言,在预处理和连接固化阶段,有益的工作方式应是注重细节而不是特殊处理技巧。这一点也可推广到对化学品危险性的认识问题上,胶黏剂或其组分是存在一定危险性的,最简单的预防措施是保持良好的通风和避免皮肤或眼睛直接接触。

## 3.4.1 表面准备

如果黏结表面清洁无污染,环氧树脂和聚酯复合时带来的热力学效应将有利于胶接过程的进行,并保证接头的耐久性。因此,需要对黏结表面进行清洁处理工作,如轻轻打磨。但是在多数情况下需要采用特殊的工艺,例如,采用化学试剂进行表面擦拭以中和模具所释放物质的影响;采用具有自动指示作用的偶联剂将有利于产品质量的控制,因为偶联剂能够对污染区域进行自动显示,从而有利于对其进行清除。

对于手工敷制较厚的 FRP 结构,对不平坦的背衬表面进行打磨并不可靠,而采用喷丸清理或喷砂清理工艺则会损伤纤维表层,导致意想不到的碎片嵌入结构表面。因此,可在模具表面的最后一层采用尼龙剥离层以增强胶接接头。如果模具表面采用了除油脂工艺,当尼龙剥离层除去以后,其抗剪能力能够提高 20%[10]。对于较薄树脂层,该技术也能带来一定的好处。

## 3.4.2 树脂调配、定位和固化

一般而言,在制作大尺度结构物时,对于 AB 型胶黏剂,采用手工混合方法既不现实也很难控制,且容易导致空气进入,并形成空泡。同时,该方法会导致胶黏剂材料组分混合不均匀,从而引起部分胶接连接区域不能完全固化。试验表明:采用自动混合方式,黏结界面剪切强度将提高 15%。实际调配装置的计量范围可选用双筒 200~400mL 的手持(手动或空气驱动)调配枪或 50~100L 全自动系统,均使用一次性且相反的螺旋喷嘴在应用位置进行混合。在接头需要从一部分延伸到另一部分时,单一型丙烯酸胶黏剂相对于 AB 型丙烯酸胶黏剂更有优势。

在所有情况下,均需要各种形式的夹具,但采用如图 3.4 所示的连接形式时,其自带夹持功能可以减少夹持时间或成型时间,较大程度上取决于胶黏剂的类型和温度,对此 Lees[6] 给出了一些关于固化率的有益的指导建议。一般而言,当固化大型构件时,较长的固化时间(按小时计)是有意义的。这种情况下,在移除夹具之前,为保证接头不出现损伤而安排整夜时间进行固化比较现实。

在黏结界面固化过程中进行加热不仅能缩短固化时间,而且会增加黏结体的湿度并增强黏结材料间的交联作用以提高连接强度。如果结构的完整性能够通过夹具、螺栓或铆钉得以保证,那么可以对较小组件进行烤炉加热处理,但是对大型的 FRP 结构采用烤炉加热处理是不现实,也是不经济的。

### 3.4.3　质量认证

质量认证对于 FRP 材料尤为重要,但目前极少有直接的技术可用于对连接接头进行无损测试。出于对制作流程的关注,目前模型试验验证依然是最常用的检测手段,同时应对暴露的倒角区域进行仔细的视觉检查,加以补充,因为这是大部分接头的高应力区域。对于半透明的 FRP 结构,使用黑色的胶黏剂可以使连接处的裂纹非常清晰地展现出来。裂纹也可以通过敲打或超声波测试发现,但是对于小空泡的探测,既不现实,也不具备较大的现实意义。

## 3.5　应 用 场 合

FRP 结构件,尤其是通过挤压成型或自动化进行生产,目前已经非常容易制备。结构件自身组件间的黏结以及结构件与相关结构件之间黏结技术的发展是永无止境的。正在本书写作之时,一个长 120m、宽 63m 的线拉人行天桥在泰河上已接近完工[11]。该桥的整个桥面均由互锁拉挤的三明治平板单元组成(单元块尺度为 600mm×800mm),单元间就是采用一种 AB 型环氧胶黏剂进行胶接的。这种平板单元是由一群没有经过专业训练的大学生设计的。所发明的平板单元采用了隔热泡沫芯材,黏结装配后可形成结构墙。

Smith[8]针对未来水面舰艇的上层建筑,为胶黏剂提供了一个广泛可行的应用范围。对此,便宜的轻质钢框架混杂 GRP 结构能够提供相当的设计潜力。采用全 FRP 结构或混杂结构均可应用于海洋结构物的上层建筑,在此领域,轻质 GRP 结构的抗爆和防火优势将得到发挥,在 Piper Alpha 灾难以后,已应用于新结构和原结构的整修工程中。另外,FRP 还可应用于水下结构平台的设计,在此类结构上筋材和壳体连接在一起,并始终承受压力载荷,这样可以发挥胶黏剂的最大强度效应。

对于复杂设计或更为特殊的需求,如英国 GRP MCMVs,为实现帽形筋与壳板黏结,使用传统手糊工艺中的双层胶黏剂。Smith[8]清楚地描述了在翼板根部采用水珠式坚固有弹力的丙烯酸胶黏剂,并采用聚酯类树脂为基体所带来的好处。该设计方案替代了螺栓连接设计,可有效抵抗冲击载荷。

# 参 考 文 献

［1］ Shield J. Adhesive Bonding［M］. Oxford：Engineering Design Guide，02，1974.

［2］ Lees W A. Adhesives in Engineering Design［M］. London：The Design Council，1984.

［3］ Shield J. Adhesives Handbook ［M］. 3rd Edition. London：Butterworth，1984.

［4］ Skeist J. Handbook of Adhesives［M］. 3rd Edition，New York：Van Nostrand Reinhold，1990.

［5］ Brewis D M，Briggs D，et al. Industrial Adhesion Problems［M］. Orbital Press，1985.

［6］ Lees W A. Recent developments in composite bonding with particular reference to large structures and unprepared surfaces［C］//Proc. Intl. Conf. Advances in Joining Plastics and Composites，TWI，Bradford，June 1991.

［7］ Lees W A. Designing for adhesives［C］//Proc. Conf. Materials and Engineering Design，London，May 1988.

［8］ Smith C S. Design of Marine Structure in Composite Materials［M］. London：Elsevier Applied Science，1990.

［9］ Winkle I E，Hashim S A，Cowling M J. Lightweight fire resistant GRP/steel composites for topsides［C］//Proc. Intl. Symp. Marine Structure，Shanghai，September 1991.

［10］ Cowling M J，Hashim S A，Smith E M. Adhesive bonding for marine structural applications ［C］//Proc. Intl. Conf. Polymers in the Marine Environment，IMarE，London，October 1991.

［11］ Robbins J. Links to a tee［C］//New Civ. Engr. August 1992.

# 第4章 连接及其附属结构实用设计

## 4.1 背 景

### 4.1.1 连接设计必要性

连接结构是复合材料结构不可缺少的组成部分,主要原因有三:产品生产/加工的局限性、结构工作周期内的可达性以及结构的维修性需求。

以下原因将导致产品生产/加工的局限性问题更加突出:

(1)大型复杂结构不能一次成型,需要将几个部件连接组装成完整结构。限制产品生产尺寸的因素包括材料散热性、树脂基体固化时间、织物尺寸和性能、模具匹配性以及脱模要求。

(2)结构周边载荷传递路径的分散性(受纤维取向影响)。典型实例包括加强筋和隔舱壁。通常,作为附属结构,这些面外部件不能与主体结构一次成型,而需要通过连接装配到主体结构上。

基于结构可达性和维修性需求,如果结构中某些组件需要经常检修,那么阻碍检修的结构部件与其他结构之间需采用便于拆卸的连接。如果隐藏在内部的部件仅需要偶尔的处理(如出现重大故障需要拆卸),那么阻碍其维修的结构可以在必要时作为维修的一部分切掉,此类连接可视为永久性连接。

### 4.1.2 连接设计要求

为了实现连接功能,连接设计必须满足一个极为重要的要求,即连接结构的出现不能破坏整体结构的完整性。根据结构的功能和用途不同,完整性可以通过多种方式进行定义,主要包含以下一个或多个方面。

(1)强度:拉伸、压缩、剪切或者层间强度。连接强度不低于周边结构。

(2)刚度或柔度特性:如果连接结构和周边结构的刚度特性存在较大差异,就会导致在连接结构、周边结构或者两者之间同时产生应力集中,这主要取决于结构的几何尺寸和载荷特征。

(3)水密性(或者气密性):如果结构是为了保存流体(或阻止流体进入),那么显然在该结构表面上的所有接头均需保持相同的紧密性。

在设计阶段需要考虑的另一个因素是连接结构生产加工的经济性。在大型复杂结构中,连接接头将占据结构重量和生产成本的较大部分。因此,有必要将材料和劳动力成本降到最低,同时保证接头的生产工艺与其余结构相适应。此外,在生产高性能接头时,还需注意平衡由减轻重量带来的经济优势和可能带来的成本增加问题。

### 4.1.3　连接形式分类

无论是单层结构还是三明治夹层结构,其基本的连接形式均可分为两类:面内连接和面外连接。

#### 1. 面内搭接或对接

面内搭接或对接适用于平板部件的拼接。如图 4.1 所示,它们可以是削斜连接或搭接。削斜连接通过胶接界面连接,被胶接件可以是对称结构或非对称结构,也适用于表层较厚的三明治夹层板的胶接,阶梯形搭接也属于该类连接。搭接可以是螺栓连接、胶接或两者混合连接,可以采用单搭接或双搭接,三明治夹层结构也可采用该连接形式,特别是当表层较薄时。

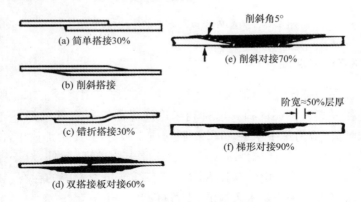

图 4.1　典型面内连接形式及连接效率

#### 2. 面外连接

典型面外连接结构形式如图 4.2 所示,主要用于骨架-壳板的连接以及舱壁-外壳板的连接。前者主要采用帽形加强筋,筋材通常是在已固化壳板上进行模塑成型,也可以采用拉/挤成型的筋材,然后通过胶接和/或边角连接固定到壳板上。舱壁-外壳板的连接与帽形筋-壳板的连接方式不同,这是因为舱壁和外壳板在连接前均已预制成型,并且接头的两侧都可以进行施工成型。

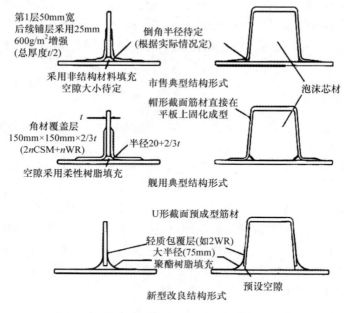

图 4.2　舱壁-外壳板及帽形筋-壳板典型连接

### 4.1.4　胶接与螺栓连接

选择胶接还是螺栓连接,很大程度上取决于工程应用背景需求。胶接可以通过更大的连接界面来传递载荷。这有利于连接界面上所有纤维都参与载荷的传递,从而明显降低应力集中水平。同时,胶接成本较低、施工更加简单,便于实现平板单面连接。然而,胶接在成型阶段对环境的要求比较高;此外,对于完好的胶接接头,当初始裂纹产生后,由于连接界面上没有纤维止裂效应的存在,裂纹很容易扩展;最后,胶接接头一般是永久性的,不可拆卸。

螺栓连接能在连接面上提供很强的连接力,易于拆卸,并且可以在不利的施工环境下加工成型。螺栓连接与胶接混合使用时,当初始裂纹出现后,螺栓连接可以防止裂纹进一步扩展。但是由于螺栓连接的载荷传递面积较小,由此产生的应力集中容易导致初始失效过早出现。同时,螺栓连接的施工需要从接头平面两侧同时进行,接头质量较大,生产成本较高。

以上两种连接接头的性能均受到复合材料铺层方式的影响,尤其是较大比例地使用单向纤维时,更为明显。该问题在单搭接和梯形搭接时必须加以考虑,其他连接形式必要时应加以考虑。典型海洋结构物采用的复合材料含有较大比例的织物或者纤维毡,这些材料对连接方式的敏感度远低于单向纤维。

对于胶接接头,接头几何形状设计应使连接界面处的纤维排列方向与局部载荷方向一致。这是基本的施工原则,方案设计阶段可不予考虑。

对于螺栓连接,为了使层合板在失效前的挤压强度达到最大,其铺层方式应该合理设计。这一点是方案设计阶段应该考虑的。

## 4.2　面内搭接或对接

### 4.2.1　连接特点和目的

由前文内容可知,这类接头可用于将可拆卸的平板部件固定到主结构上以便维修。面内连接通常有两种基本连接形式:削斜连接和搭接。具体选取何种连接形式主要取决于应用背景和被连接件的厚度。不同连接形式的优缺点汇总如表 4.1所示。

表 4.1　面内搭接类型汇总

| 连接形式 | 优点 | 缺点 |
|---|---|---|
| 对称削斜连接 | 弯曲性能最好(Best)<br>拉伸性能较好(Good)<br>材料使用少<br>具有与原结构相近的柔度 | 劳动成本高<br>薄板施工困难<br>需对板两面施工<br>永久性的接头 |
| 不对称削斜连接 | 弯曲性能较好(Good)<br>拉伸性能较好(Good)<br>仅需从单面施工<br>具有与原结构相近的柔度 | 劳动成本高<br>薄板施工困难<br>材料使用多<br>永久性的接头 |
| 双面搭接 | 弯曲性能一般(OK)<br>拉伸性能较好(Good)<br>薄层合板易于实现<br>劳动成本更低<br>采用螺栓连接时,可拆卸 | 需对板两面施工<br>材料使用多<br>较原结构刚度大 |
| 单面搭接 | 仅需单面施工<br>劳动成本最低<br>薄层合板易于实现<br>采用螺栓连接时,可拆卸 | 弯曲性能差(Poor)<br>拉伸性能差(Poor)<br>材料使用多<br>较原结构刚度大 |

三明治夹层结构表层壳板通常较薄,削斜连接难以实施。但是,即使在弯曲状态下,由于夹层板相对于单一表层具有更高的弯曲刚度,而且表层蒙皮始终处于面内承载状态。因此,当三明治夹层结构采用搭接方式时,弯曲应力集中的影响也会大幅降低。

目前,对于对接接头面内承载特性的试验和理论研究工作已有大量报道。文献[1]和[2]对此已有综述,本书不再赘述。下面主要针对接头相关设计参量的影响规律以及分析方法加以简述。

### 4.2.2　主要设计参量

假设连接载荷的峰值及其作用形式已知,那么对于所选定的连接结构方案,其设计参量应该是明确的。

首先,对于被连接体,应考虑如下设计参量:

(1) 纤维种类和织物构型。

(2) 基体种类。

(3) 纤维铺层方式/铺层顺序。

(4) 层合板材料属性(弹性模量、拉伸极限强度、剪切强度等)。

(5) 层合板的厚度。

其次,当考虑连接方式时,螺栓连接的设计参量应包括以下内容(图4.3):

(1) 螺栓直径。

(2) 孔径和容差。

(3) 紧固力。

(4) 垫圈尺寸。

(5) 孔间距(列距)。

(6) 端距。

(7) 边距。

(8) 多排螺栓的排距(行距)。

(9) 连接形式(单剪或双剪)。

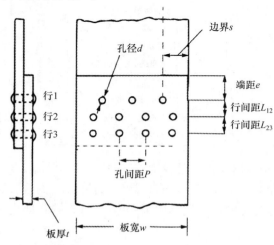

图4.3　螺栓连接设计参量的定义

对于胶接接头,还有两类参量子集需要进行更深入的研究,即适用于斜面搭接或梯形搭接的子集,以及适用于等厚搭接的子集。其中斜面搭接或梯形搭接的设计参量应包括以下内容:

(1) 削斜角度或长度。

(2) 削斜深度(受连接单元铺层顺序影响,见 4.1.4 节)。

(3) 对称或不对称连接特征。

(4) 复合材料连接件铺层方式。

等厚搭接的设计参量主要包括以下内容:

(1) 单面或双面搭接特征。

(2) 搭接段长度。

(3) 搭接端端部剖面特征。

(4) 搭接段厚度。

(5) 胶黏剂厚度。

(6) 胶黏剂材料属性(强度和应力应变特性)。

以上所列举的设计参量虽不能说绝无遗漏,但对于大多数工程应用已经足够详细。在连接设计阶段必须足够细致,因为在不同载荷作用下,即使一个最简单的接头,都有可能带来复杂机理问题。对这些复杂机理进行解释时,就需要考虑其他设计参量,而这些参量在初始阶段可能看似并不相关。例如,面内载荷作用下,一个单面搭接接头就会出现如图 4.4 所示的偏转现象。这种偏转变形将导致复杂应力状态出现,包括沿厚度方向的层间拉伸正应力、纵向(面内)和厚度方向的剪切应力以及被连接件本身所受到的纵向拉伸应力,而且层间应力在厚度方向为不均匀分布。这种复杂应力状态的分析必须考虑更多的设计参量,采用更为精确的建模分析技术才能完成。

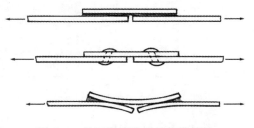

图 4.4　单面搭接接头的偏转特性

显然,建模中如果考虑上述所有的受力状态和设计参量的影响,分析过程将会极为复杂且烦琐,而难以适用于工程设计。例如,对于所给定的复合材料层合板,建模技术所需要的面外材料属性是很难准确获得的,这需要设计者在设计之前开展更为广泛的材料基础试验,但这在大多数情况下都是难以实现的。因此,当分析一个特定问题时,忽略一些设计参量的影响,提出合理的简化模型,是非常必要的。在设计的前期基础工作中,通过对采用该类型材料的少量基本连接接头的力学特性分析,可以明确重要的影响参量。这些结果都有助于定量预测其他接头的力学行为。

### 4.2.3　螺栓连接建模技术

以面内承载的单剪搭接接头为例。一个简单的分析模型主要考虑复合材料的挤压应力($\sigma_b$)、厚度($t$)、直径($d$)以及螺栓的数目($n$),则单位宽度连接接头的承载能力为

$$\text{Load }(P)=\sigma_b tdn \tag{4.1}$$

一般而言,连接接头的承载能力和复合材料的厚度参量可由其他结构设计因素确定,至少可以初步确定。如果设计的要求是尽可能减少所使用螺栓的数目,那么应该使每个螺栓承受尽可能高的应力水平,并且尽可能增大螺栓直径。然而,这些设计参量之间是相互联系的,也与其他参量相关联。图 4.5 显示,如果接头的侧端没有约束条件,挤压应力将随 $d/t$ 增加而下降。当侧端存在约束限制时,挤压应力将保持不变。进一步研究结果表明,如果希望达到接头的极限承载强度,$d/t$ 不应该超过 1。当采用小直径螺栓时,必须考虑螺栓的剪切强度。文献[3]给出了几种工程中常用固定螺杆的性能数据,其中最简单的公式为

$$\text{紧固件剪切强度}=Pn\pi(d/2)^2 \tag{4.2}$$

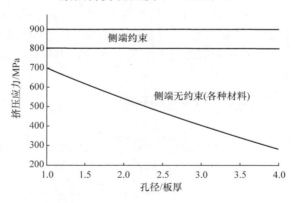

图 4.5　$d/t$ 对挤压强度的影响[4]

这样,就可以得到螺栓直径取值的上下限,剩余的工作只需确定给定接头所能承受的挤压应力。然而,事实上由于挤压应力在很大程度上依赖于接头的几何参数,因此仅依靠材料参数是很难确定的。根据文献[1],对于螺栓连接,复合材料采用 CFRP 时,其最大挤压应力为 800～930MPa;对于单向 GRP,其最大挤压应力为 550～700MPa;对于织物或短切纤维毡增强的 GRP,其最大挤压应力为 200～

600MPa。一般来说,连接接头主要有三种典型失效模式:剪切失效、挤压失效及拉伸失效。图4.6给出了CFRP挤压应力和铺层角度之间的关系。准各向同性层合板在最大载荷作用下将以挤压失效模式为主。其他影响挤压强度的因素还包括预紧力、接头宽度或孔间距、端距以及载荷方向等。对于考虑这些因素所得到的类似于图4.6的曲线还可参见文献[1]。如果层合板在厚度方向是均匀成型的,那么铺层顺序对于螺栓连接的挤压强度几乎没有影响。如果层合板铺层存在族聚现象(所有相同取向的铺层均聚合在一起),将导致挤压强度最大可下降50%[5]。当然,采用螺栓连接时,螺栓与螺孔和垫圈间良好的配合度也非常重要。

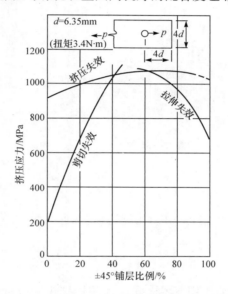

图 4.6　铺层角度对 $0/\pm45°$ CFRP 螺栓连接失效模式的影响[6]

考虑上述准则中的影响因素,可以对挤压强度进行合理预测。通过式(4.1)和式(4.2)的简单迭代,可以确定接头的设计参量,主要包含层合板的属性(纤维类型、铺层方向、材料性能和厚度)、螺栓直径、紧固力、孔间距、端距以及边距。以上参量间的相互关系可以通过面内承载试验得到,将此结论进行推广时应多加注意已经考虑了面外附加弯曲问题。

以上原理对于双剪搭接接头也同样适用,因为双剪搭接板的厚度通常只是单剪搭接的一半。双剪搭接附加弯曲的减小意味着其失效模式主要为挤压失效和拉伸失效,因此双剪搭接对于强各向异性的层合板更为适宜。式(4.2)中的一个变化是对于双剪搭接,螺栓的剪应力应为单剪搭接的一半,因此又多了一种优化参量可以考虑。

如果希望获得更多关于连接机理的细节,或者连接接头需要承受更为复杂的面外载荷,那么必须对接头进行数值仿真分析,如采用有限元分析法。该方法可以给出接头复合材料每一层的应力分布情况。对此,目前许多商用软件均可完成,这些商用软件均具有现代的图形界面,使用方便快捷,并避免了采用经典分析方法时受到的各种假设条件限制。图 4.7 给出了单面搭接接头承受弯曲载荷时的典型应力分布云图。文献[7]对 CFRP 螺栓连接进行了大量试验和数值分析工作。结果表明,接头性能对铺层顺序、紧固件直径、孔间距以及紧固力较为敏感。这些参量之间实际上具有非线性关系,因此建议对每个问题分别进行讨论。

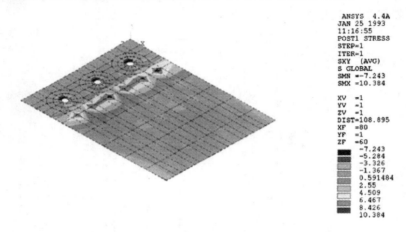

图 4.7　单面搭接 CFRP 单层板螺栓附近典型应力分布云图

### 4.2.4　胶接理论模型

目前,关于拉伸载荷作用下各向同性板胶接接头的分析已有几种经典分析方法[2]。此类方法应用于复合材料连接接头设计时,应该注意连接体的各向异性和厚度方向模量的变化特征;同时,还应考虑材料固化过程中存在的热应力特征。一般而言,由于存在 4.2.3 节中所提到的附加弯曲变形,所采用的分析方法越简单,对于单面搭接接头,计算精确度会越差。但是对于斜面搭接、梯形搭接和双面搭接,由于附加弯曲变形较小,若考虑胶黏剂的非线性特性,理论分析结果与试验结果能得到较好匹配[8~10]。

然而,在实际工程设计中,由于假设的边界条件不能完全反映真实情况,即使最简单的剪切搭接理论也具有不切实际的复杂性以及应用的局限性。对此,各船级社或其他资源机构为设计者提供了更为实用的设计标准或指南[11~15],并给出了大量针对相关影响参数的研究结果。详见文献[11]~[15]。主要特点概括如下:

(1) 随着胶黏剂模量的下降,以及被胶接件刚度和搭接长度的增加,胶黏剂的应力水平将下降,并且均匀性会更好。

（2）双面搭接时，被胶接件端部削尖，或者单面搭接时应在端部保留胶瘤，这有利于减小胶黏剂上的最大剪应力和正应力。

（3）胶接界面上被胶接件的材质应尽可能保持均匀一致。如果不均匀，应保证面内刚度和弯曲刚度的匹配。

（4）如果单面搭接限制了转动可防止搭接面产生剥离应力，其连接强度将得到提高，因此可用于更厚的胶接件。在接头端部厚度方向施加紧固力就是基于类似原理的改进措施，如图 4.8 所示。

| FM-400 胶接接头 (宽度=1.00in[①]) | 失效模式 | 连接效率 |
|---|---|---|
| 对照组 | 剥离及剪切失效 | 0.52 |
| 铆钉加强 | 剪切及拉伸失效 | 0.73 |
| 切口后铆钉加强 | 剪切及铆钉头拉脱 | 0.78 |

图 4.8　降低剥离应力的具体设计及其效果

（5）接头胶接界面上每层应尽量沿载荷方向整齐排列。

（6）在双面搭接和梯形搭接接头中，搭接长度应该足够长，以保证"弹性槽"得以充分扩展（图 4.9），"弹性槽"是指黏结界面内剪应力低于弹性极限的区域。"弹性槽"充分扩展后，继续增加搭接长度几乎不会再提高连接强度。

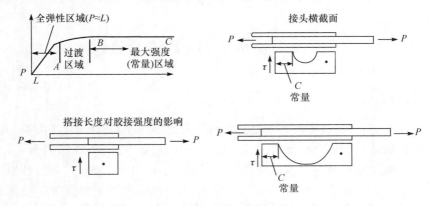

图 4.9　双搭接接头搭接长度对连接强度和胶层剪应力分布的影响

———————————

① 1in＝2.54cm。

（7）对接接头最好能在接头端部形成削斜边界（图 4.10），有限的尖端厚度将使连接强度下降高达 25%。

有限元分析法已经在胶接接头的研究工作中得到广泛应用，相对于传统的分析方法，有限元分析避免了过多的假设。图 4.10 是一个简单的关于双面搭接平面应变分析的例子，结果显示在搭接头端部具有较高的剥离应力和剪应力。

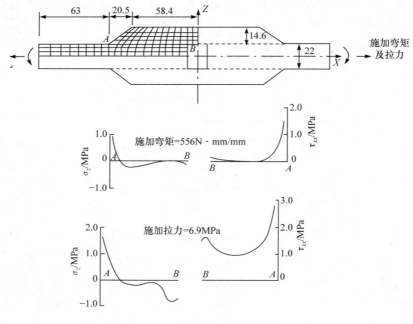

图 4.10　双面搭接接头应力分析

# 4.3　面外连接 I：骨架-壳板连接

### 4.3.1　连接类型

由 4.1.3 节可知，在船海工程复合材料结构中，典型的筋材形式为帽形筋。它一般在固化后的平板或壳板上通过二次成型制作而成。由 4.3.2 节内容可知，这种成型方式对于筋材与板材的连接设计是不利的。因此，目前研究者已开发了几种不同的成型工艺方法，以防止在极端载荷作用下出现筋材脱胶现象。最新的研究成果[16]是将帽形筋材预先固化成型，然后将它与壳板基体胶接。该工艺方案的好处是可以降低生产成本，并进一步提高板筋连接设计的灵活性。

## 4.3.2　设计参量

以如图 4.2 所示的典型帽形连接为例,主要设计参量包括以下内容:

(1) 倒角半径。

(2) 倒角回填角度。

(3) 倒角材料。

(4) 覆盖层厚度。

(5) 覆盖层搭接长度。

(6) 覆盖层铺层方式。

(7) 覆盖层树脂基体材料。

(8) 附加层的层数、位置和材料组成。

(9) 增强螺栓的数量、位置和尺寸。

目前筋材制作的工程实践经验表明,由于连接区周围的覆盖层仅是筋材腹板的延伸,而腹板的尺寸受整体刚度要求限制,因此与覆盖层相关的设计参量(4)~(7)是确定的。然而,由于覆盖层与被胶接的结构单元(壳板)是分离的,所以帽形部分预成型工艺技术的发展消除了以上限制。从经济性角度考虑时,附加层和增强螺栓(包括(8)和(9))应该尽可能减少使用。

如果筋材采用预成型再胶接的工艺技术,那么这些参量依然是可变的,而且筋材和壳板的胶接间隙将会成为新的附加设计变量,但倒角回填角度将不再可控。

## 4.3.3　建模技术

目前还没有分析方法能完全模拟接头的复杂力学行为。虽然有基于试验的设计标准或指南可供参考[11~15],但它仅有助于有限参量的设计。

为了掌握设计参量对连接结构的影响规律[16~19],研究者已经开展了大量的试验研究工作,尤其是在海军舰艇复合材料结构设计领域。在对待这些研究工作时,必须铭记一点,那就是海军舰船设计的首要准则是使结构能够承受高当量的水下爆炸冲击载荷。冲击载荷将导致连接界面处产生较高的厚度方向的拉伸应力,这在其他应用工程领域中几乎很少见到。初步工作显示,在爆炸冲击载荷作用下,一个完整的聚酯接头结构容易出现早期失效。虽然采用螺栓连接增强可以提高接头的极限承载能力,但这对于防止初始失效意义不大。

更进一步的研究工作,主要针对连接界面处和倒角材料的织物缝合技术处理以及柔性树脂的使用。研究结果表明,增加接头区域的柔度,可有效提高接头初始失效的抵抗能力。随着该技术方案的理论不断深入,未来胶接接头将有可能取代成本昂贵的螺栓增强方案。

文献[20]采用平面有限元分析法针对骨架-壳板连接问题进行应力分析。重叠的搭接部分长度和内外翼板的长度均为变量。分析结果显示,拉伸剥离应力的大小和分布特征对所施加的载荷形式非常敏感。在外载情况下,接头根部(试验观察初始失效出现的地方)存在较高水平的拉伸应力分布,而仅在内翼板处出现显著下降。换言之,翼板搭接的长度并非重要的设计参量。

文献[16]研究了帽形筋预成型设计技术的可行性,并讨论了不同设计参数的影响规律。图4.11~图4.15给出每一个设计参量所导致的内部应力变化规律。在特定的载荷工况下,这些结论可用于优化接头的设计参数。

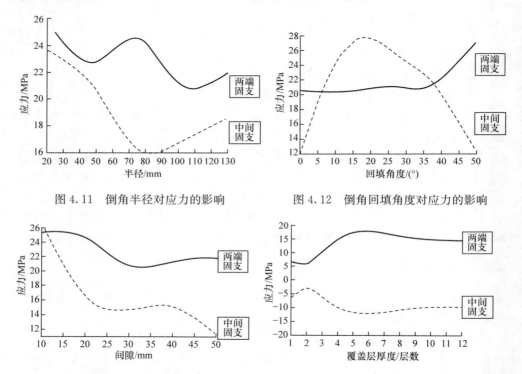

图4.11　倒角半径对应力的影响　　　　图4.12　倒角回填角度对应力的影响

图4.13　倒角间隙对应力分布的影响　图4.14　覆盖层厚度对厚度方向应力分布的影响

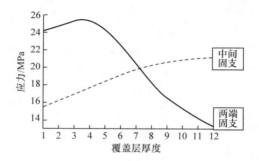

图4.15　覆盖层厚度对倒角应力的影响

# 4.4　面外连接 II:舱壁与外壳板连接

## 4.4.1　载荷传递特点

典型舱壁与外壳板的连接形式可参见图 4.2。对于图中所有的连接形式,其共同特点是在两被连接结构部件的拐角处应采用覆盖层包覆。这种连接形式可保证舱壁和壳板之间能通过覆盖层沿面内方向传递载荷。传统意义上,这种连接形式只需考虑一个设计准则,即两侧覆盖层面内性能的总和应与被连接件中较弱的构件相当。因此,在大多数应用中,由于覆盖层所使用的材料与结构所用材料相同,接头每侧覆盖层的厚度被指定不小于较薄被连接结构部件厚度的 1/2。

然而,人们很早就已经认识到接头整体的柔韧性与强度具有同等重要性。如果硬点的应力突变效应(硬点的产生可能是由面外单元构件引起的,如舱壁)可以避免,那么以上设计思路是有效的。此时,设计者就将面临一个不可回避的矛盾,即强度(需要厚的覆盖层)和柔度(需要薄的覆盖层)间的矛盾。

## 4.4.2　失效模式

连接强度和柔度设计之间矛盾的存在,可以通过接头的典型失效模式加以验证。以连接结构承载的两个主要参量——覆盖层和倒角为例。为了使这两个参数的设计均能有效发挥作用,最好使得在相同载荷作用下,覆盖层的面内和厚度方向能同时达到各自的失效应力。若覆盖层较厚(在多数情况下),其刚度就会较大。载荷作用下,较高的厚度方向应力就会在接头拐角处集中,并最终导致分层失效。当载荷增加时,分层逐渐扩展,直到覆盖层与倒角发生分离。一旦出现这种情况,无支撑的倒角铺层就会失效。在此过程中,覆盖层中的面内应力将远低于其失效应力。同样在失效之前,倒角铺层上的应力也会低于材料的失效应力。Hawkins等研究者已经注意到了这种失效模式[21]。

很明显,为了充分利用材料性能,必须降低厚度方向的应力水平,同时要求面内和倒角的应力能够增加。这方面目前已开展了许多尝试性工作,常规的技术途径是通过增加覆盖层的厚度,达到减少分层失效的可能。这种技术方案将增加接头刚度,减小变形挠度,降低厚度方向的应力水平。此外,为了提高覆盖层厚度方向的性能,还可以通过选用不同种类的树脂基体,以达到更优的连接性能。但是,以上方法同时降低了面内应力和倒角应力,材料使用效率也不高,同时还会导致结构产生"硬点"。任何设计方法必须能够定量分析接头内的应力分布特征,并能用于分析设计参量的影响规律。

### 4.4.3　设计参量

这种接头的设计参量与上述帽形筋类似,具体包括以下内容:

(1) 倒角半径。

(2) 倒角材料。

(3) 覆盖层厚度。

(4) 覆盖层搭接长度。

(5) 覆盖层铺层方式。

(6) 覆盖层树脂基体材料。

(7) 舱壁和壳板间隙。

(8) 舱壁结构边界处理。

(9) 附加层数目,位置和材料组成。

(10) 增强螺栓数目、位置和尺寸。

同样,这里也应尽可能避免使用附加层或增强螺栓。

### 4.4.4　建模分析技术

数值分析方法,如有限元分析法,是全面分析该问题并充分考虑各设计参量最简易的途径。文献[22]开展了一系列研究工作,探讨了这些设计参量的影响,并提出一些新的连接设计形式,如图 4.2 所示。这些新的设计利用倒角材料的低模量、高应变性能,使得结构在发生大变形和大转角的情况下仍不失效。

以下是这些接头的机理分析。载荷作用下,薄的覆盖层将发生弯曲,使载荷沿面内方向传递。此时,由于覆盖层层合板很薄,柔度大,厚度方向的应力水平较低。同时,采用的柔性树脂允许结构产生面外挠度。尽管覆盖层很薄,但较大的倒角半径会使接头的覆盖层承受更高的面内拉压载荷,从而仍能保持合理的面内应力水平。因此,在相同载荷作用下,可以通过优化覆盖层的厚度和倒角半径,使得极限失效在覆盖层(同时承受面内和厚度方向的载荷)和倒角区域上同时出现。这样就有效地解决了传统设计存在的矛盾。

截至目前,研究结果表明,覆盖层厚度和倒角半径应该是所有设计参量中最重要的,表 4.2 总结了它们的影响规律。其他参量虽然也已被考虑,但其重要性较低。一般而言,通过调整设计参量,可以使接头在保持低应力水平状态下,尽可能具有柔韧性。对此,目前仅能通过采用有限元分析法或大量的、耗资巨大的试验工作才能切实掌握其设计特征规律。

**表 4.2　几何尺寸和材料体系的影响**

| 响应类型 | 层合板面内应力 | 层合板厚度方向应力 | 倒角处主应力 |
| --- | --- | --- | --- |
| 增加覆盖层的厚度 | 下降 | 上升 | 下降 |
| 增加半径:覆盖层 | 下降 | 下降 | 下降 |
| 增加半径:倒角 | — | — | 近似或相等 |
| 覆盖层在倒角处的影响 | — | — | 下降 |

　　上述方法也能较好地适用于三明治夹层平板的连接问题,但必须考虑其他几个方面。其中最为重要的是,应尽可能保持接头的韧性,以降低表层和芯材在厚度方向的应力水平,否则就会产生分层现象。相同的数值分析方法可用于对该问题的研究,但是针对不同的限制条件应该采用不同的最优解决方法。如三明治夹层平板可以通过增强芯材,或者在接头区域去除芯材的方法来解决该问题,如图 4.16 所示。更为详细的有限元分析可以了解接头应力状态[23,24]。

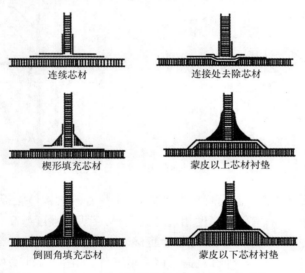

图 4.16　三明治结构的舱壁—壳板连接形状

# 4.5　筋材交叉连接

## 4.5.1　目的

　　对于一个大型三维结构,由于需要承受多向复杂载荷作用,常常有必要对正交的两个方向同时进行加强,此时必然存在筋材相交连接问题。然而,由于筋材的交叉连接对制作精度和制作成本要求较高,接头重量大,而且会引起应力集中,因此应该尽可能避免使用筋材交叉连接。

## 4.5.2　设计特点

连接设计的特点主要取决于连接筋材的结构形式。在船海工程结构物中帽形加强筋使用最为普遍。因此,主要针对这种帽形加强筋交叉结构进行讨论。典型的交叉布置方案如图 4.17 所示。这种交叉形式的典型设计参量如下:

(1) 交叉构件高度比。

(2) 外部翼板厚度。

(3) 外部翼板长度。

(4) 倒角半径。

(5) 倒角材料。

(6) 附加增强层数目、位置和尺寸。

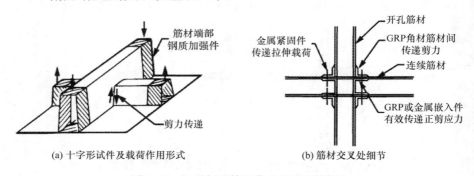

(a) 十字形试件及载荷作用形式　　　　　(b) 筋材交叉处细节

图 4.17　帽形加强筋的典型交叉连接构形

两种交叉筋材构件应具有不同的截面,其中尺寸较大构件腹板开口,较小构件贯穿,并保持连续。两构件的高度相差越大,交叉接头的强度越高。一般两构件的高度比至少应为 2:1,才能保证大尺寸筋材上端不会破损,同时保证整体性能不变。如果不能满足该要求,那么就需要嵌入增强件,如图 4.17(b)所示。所有这一切工作,都是为了使大型材能够完全覆盖小型材,从而保证正应力、弯曲应力和剪切应力能较好地在交叉构件间有效传递。由于该工作无法在大型材内部进行,因此主要通过外部覆盖的翼板来实现。

## 4.5.3　建模分析

对连接接头的分析目前只能依赖数值仿真技术和试验技术完成。文献[25]和[26]报道了已应用于猎扫雷舰艇的几种不同筋材交叉连接结构形式的试验工作完成情况,试验结果充分验证了现有设计方法的有效性和合理性。在该设计方法中重点讨论了在覆盖边角区域如何使用最低筋材腹板厚度问题。为了评价不同设计参量的影响规律,则有待开展更进一步的研究工作。

### 4.5.4　生产特点

前面已提到,传统帽形筋材构件交叉接头的制作是很困难的。对于交叉结构中的小型材上所需的嵌入件必须在生产前进行精确定位。任何定位的偏差都可能影响筋材的性能,尤其是压缩性能。因此,应尽可能避免使用嵌入件。一旦小型材已固化成型,那么用来与大型材胶接的小型材表面就应该已经准备完成。然后对大型材的芯材进行切口让小型材穿过,然后将其胶接到预定位置。为了简化工艺,对倒角半径和材料的要求应该与筋材-壳板接头一致。接下来成型大型材,此时,同样需要将大型材的腹板表层进行切口以穿过小型材。最后,在四周铺设增强层,增强覆盖层必须切割以保持和型材表面曲率相一致。显然,如果采用如喷射短切纤维成型的工艺,会减少许多麻烦,但是无论如何,生产这样一个高质量连接接头的工作量都相当大。

如果筋材如 4.3.1 节所述均采用预制件,那么筋材交叉结构的成型过程会得以简化。如果需要,在胶接定位之前,嵌入件很容易增加到小型材上,而大型预制构件仅需简单地沿小型材轮廓进行切口,并保持合适的间隙。倒角半径的处理与前面相同,薄的覆盖层仅需少量工作沿小型材轮廓成型。与其他工艺相比,对于给定的工程结构,这种设计方案的适用性可以通过数值分析或者试验来确定。

### 参 考 文 献

[1] Godwin E W,Matthews F L. A review of the strength of joints in fibre reinforced plastics:Part 1 mechanically fastened joints[J]. Composites,1980,11(3):155-155.

[2] Matthews F L,Kilty P F,Godwin E W. A Review of the Strength of Joints in Fibre Reinforced Plastics:Part 2 Adhesively Bonded Joints[J]. Composites,1982,13(1):29.

[3] ESDU Data Sheets Nos 85001, M2034, and E1048, Program to compute stress and strain around perimeter of circular holes in orthotropic plates.

[4] Sadler C J,Barnard A J. The strength of bolted/riveted joints in CFRP laminates[R]. Westland Helicopters Ltd,Structures Research Note No. 16 1977.

[5] Collings T A,Matthews F L. Experimentally determined strength of mechanically fastened joints[R],Joining Fibre-Reinforced Plastics,Elsevier Applied Science,Barking,Essex,1987.

[6] Matthews F L,Phillips L N. Joining of composites[C]//Advanced Composite Materials,The Design Council,London,1989.

［7］Benchekchou B,White R G. Influence of stresses around fasteners in composite materials up-
on fatigue life in flexure［C］//Proc. AIAA/ASRE/ASCE/AHS/ASC Conf. Structures,
Structural Dynamics and Materials,La Jollie,California,April 1993.

［8］Grant P J. Analysis of adhesive stresses in bonded joints［C］//Proc. Symp. Jointing in Fibre
Reinforced Plastics,Imperial College,IPC Press,London,1978.

［9］Corvelli N. Design of bonded joints in composite materials［C］//Proc. Symp. Welding Bond-
ing and Fastening,Williamsburg,Virginia,1972.

［10］Hart-Smith L J. Analysis and design of advanced composite bonded joints［R］. NASA CR-
2218,April 1974.

［11］Gibbs and Cox Inc. Marine Design Manual for GRP［M］,New York:McGraw Hill Book
CoMPany,1960.

［12］NES 140. GRP Ship Design［S］. Naval Engineering Standards,Issue 2,Undated.

［13］Rules for Yachts and Small Craft［S］. London:Lloyds Register of Shipping,1983.

［14］Rules for Building and Classing Reinforced Plastic Vessels［S］. New York:American Bureau
of Shipping,1978.

［15］Rules for Classification of High Speed and Light Craft［S］. Hovik:DetNorske Veritas,1991.

［16］Dodkins A R,Shenoi R A,Hawkins G L. Design of joints and attachments in frp ships'
structures［C］//Proc. Charles Smith Memorial Conf. Recent Developments in Structural Re-
search,DRA,Dunfermline,July 1992.

［17］Green A K,Bowyer W H. The testing and analysis of novel top-hat stiffener fabrication
methods for use in GRP ships［C］//Marshall,I. H. ,(ed. ),Composite Structures 1,Elsevi-
er,London,1981.

［18］Bashford D P,Green A K,Bowyer W H. The development of improved frame to hull bonds
for GRP ships-Phase 2［R］. Final Report on MoD Contract NSM 7211/1011,July 1981.

［19］Bashford D P. The development of improved frame to hull bonds for GRP ships［R］. Final
Report on MoD Contract NSM42A/0907,February 1986.

［20］Clarke M A. Stress analysis of a frame-skin connection in the MCMV［R］. Internal Report,
NCRE/L8/76,(Restricted),March 1976.

［21］Hawkins G L,Holness J W,Dodkins A R,Shenoi R A. The strength of bonded tee-joints in
FRP ships［C］//Proc. Conf. Fibre Reinforced Composites, PRI, Newcastle-upon-Tyne,
March 1992.

［22］Shenoi R A,Hawkins G L. Influence of material and geometry variations on the behaviour of
bonded tee connections in FRP ships［J］,Composites,23 (5),September 1992.

［23］Pattee W D,Reichard R P. Hull-Bulkhead Joint Design in Cored RP Small Craft［C］//Proc.
2nd Intl. Conf. Marine Applications of Composite Materials,Florida Institute of Technolo-
gy,Melbourne,March 1988.

[24] Shenoi R A, Violette F L M. A study of structural composite tee joints in small boats[J]. J. Comp. Mater. ,24 (6),June 1990.

[25] Smith C S. Structural problems in the design of GRP ships[C]//Proc. Intl. Symp. GRP Ship Construction,RINA,London,October 1972.

[26] Crabbe D R,Kerr G T. Static and short-term creep tests on GRP ship type connections for MCMV[R]. NCRE/N236,March 1976.

# 第 5 章　单壳结构船体生产制造

## 5.1　概　　述

本章阐述 FRP 单壳船体结构的设计概念及其制作过程,其中包括从制造所需生产设施的布局,船体结构的建造,到出厂前零部件的装配等一系列工作。关于 FRP 单壳船体建造,目前有很多适用材料体系及制造工艺技术途径可供选择。然而,因篇幅有限,本章主要介绍常规材料体系大尺度舰艇结构(30～50m)的建造问题,对于采用高性能航空材料制造的舰艇结构件,在此不做重点阐述。

通常情况下引入具体实例可使概念阐述更为简单清晰。为此,本章将以案例研究船(CSS)为对象进行介绍,以方便读者理解本章要点。图 5.1 为一艘假想CSS 的基本概况。

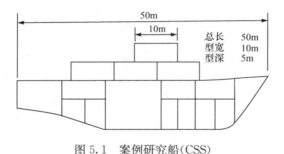

图 5.1　案例研究船(CSS)

## 5.2　建造过程的含义

从概念提出到最终获得功能齐全的舰艇,建造只是整个研制流程的最后一部分。

传统意义上,船舶设计及图纸绘制工作必须在施工建造之前全部完成。因此,施工建造被公认为是整个研制流程的最终环节。但是,在复合材料船舶实际研制过程中,从一开始就必须考虑制造工艺的各项要求,而且制造商的任务要求应该逐条列出。在此着重强调此设计原则的原因是,一般设计者总是希望在开展详细优化设计之前能够尽可能全面地考虑各种影响因素,而在实际生产过程中,复合材料结构的工艺性具有更大的灵活性,因此更应提前加以考虑。

制造工艺的选取将会对材料选型、模具及工装设计产生影响。因此,必须尽早确定相关工艺技术,以便结构设计能达到最佳设计效果。复合材料在生产工艺方面具有较大的设计潜能,但是,从设计伊始就必须意识到,并应用这种潜能,否则就会丧失这种优势。

在开始介绍具体生产过程之前,对于复合材料结构,应该确立"制造并不是生产的最终环节"这一思想。要清楚地认识到,从概念设计到船只制造完工,复合材料船舶的制造是一个各部分紧密结合的有机整体。

# 5.3　场所布局

## 5.3.1　概述

当筹划和评估某个项目时,首先需要明确的最基本的问题是主要施工设备的数量是否能满足需求。不同船体尺寸及项目规模对设备的需求是有所不同的。例如,某个项目需要在短时间内制造大批量小型游艇,那么它对设备的需求量就高于在较充裕的时间内制造一艘大尺寸游艇。一般来说,制造小型舰艇,如猎雷艇,所使用的设备数量较少。

一般情况下,制造新型号舰艇并不一定需要采用新型机械设备。同时,由于资金及时间的限制,通常只需对现有设备进行适当改造,就能满足新设计结构的建造工艺要求。这表明,在实际生产过程中,最理想的制造流程往往难以完全实现,例如,起重机使用限制或生产车间最大限高都会对施工流程造成影响。当种种限制因素存在时,只能最大限度地利用现有条件,并尽可能地达到最高生产效率。因此,应该在初始阶段明确所需使用的板材及模具尺寸,以方便设计人员开展设计工作。

## 5.3.2　厂房面积需求

现已证明,厂房面积与所需建造船只的尺寸及最大产能具有某种函数关系。可以认为,产品交付的能力取决于设备生产能力,即设备能力决定了产品交付时间表。

为了开展案例研究,典型厂房布局如图 5.2 所示。假定该厂房需要在 7 年内建造 6 艘 CSS,详细的规划设计将在 5.3.3 节中具体阐述。已知该处厂房设计的生产能力恰好能满足项目要求,主要分区包括板材车间、部件组装车间、船台、舾装码头和辅助车间。仓库与制造车间相邻,但不应存在任何危险因素。同时,起重机和船体运输设备均可吊装 30t 以下构(部)件,船台最大行车移动能力可达 300t,舾装码头轨道系统最大承载为 1000t。

为方便理解,对案例研究 CSS 的结构进行适当的简化处理后,一艘 CSS 的各主要部件尺度及空间需求整理如下。

| | |
|---|---|
| 船体: | $50m \times 10m = 500m^2$ |
| 1 甲板: | $5 \times 10m \times 10m = 500m^2$ |
| 2 甲板: | $2 \times 10m \times 9m = 180m^2$ |
| 主舱壁: | $5 \times 10m \times 5m = 250m^2$ |
| 上层建筑结构: | $4 \times 10m \times 10m = 400m^2$ |
| 船体内部结构: | $3 \times 10m \times 10m = 300m^2$ |

总面积需求量$=2130m^2$

图 5.2 中厂区的许用生产面积为 $2900m^2$,显然能够满足单独一艘船的生产需求,5.3.3 节将具体介绍如何设计系列船只的生产工作安排。

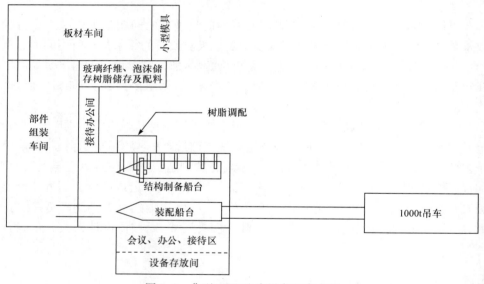

图 5.2　典型 GRP 生产设备厂房布局

本例对于开展复合材料舰艇建造,应提供何种类型的设备设施进行了详细说明。例如,虽然设备本身不发生变化,但当生产长度为 15~30m 的小型舰艇时,整个生产场地设备布局可以相对松散,且可将数道工序集中在同一车间内完成。而当制造较大型船只时,如 CSS,使用材料将由钢材变为 FRP 材料,生产场地就必须具备独立的板材车间,部件组装车间,船体组装车间以及满足安全规定的材料储存仓库。虽然有适当的简化,但主要的影响因素都已加以考虑。

### 5.3.3　生产周期规划

图 5.3 给出了 7 年中制造 6 艘 CSS 项目的大致时间规划表。预计一艘 CSS

从初始零部件的制备到在船台上完成结构初步组装,大概需要 12 个月。之后,整体在装配船台的装配时间大约要 6 个月。最后,船体在舾装码头进行设备组装工作的时间为 10 个月。假定工作效率不变,则每艘船完整的生产周期约为 28 个月。

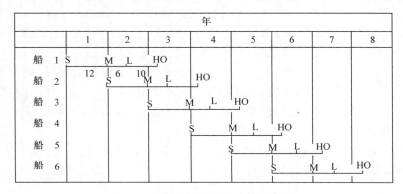

图 5.3　案例研究船生产周期规划

S-开始船体铺层;M-移到装泊位;L-开展对升船机;HO-移交给客户

　　设计者的工作是设计一个集成部件制造及结构装配的生产线,生产线应尽量提升所有制造车间的工作效率,以确保项目在期限内完工。流水作业的生产线能确保总花费时间较单独分别建造 6 艘 CSS 有所缩短,详细内容如下。

　　FRP 舰艇制造流程设计不仅需要规划能力,同时需要具有大量的通用技术储备。FRP 具有某些在钢质舰艇制造过程中不存在的影响因素,会影响流程设计,具体如表 5.1 所示。

表 5.1　影响 FRP 舰艇制造规划能力的主要因素

模具制备时间

树脂体系库存期限

由生产场所安全及材料质量需求所产生的设备使用限制

层合板铺层顺序("湿态"成型工艺的上限)

固化时间

大型构件的运输要求

　　现以甲板板架为例说明钢质结构件或复合材料结构件对规划能力影响程度的差异性。

　　平面钢板的制造无需模具,而且储存得当时,也不存在库存期限问题。生产场所应保持环境清洁,并根据实际条件选择最为合适的焊接方法。建造时,仅需要考虑温度对焊接质量的影响,而无其他更多限制因素存在,含加强筋的钢质板架具有良好的坚固性,采用简单吊装方案即可。

　　与钢质板架相比,FRP 板架制造时需要模具,至少需要一个预先经过特殊处理的平台。树脂体系(包括树脂原料、促凝剂和催化剂)具有特定的储存期限,必须在期限内对其使用做出安排。对于尺寸要求更大、性能要求更高的复合材料板架,其施工场所对制备温度和气流具有严格控制要求,因此一般对复合材料板架结构的制备需集中场所区域,这就相对缩小了设计者的可设计空间。由于固化时间的要求,大尺寸复合材料单层壳体结构的制备流程基本是不连续的,这会影响场所的规划设计;同时,因为要求工人在一个工作班次内完成两项或两项以上不同的工作任务,这又会对人力资源的预配置产生影响。最后,虽然 FRP 构件的韧性较好,但如果在部件组装前,进行吊装而不采取适当保护措施时,FRP 部件极易发生损坏。大尺寸 FRP 板架部件的移动需要特殊的起重设备,这也对生产场所提出了空间和吊装能力要求。

与钢质舰艇的建造相比,FRP 舰艇生产并不一定更为复杂。但以上这些差异性和影响因素是现实存在的,而且必须在初始设计阶段充分认识,并加以考虑。

### 5.3.4　原材料储存

由于原材料的储存受到众多因素的影响及制约,因此提出能够综合考虑各种不利因素且易于实施的储存规划方案非常困难。反之,在规划阶段,对所需各种原材料的储存条件要求加以充分考虑,将有利于最终确定不同原材料合适的储存场所位置。

一般来说,增强纤维材料、芯材及泡沫材料的储存应严格控制环境湿度,保持干燥,环境温度应控制在 15~20℃。以上各种原材料在进行复合材料铺层过程中一旦接触水汽,就会造成复合材料性能下降。催化剂或促进剂的储存条件与树脂基材料相似,最佳环境温度为 20℃左右,此类材料应避免日光的直接照射,因为环境温度的升高会降低其保质期。

一般作为催化剂使用的过氧化物,应采取低温储存(低于 20℃),并避免与促进剂接触,采取分区储存隔离。因为两者直接接触会发生剧烈反应,并造成严重后果。

预浸织物材料在温度升高时会自行发生固化反应,最好低温储存,因此通常需增加符合空间要求的冷藏室。

清洗剂,以最常使用的丙酮为例,丙酮高度易燃,属于危险品。丙酮的储存和使用除应满足安全要求外,还需要注意与铺层材料隔离,以避免两者直接接触造成的原材料污染,并导致产品性能下降。

用于制备 FRP 结构的所有原材料,其储存场所都应保持清洁并达到规定的安全级别,且不存在任何点火源。设计过程中,要注意听取生产者的建议,并按照相关法规进展,如高度易燃液体管理条例等。危险有害物质储存和使用管理条例一直在不断地修改,在未来几年内,EEC 成员国即将执行新的修正条例。危险有害物质的使用者应建立完备的管理机制,并能及时对生产场所安全等级进行升级,以适应相关法律条例的变化和发展。

# 5.4　结构制备与装配船台

## 5.4.1　总体布局

图 5.2 为一个典型制备和装配船台的布局草图,制备船台和装配船台并行布置。结构制备船台主要负责船体的成型,主要工作设施包括原材料加工处理设备及通风设施。布局设计合理的结构制备船台不仅能避免使贵重机械设备重复设置安装点,还能减少原材料加工过程中所需要的模具数量。制备成型完成后的主要船体结构可通过轨道滑行到毗邻的露天装配船台上,在装配船台上主要完成剩余结构部件的装配工作。

## 5.4.2　船体结构模具

下面将介绍影响船体结构模具设计的几点因素及相应的材料选择要点。

### 1. 船体结构尺寸

船体结构尺寸不同,模具分区设计以及脱模实施的方式也会有所不同。尺寸较小的船只一般采用木质或 FRP 模具,而尺寸较大的船只一般为铝质或钢质模具。但当船体结构尺寸较大时,钢质模具的质量会非常大,并造成移动困难,因此通常会使用较为昂贵的铝质模具。

有时也会使用夹具拼板来代替模具,以确保船体线型。此时,船艏部分仍然采用传统模具方式制造,其余船身部分则采用夹具固定的平面薄板,平面薄板内侧再设置符合船体线型的层压板,以确保满足船体线型要求。该方法的好处在于可利用同一套夹具制造长度尺寸不同的船体结构。

### 2. 模具寿命要求

不重复建造舰船所采用的模具通常为一次性的,其坚固性要求理所当然会低于批量建造舰船时所采用的可重复使用模具的要求,因此可以采用成本更低且方案更简单的模具。

模具在两次使用期内的存放条件会影响其使用寿命。此外,露天存放时,木质模具的使用寿命将低于经过适当处理的钢质模具。

### 3. 工艺技术

某些船厂具备木质模具的加工工艺技术,但有的船厂并不具备。此类技术细节会影响模具的设计,因此在方案设计时应加以注意。

### 4. 生产流程

在复合材料船体结构建造时,首先必须确定采用阴模建造还是阳模建造。单壳船体结构一般使用阴模建造,阴模建造的最大优点之一是船体外表面线型精度高。根据一段菲律宾船厂的视频录像可以看到,采用阳模制造时,最后的固化工作需要由铺层工人赤脚踩在壳体外层上辅助完成,显然,阳模制造难以保证船体外表面完工时的线型精度。

模具制造过程中存在很多不同的技术途径,如何选择将影响模具的设计。模具材料的选择就是其中一个重要因素,它决定了在生产中使用纯液态的树脂材料,还是采用预浸织物。如果有条件使用抽真空技术,那么模具的制作是与手糊工艺成型模具存在差异的。应该说,模具设计中的变量很多,但必须确保生产流程设计清晰准确、考虑全面,才能避免在接下来的实际生产过程中造成严重失误。

### 5. CSS 模具

传统 CSS 船体建造大多使用低碳钢质模具,主要考虑因素包括模具尺寸要求,模具使用寿命要求、耐久性要求、露天存放要求,以及模具的分块设计要求和转运吊装要求等。由于模具结构的重量限制,必要时可采用铝质模具。图 5.4 为典型钢质模具。

图 5.4　低碳钢质模具

在模具设计时,还必须要考虑到轻便操作台架的支撑问题,这是施工工人进行铺层施工的安全工作平台。

### 5.4.3　材料铺设及固化成型

　　根据结构设计规范以及生产成本限制,可初步确定船体材料选型或至少缩小选择范围。材料体系的最终确定必须通过产品试验并确保达到预期性能要求。同时,操作施工人员的技术水平和经验储备对于 FRP 结构件的制备质量也具有重要影响。下面将分别介绍三种不同单层壳船体的制造方法。

　　**1. 预浸料坯制备**

　　预浸料坯(prepregs)是指已浸润过树脂(通常是环氧树脂)的增强纤维材料,表面附有可剥离的薄膜。浸润树脂的固化温度较高,一般为 $80\sim120℃$,储存温度要求在 $0℃$ 以下。

　　预浸料坯一般用于阳模制造,成型时表面需覆盖一层适当的材料,以形成真空固化环境,同时需确保固化环境的密闭性和温度控制要求。

　　预浸料坯一般用于制造高性能结构,价格远高于传统玻璃纤维/聚酯树脂复合材料的价格。预浸织物料一般利用模具通过手工糊制成型,由于预浸料坯从冷藏室内取出时温度较低,因此不会过黏,且气味也很小,所以这道工序操作较为简单。通过预浸料坯工艺制备得到的结构件具有较高的质量稳定性,且对施工人员的工艺技术要求较低。如今,随着生产安全意识以及环保健康要求的不断提高,预浸料坯技术已经得到越来越多的关注。

　　应用预浸料坯技术制造大型船体的主要缺点在于原材料成本较高,同时实现高温和真空的操作环境较难实现,成本也较高。除此以外,应该说预浸料坯技术对于单层壳船体结构的建造是非常有益的。

　　**2. 湿法层压制备**

　　湿法层压制备指利用液态树脂和玻璃纤维或其他形式增强纤维制成复合材料的方法。大型舰船建造最常用的复合材料是玻璃纤维织物和聚酯树脂的组合。该类型复合材料的种类很多,相应的催化剂种类也很多,因此生产流程设计可考虑的方案是多种多样的。

　　重点关注少量的几种典型材料体系开展研究工作,开发应用潜力,充分发挥其性能优势是非常重要的。在选择工艺流程方面,确定是采用手糊成型或是机械成型方式,十分关键且重要。与手糊成型相比,机械辅助成型可满足大密度厚重织物使用的需要。厚重织物的浸润性能与轻薄织物是完全不同的,因此不能根据轻薄织物的性能测试结果简单地推算厚重织物的浸润特性。材料体系种类的选择及其测试环境都应该与实际生产情况保持一致。

　　如何借助机械装置将黏性极强的大量湿态布层材料铺设到模具上是一个十分

值得探讨的问题。即便某种方法可行,且成本能够得到控制,也不能轻易地决定是否使用,而必须充分考虑各种影响因素。

假设 CSS 船体使用玻璃纤维织物/聚酯类树脂体系建造,其结构性能必须满足船级社所规定的要求。层合板的质量必须保持稳定,在制造过程中必须严格控制树脂和玻璃纤维相对含量比例,并尽可能排除层间气泡。

实践经验证明,借助机械可以十分便捷地实现玻璃纤维织物的树脂基体浸润。然而,当须确保空气含量控制在一定程度,且达到设计的船体线型要求时,在船体模具上进行机械操作并不是一项简单的工作。机械加工适合长时间的连续操作,但并不太适合船体制造过程中对整体线型的调节和裁剪加工;此外,排除层合板中的空气问题仍不能忽视。实现单层壳船体结构湿法层压制备的机械化并非不可能,但实践经验证明,现阶段机器生产还无法达到手工操作所能实现的高性能一致性指标要求,层压机械目前还无法满足间断后再重新开始的操作流程要求。

由于机械工作的有效性目前还无法通过实践加以证明,所以批量建造的 CSS 船体将不能采用机器进行织物浸润,并完成模具上的预浸织物铺设工作。因此,研究如何为铺层工人提供安全而顺畅地进行铺层操作的构架平台是值得花费时间和精力的。关于材料处理的问题将在下面专门探讨,另一个需要讨论的问题是树脂分发点的布置问题,树脂的分发点应紧贴模具,易于操作,且数量应足以满足布层充分浸润的需要。

实现制备成型机械化操作是今后需要重点关注的问题,至少在模具表面材料的处理方面机械化是可以实现的。如果增强材料为短切纤维而不是纤维织物,那么树脂和短切纤维可以通过喷射枪喷射到模具表面。即使增强纤维为织物或编织形式,树脂基体材料仍然可以通过机器喷洒到模具表面。以上两种方法目前都已经在实际生产过程中有所应用,但还无法得到性能更好的层压结构,原因在于机械化操作很难控制结构成型的厚度和玻璃纤维/树脂比例。对生产环境中的聚乙烯蒸气浓度进行控制同样比较困难,特别是在敞开的大型工作场所使用树脂喷射枪更会增加聚乙烯浓度控制的难度。

当船体壳板成型完工并达到所要求的厚度之后,横向框架以及纵向筋材将进行二次胶接成型。骨架的制备一般通过泡沫芯材的胶接和 FRP 覆盖层的铺设完成。

内部骨架的二次成型完成后,再进行内部舱壁、甲板和其他主要构件的安装。当内部骨架能够确保船体外壳板的结构刚度时,模具方可按照预定工艺方案逐步拆除。当然,若工厂设施具备足够的起吊能力,也可将船体整体吊离模具,以减少脱模工序。图 5.5 是 30m 长船体吊离脱模的实例。

在 CSS 船体脱模时,左舷的模具可沿龙骨进行移除。船体结构重量通过轨道滑动的台车支撑。在模具内表面和成型船体之间注入空气后,就可将船体从模具

图 5.5　船体吊离脱模

上脱离。脱模后,船体将被侧移至邻近的装配船台上,以完成结构零部件的装配。

3. 树脂传递模塑成型制备

虽然树脂传递模塑成型(resin transfer moulding,RTM)制备方法目前还没有应用于大型船体结构的生产制造中,但此种方法具有巨大的应用潜力。RTM 方法是指,在压力作用下,将树脂基体材料注射到一个封闭的空间或模具的装配区内。显然制造数量不多的大型零部件时,使用 RTM 方法时所需费用将远高于模具制造成本。因此,RTM 方法有待进一步改进,以达到要求树脂材料通过真空注入,但不需要使用双面模具,从而降低生产成本的目的。

现主要介绍一种改进方法——SCRIMP(Seemann composites resin injection molding process),该方法由美国厂家开发,并已通过英国和欧盟经济联合体的 Vosper Thornycroft 认证。此种方法的最大优点是可直接利用现有模具,且基本不需要使用特殊工具即可轻易实现。施工初期,各纤维铺层以干态形式根据设计顺序铺设在模具上。然后,将一层气密膜覆盖在铺层表面上,真空膜与模具周边通过胶泥密封处理,并通过真空抽气设备排除覆盖空间内的空气。树脂流入干态增强纤维铺层内部浸润纤维,纤维层在真空膜内固化成型。

SCRIMP 方法适用于船体、板材等多种构件的生产制备,进一步工艺方法的改进,可明显提高可加工部件的尺寸。

前面已经提到,SCRIMP 方法可直接利用现有模具进行生产。此外,该方法的优点还包括由于没有气泡或气泡很少,所制备出的船体结构性能非常优良,而且因为树脂材料不再暴露于空气中,生产场所的安全等级也将得到提升。

目前对于 CSS 船只的生产,暂不推荐使用 SCRIMP 方法。原因是对于大尺寸

FRP 结构的使用,SCRIMP 方法制造尚不成熟,还需要开展大量的后续研究工作。应该说,各种形式 RTM 工艺的应用潜力是巨大的,未来非常有可能逐步取代现有的多种层压方法。

### 5.4.4　生产效率

前面已经提到,复合材料船体制造的机械化并不一定能使生产效率得到提高。合适的生产方法、安全的生产环境、合理的材料选型以及工序安排才是提高生产效率的关键,也是基本原则。

湿法层压成型工艺要求工人有较高的技术水平与操作经验,如如何控制湿态架空布层的倾斜以及垂直布层的滑塌、如何保证裁剪质量等。因此,减少架空布层的铺设数量,使模具具有旋转能力以及尽可能减少对预浸布料的裁剪需求等都有利于提高生产效率。

制造小型船体结构时,将工件旋转,加工将变得更为简便。但如果大型船体结构的制造也采用同样的方法,则会大幅增加成本。此时,欲提高生产效率应使整个生产流程尽可能流畅、规范,并使大尺寸材料的铺设不受场地限制。对于形状复杂的结构件,最好进行分区成型,因为整体成型所需的大量裁剪工作会使生产进程减慢。

当骨架或筋材的交叉点数量较多时,船体结构的生产成本将大幅提高,因此简洁的结构设计方案有助于生产效率的提高,例如,可多采用纵向骨架而减少横向骨架或格栅骨架数目。

### 5.4.5　场所通风及安全性

树脂固化反应时所使用的溶剂一般为挥发性很强的液体。聚酯类树脂会挥发出苯乙烯蒸气。在固化成型阶段,应保持铺层上方具有良好的空气流动性,以防止空气中的挥发性气体达到饱和状态,这也有助于树脂的固化,但对工作环境的安全性不利。

生产规模决定了生产场所强制通风设施的配置要求。事实上,使用原材料数量较少的小型车间一般不需要设置专门的通风设备,而大型车间,如生产 50m 长CSS 船舶的车间,就需要配备机械通风设备,以确保生产场所苯乙烯浓度低于规定上限。英国政府规定,生产环境中苯乙烯的时间加权浓度上限为万分之一。在船体建造时,易产生气体汇聚的湿态铺层位置处,会汇聚大量易挥发性气体,良好的通风系统能使苯乙烯浓度保持在 70ppm[①] 以下。必须保证定期监测环境苯乙烯浓度,可采用的检测方法及设备有多种,如简单的手提式设备,也有可对空气取样并进行光谱分析的复杂设备。一般不容许在高浓度苯乙烯气体环境下工作,但有

---

① 　1ppm＝$10^{-6}$。

些情况下,当环境中苯乙烯浓度超过可接受的范围后仍必须继续完成后续工作,此时,工人应佩戴氧气面罩进行作业。操作人员在储罐等相对密闭的空间内作业时,需随身携带氧气设备。FRP 等结构件生产场所环境安全的规定,随国家甚至地域变化而有所不同。人们普遍认为,在不远的将来,对苯乙烯浓度的限制会更为严格,而生产商应对此早作准备。

另外,需要注意防范燃烧或爆炸等安全隐患。当工作场所涉及易燃的液态树脂时,其与火源的距离应大于易燃液体管理规则所规定的安全距离;与电气设备的距离也要达到规定的安全距离,或设备应具备防护设施以防止电火花的产生。操作工人应按规定穿安全防护服,通常还要在手部涂抹防护脂,以加强对手的保护。由于在催化剂的使用过程中可能会产生液体飞溅,工人还应配备眼部防护设备。

## 5.5　板架制备车间

### 5.5.1　场所布局

建造小型船只时,一般不配置专门的板材制备车间,而是在船台区划定一块区域进行甲板板及舱壁板的制造。在流水作业生产较大数量的船只时,大型板材的需求量也会随之激增,这种情况下就必须配备专门的板材车间以满足生产要求。板材的生产加工设备十分简单,只是一些能进行制板的平面或弧形模具,以及能使尺寸与结构部件要求相符的板材切割设备。图 5.2 中所示的板材车间主要配备了 4 套 18m×12m 的制板模具,预留了 2 处标准的 12m×12m 板材转运场地。如果板材能够被转运至专门场所存放(图 5.6 的部件装配车间),则不强制要求在板材车间内配有专门的转运场地。

图 5.6　部件装配车间

### 5.5.2　制板模具

板材车间的主要工作是生产出具有一定规格尺寸的平板,制板模具相对简单。虽然偶尔也会需要生产具有一定弧度或突出部分的甲板板,但选择模具的原则不会变化。

模具一般都采用钢质或木质框架基座,以确保人员踩踏不会对其造成破坏或产生过大的变形。基座可用胶合板或层压板包裹,包裹厚度由具体的强度要求及加强筋间距决定。表面加工时最好能在胶合板上再包裹一层敷设三聚氰胺或类似材料的层压板。三聚氰胺具有优良的耐磨性,可减少模具的维护保养工作。此外,必须确保对模具连接处进行抛光及螺孔空隙处进行填充,模具表面存在的任何污渍或瑕疵等都会在板材生产时呈现在板材成品中。

大型板材成型模具的表面需内嵌一些孔洞,以方便在产品脱模时使用千斤顶作业。如果不利用千斤顶或其他类型的起重辅助工具,产品的脱模将会十分困难。

### 5.5.3　材料铺放及固化

板架生产包括两个主要操作阶段:板材的成型和加强筋的制作。板材的成型生产过程是 FRP 船体结构整个生产流程中最易实现机械化的部分,即便采用手工操作也是生产效率最高的环节,但加强筋的制造耗费人工,且难以通过机器操作完成。因此,虽然在板架生产阶段比船体制造阶段更容易实现机械化,但实际上手工操作就能实现较高的生产效率。当采用机械操作时,必须确保能实现更高的生产效率,否则使用机器只会造成生产成本的增加。

目前市面上的机械设备已经可以完成模具面上玻璃纤维的聚酯类树脂浸润和铺设工作。固化成型工作可由操作工人站在模具操作台架上使用滚筒对面板进行滚压完成,也可在操作台面上安装一排滚筒进行机械化操作,但由于机械化操作气泡含量较高,在高质量的平板生产中应用较少。在喷射成型时,可将喷射装置吊装在起重机吊臂下方,或者固定在牢固的模具平台上并可沿轨道移动完成船体两侧的喷射工作。

由于加强筋横截面尺寸存在差异,而且为了实现帽形筋覆盖层与板的有效搭接,常常会需要增加铺层的宽度,因此机械制造难度较大。此外,切割过的加强筋或者加强筋的相交都会增加后处理的难度。上述因素都导致加强筋的制作只能由人工完成。

图 5.2 中所示的板架车间是为生产 CSS 提供所需的大型板架构件。板材的成型主要由两台分开吊装在门字架上的喷射器操作完成。每台喷射器都装配有织布卷轴,并能同时接收泵压出来的液态树脂。在开始工作之前,催化剂掺入树脂内,纤维织布在被铺放到模具上之前,将通过树脂槽内进行浸润。随后,固化阶段

将通过人工施工,以确保层合板材的质量符合要求。加强筋则通过人工施工完成。

### 5.5.4　生产效率

影响板架铺层和船体结构纤维铺层生产效率的因素基本相似。一般认为,大尺度简单结构的生产成本要低于复杂程度高的小尺度结构件,使用黏度低的树脂进行纤维铺层固化较采用触变型树脂进行船体铺层时生产效率更高。而低黏度树脂与喷射器的结合运用,可降低厚重纤维层的使用难度。这意味着在平面板材制备时,大量的铺层可以迅速完成。与船体壳板成型相比,板材制备的生产效率能达到船体壳板成型的 4 倍以上。

一般在板架制备时,尺度较小的加强筋可以预先制备成型,然后通过胶接固定到板材上,但这并不适用于主船体筋材的制备。加强筋的制备属于劳动密集型工作,一般会占用甲板板架生产工时的 3/4。

### 5.5.5　场所通风及安全性

大型板材模具成型时需设置通风设施,保证空气能在成型面上方流动,以提高固化效率。小型结构件成型时不强制要求配备通风设备。

制造复合材料板架时,应尽可能地选用低挥发性(LSE)苯乙烯树脂基原料。在固化阶段,相比标准的树脂体系,采用低挥发性树脂能使环境中的苯乙烯浓度降低 50% 左右。当然,同时也必须确保采用低挥发性树脂所制造的复合材料层合板的性能参数能满足设计要求。

其余关于人员安全的技术措施要求与船体成型制备车间要求一致。

## 5.6　部件装配车间

### 5.6.1　场所布局

部件装配车间(block unit hall,BUH)本质上就是指较大面积的空旷场地,可用于零部件的装配或板架组装,以建立三维尺度的船体结构部件。BUH 的面积应该足够大,可以满足大量板架和零部件的装配要求,同时应预留出通道空间,以便于辅助材料进出车间。图 5.6 为一个典型 BUH 内部布局图。

BUH 内的所有工作站点应该各司其职,共同合作完成预期工作目标。如图 5.6 所示,顶梁行车可实现不同加工设备的灵活移动,方便完成板架和零部件的装配。典型的工作站点还将包括空气输送、抽空、压缩设备,抽尘设备和苯乙烯监控设备。

### 5.6.2 总装前准备工序

当在板架制备车间中完成全部层合板制作后,层合板将转运到 BUH 区域内,并保持倒置状态,在 BUH 内将完成所有肘板支架、电缆支架、管座及其他初级设备的组装工作。在整个施工过程中应注意为具有后续施工要求的边角区域留出空间。在所有次级电缆、管道和设备的所有零部件都组装完成后,进行板架刷漆和绝缘处理。

图 5.7 为一块正在完成总装前准备工作的甲板部件,甲板翻转了一定角度,并已完成了上部装配工作。图 5.7 体现了该道工序两个最显著的特点,一是要具备可靠牢固的悬吊和翻转固定装置;二是厂房高度(即 BUH 高度)是决定翻转程序的重要因素。要安全翻转一块 10m 尺寸的甲板板架,起重机吊钩的高度应达到 13m 以上。

图 5.7 预装配甲板

成功高效装配施工的关键是船舶前期设计,以及材料与设备的管理和使用。传统意义上,上层建筑上的甲板室结构部件,如舰桥等,其设计一般都放在整船设计流程的最后阶段,但在初始设计阶段就需要舰桥甲板基座的相关数据参数,这将会对生产规划的制定和材料的工序安排产生影响。

船体结构件的装配及预先舾装要有计划地进行,坚持这一原则的好处是巨大的。在设计工作的最初阶段就必须规划好船体制造的步骤流程以及设备的总体布置方案。具体内容包括确定各组成部分的构件尺寸、零部件所需空间以及相互间的关系。例如,可将电气设备集中布置在某一舱室的一定区域内,而其他区域可作为居住空间。这种集中布置规划的优点在于可以使一些材料、设备(如连接零部件的电缆和管材)的使用场地相对集中,同时可使船上最重要的部位与其他部位隔离,而相对独立地开展工作,以避免相互影响。

### 5.6.3 结构部件组装

当板架两侧部件装配完成后,就可以开始船体部件的三维结构组装。根据图 5.6 中的设施可知,部件的组装具有不同状态。例如,有些部件由于顶部层压板质量较大,为了避免发生事故,在装配过程中需将部件倒吊。这种情况下,使用板架制作时的翻转框架,就可将结构部件进行旋转操作,以完成装配工作。

结构部件装配是指将一系列零部件与板架胶接成完整的结构部件。此阶段的操作必须保证各子结构件相对位置的精确,并且通过层合固化保持足够的刚性特征。采用一些十分简单的夹具能够确保子部件安装位置固定,仔细检查子部件的结构尺寸以及纠正子部件固化前位置的偏移也是非常重要的。

CSS 在设计之初就采取了分段建造原则,主要包括三个主船体舱内结构部件和四个上层建筑结构部件的装配。舱内结构部件主要是指甲板和舱壁的组装,在船体底部形成液舱或小型隔舱。在 BUH 内将这些部件结构的装配工作与船体制作分开进行的好处在于在部件装配车间中,结构部件可以随意翻转以便完成子部件的胶接装配工作。这种施工方式相比于在一个狭小空间内,采用通风设备进行头顶施工是具有明显优势的。

当所有内部结构部件和主要舱壁都装配完成后,不要急于进行结构部件与船体的整体组装连接,而应尽可能多地将附属设备或装置系统预先装配在结构部件上。图 5.8 为将舰桥结构部件吊装到已经装配完工的上层建筑上方。

图 5.8 舰桥结构的安装

### 5.6.4　装配技术

本节主要简单介绍一些适用于单层壳船体结构装配的专门技术,一方面希望能说明所使用方法的简单可行性,另一方面为相关人员在夹层壳体结构制造时提供借鉴参考。

与夹层壳体结构相比,大部分单壳船体壳板结构厚度较大,结构刚度大,对于设计装配支架工装和支撑基座较为有利。对于细小零部件,如单根电缆或电灯开关等,通过胶接安装到结构上时比较有利。对于一些质量更大的零部件,如电气设备和储柜等,则通过螺栓直接固定到甲板或船体上。一般不建议直接在 FRP 板上开孔,这样容易引起层间剥离,必要时可借助不同尺寸的金属垫片,然后进行螺栓或螺钉连接。

不同型号的船只所应用的装配技巧有所不同。例如,一般小型船只的设备质量都较小,因此零部件的连接大多可采用胶接,而不采用螺栓连接进行装配。即使对于具有高抗冲击性能要求的猎雷艇,连接问题也不是一个主要的问题,在大多数情况下,简单的螺栓固定即可满足使用要求。

## 5.7　下水后的舾装工作

如果施工条件及工程进度要求容许,所有的构件成型及主要零部件的装配工作都应在船台上完成。因为在船台上进行施工作业,可以不受天气条件的影响,而且施工设施主要都集中布置在船台附近,便于装配施工的开展。

因此,下水后的舾装工作主要限于细小零部件的装配和设备的连接及整体调试。以上工作不仅 FRP 船舶建造时存在,所有船舶的制造都有此类问题。对此,在一定程度上应根据设备安装的复杂程度,有选择地进行合理安排。

## 5.8　原材料处理

### 5.8.1　树脂体系

树脂体系包括液态树脂,以及树脂固化所需的催化剂和促进剂。

前面已经介绍过,以上树脂体系材料在储存阶段应采取安全措施,必须符合相关的法律法规,并遵循企业内部制定的安全条例。这些专业性的条例规定可确保企业在树脂、催化剂和促进剂储存及使用过程中的安全。

当然,根据具体生产情况选择制定不同的树脂储存及运输方法也是容许的。

当小船厂采用手糊成型或喷射成型时,通常可用 45gal(加仑)①桶罐存放液态树脂,并在抽取树脂时直接加入少量的催化剂和促进剂。

当生产规模较大时,则可采用 1.5t 的储罐存放树脂,储罐可直接与机器连接,将树脂分流到各个手糊成型操作工人的多个小型容器内。

当生产过程中使用树脂量很大时,如 CSS 船只的制作,则应使用大型树脂储罐(一般采用两只储罐并联),由运输能力为 20t 的油罐车进行罐装。两只储罐并联使用的优点是当一只储罐中的原料受到污染时,另一只仍能正常向生产场所输送树脂原料。储罐中的树脂通过泵压分别输送到板架制备车间的手糊及喷射成型工作区域、BUH 及船台手糊成型操作区。散装树脂以预促进树脂的形式提供。

由机器传送过来的树脂注入树脂槽内,并在浸润织物前一刻加入催化剂以加速反应。注入机械应进行计量校准,以确保加入催化剂的比例以及织物上浸润树脂的含量符合要求。

用于手糊成型的树脂可由树脂分发管路系统抽取,或从集中储存罐中提取。此时,要对所使用的树脂进行称重,并检查树脂的凝固性。检验试验可通过将已凝固树脂装入有开水的测试管中进行,凝胶检测需在两分钟内完成。

不管使用何种树脂材料的分送方式,设备及管道都会变得比较脏乱。因此要做好清洁工作,尽量避免在使用过程中发生交叉污染,从而使所有物料的输送都能顺利完成。

预促进树脂使用起来非常方便,因为其避免了促进剂的单独存放和用量控制问题。但是,适当单独储存一定数量的促进剂或者将混合促进剂的树脂储存在桶罐内也是十分必要的。树脂原料可在常温下保存,夏天储存时温度不能高于 30℃,而在冬天使用前,应提前加热到 20℃左右。

催化剂,即有机过氧化物,储存环境需保证阴凉,并远离促进剂。催化剂的储存温度一般不得超过 20℃,储存管理应遵循供应商的要求。

## 5.8.2　芯材和增强纤维

泡沫、巴沙轻木和增强纤维材料的储存和处理要求相对简单。这些原材料的储存场所要保证清洁、室温(冬季温度要达到 15℃)、干燥。充分考虑这些影响因素才能保证原材料的储存和转运至加工场所的过程中不会发生物态和性能的变化。

大卷筒的纤维织物可以直接投入机械设备使用。但采用手糊成型时,纤维织物要预先裁剪为一定尺寸储存起来,以便减少操作工人在成型过程中的工作量。

---

① 1gal＝3.78543L(美制)。

### 5.8.3　清洗剂

目前市场上有较多种类的清洗剂出售,其中一部分属于易挥发、低闪点可燃液体。有时这些清洗剂是生产过程中危险性最大的可燃液体。对此无法明确给出通用的储存和使用规则,而应根据具体的清洗剂种类,参考各类国标规则,制定相应规则进行管理。

# 5.9　质量保证措施

### 5.9.1　员工培训

根据客户的不同需求,产品质量保证体系对于不同工种应具有不同要求。因此,在如何选取合适的质量检测方法上,使其既能满足对质量的要求,又能使操作人员明确自己工作的要求,就显得尤为重要。任何人都不希望最终产品作为次品而被退货;但若复合材料结构件的最终性能远高于要求,成本又是生产厂方所无法承受的。

大多数大中型企业都会在内部成立质检部门,制定质量标准,并对生产过程进行监控。多数情况下,客户会在企业派驻甲方质量监督人员或指定第三方行使监督的责任。在项目正式开始之前,有关方面须就产品的质量等级达成共识,而且必须确保实际产品可以达到该等级要求。

要确保产品的最终质量,最基本的就是要对相关操作工人进行上岗培训。培训课程应包括在生产阶段工人需完成的所有工作,需确保培训阶段工人完成的试件质量能达到之前确定的产品质量要求。其中尤为重要的是应该培训工人如何有效减少复合材料中的气泡数量及控制增强纤维和树脂的含量比例。

### 5.9.2　原材料检查

原材料在进厂入库时应进行检测,确定是否与供货商所提供的性能参数一致。质检员一般不负责检查存货周转时间和适用期,但需要填写日志,检查是否实施了必要的工作程序。

质检小组还应监督原材料的来源,而对树脂材料来源的监督比增强纤维材料更为严格。若生产中使用的树脂没有加入催化剂或加入催化剂的比例不对都有可能造成严重后果。不得忽视对这方面的严格控制,这对制造方和客户都是必要的。

在成型固化阶段,所有程序的检验都是一样的。层合板制造的关键步骤需要予以更多关注,如倒角半径、各铺层厚度及空泡率。在对层合板性能要求较高的情况下,如猎扫雷舰结构,应严格执行对工作流程的监控,每日填写生产日志制度。

完工或部分完工的层合结构性能检测有多种方法,分为破坏性检测和无损检测两大类。破坏性检测中,试件包括开口或开槽的板格试件(用以进行层间剪切应力检测或灰化检测),以及用于确定层合板纤维/树脂含量的试件等。无损检测方法主要包括射线检测(适用于未涂漆板)、板内部的空泡率检测以及使用超声波发射仪器进行厚度检测等。

### 5.9.3　生产车间维护

原材料质量不过关或操作工人技术水平不高都会影响最终产品质量,恶劣的生产车间条件同样会严重影响产品质量。例如,过去常常出现 FRP 船质量不过关的情况,主要也是因为生产车间条件不达标。

对于所有的树脂生产场所,温度都是重要的影响因素。树脂材料适用的环境条件较为宽泛,而预浸坯料的要求较为严格。车间环境温度需维持在一定的范围内(一般是 16～25℃),如果温度超出规定范围就应停止层合工序的操作。

另一个会严重影响产品质量的因素是湿度。但只要将湿度控制在露点以上,一般不会出现危险情况。要绝对避免生产场所过于潮湿,一旦环境过于潮湿,应马上将增强纤维材料转移到其他场所,以保证纤维织物上不会出现凝聚物。

此外,要保证层压操作过程中的清洁。复合材料的剪裁过程污染较大,大部分此类生产场所都需要配备吸尘设备。吸尘设备可减少人员摄入的灰尘量,必要时操作人员应该佩戴面具。在灰尘浓度较大的场所进行作业的高危险性,现已被广泛认同,而且灰尘过多会对层压复合材料造成污染,严重影响其物理性能。在剪裁或滚筒碾压过程中必须使用合适的吸尘装置,并应定期停产进行清扫。

# 第 6 章　夹层结构游艇船体建造

## 6.1　概　　述

本章以"海军上将杯"型帆船作为生产实例进行介绍。该型帆船所使用的夹层结构采用先进复合材料建造。考虑到这些材料的价格较高,所以应采用新的生产工艺以确保能充分体现先进材料的性能优势,并符合其特殊性能要求。

## 6.2　生产场所设计

### 6.2.1　基于计算机集成制造生产模式

虽然目前计算机集成制造(computer integrated maunfacturing system,CIMS)技术还没有在船厂中得到应用和推广,但即使是最小型船舶的建造,都已经采用了计算机辅助设计(computer aided design,CAD)标准。

这意味着一些二维结构部件,如肋板和腹板等,已经能够依靠计算机进行尺寸设计和图纸打印,并完成二维切割。

目前,用于批量船舶生产的模具(无论是阴模还是阳模)均已能通过五轴联动自动化设备进行加工。加工尺寸可达 15m 长、5m 宽,还具有极高精度和优良性能。

因此,在生产场所的设计中应至少包括一间 CAD 室,同时,最好再配备一间可用于多维结构设计的数控(numerical control,NC)工作室以及一个多轴机械设备操作中心(具体见图 6.1 和图 6.2)。

### 6.2.2　先进复合材料需求

在船体结构生产制造过程中,使用先进增强纤维材料及与之相适应的芯材,可实现结构的轻量化设计;同时,选用先进的制备工艺,才能最大限度地确保达到特定的结构性能要求。预浸纤维和预浸料坯技术的正确运用是实现上述要求的关键,目前已经得到广泛使用。

为了确保构件制备工艺的有效实施,应该配备能使温度保持在 −16℃ 的冷藏

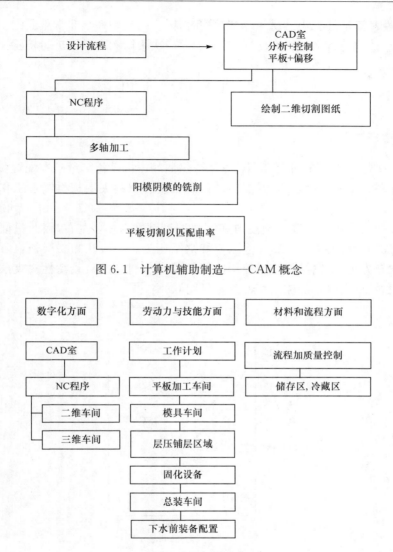

图 6.1　计算机辅助制造——CAM 概念

图 6.2　布局要求

室、温度可升高到 120℃的烤房以及压力维持在 3～4bar[①]（大气压）的加压容器。要保持材料的先进性能，合适的储存环境和流程控制是必不可少的。因此，在整体生产布局时，应留有储存原材料和控制流程的场所。

　　预浸料坯树脂中会预先加入促凝剂和固化剂，尽管固化剂在 90℃以下一般不会发生反应，但是仍有一些聚合物在－16℃时就会发生反应。这会影响树脂的黏

_____

① 1bar＝$10^5$Pa。

度、悬垂性和流动性。当芯材为蜂窝结构时,树脂的流动性是非常重要的。

因此,建议每批次树脂在使用前,至少做一次滚筒剥离试验进行检验。

# 6.3　平板生产车间

### 6.3.1　生产流程

对大多数的生产车间而言,电、蒸汽或热油冲压机设备都是基本配置。如果能够同时配备完整的温度和压力控制系统,那么复合材料夹层板材制备工作将十分便利。

大多数的环氧或酚醛类预浸料坯固化温度都在120℃左右,因此只能选择耐热性能好的芯材,如 PVC、PMI 泡沫或蜂窝结构等。一般认为夹层板表层纤维铺层的方式越先进,蜂窝结构芯材使用的比例越高。树脂的流动特性对夹层板非常重要,自黏性预浸料坯的流动特性可参见图 6.3。

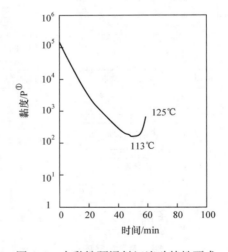

图 6.3　自黏性预浸料坯流动特性要求

环氧树脂的一般固化要求为热进热出,60min 内温度保持为 125℃,压力 2～3bar(大气压)。室内生产的优点在于可以根据需要设置挂载点、插入点或独立加强点,也有利于应用更先进的预浸料坯树脂技术。

---

① 1P＝0.1Pa·s。

### 6.3.2　车间内成型

目前,复合材料夹层板可选用的表层材料和芯材种类很多。为了能在表层持续铺设,采用设置剥离保护层的方法能确保层间具有优良的黏结性能。

外形线切割可根据图纸标注,使用带锯或圆锯完成。对复合材料夹层板进行切割时,在表层粘贴胶带有助于确保切口整齐。泡沫填充夹层结构可以使用机器加工圆倒角。蜂窝结构板材的边界应全部使用芯材填充,填充物一般为充满小气泡的环氧树脂或聚亚氨酯树脂。对于夹层结构,载荷主要通过硬点或嵌入件传递,其中硬点是指芯材密度较高的部位、胶合板或钢板的嵌入点位置。

使用制造商推荐的方式进行芯材表面处理,并确保不同材料的热膨胀系数与耐久性要求一致,是非常重要的。在大多情况下,通过芯材填充物对开孔进行加强,结构的强度就能够得到很好的保证。对于内部的配件和小型构件,可以采用预埋件的方式。所有的预埋件和硬点都应采用室温固化的环氧树脂进行固定。

## 6.4　多轴加工机械或数控车间

先进材料结构的制造需要先进机械加工能力的配合;同时,还需要一个平稳流畅的机械加工流程。通常情况下,设计者和船厂使用的软件不同,所以有必要通过初始化图形交换规范(IGES)和图形数据交换规范(VDAFS)等进行转换,如图 6.4 所示。在 CAD 室内,应当具有能利用通用线型生成实体模型的能力。建模时有必要控制边缘和弯曲部分的线型。此外,特殊的船体结构特征也会给设计过程带来一定困难。

由 CAD 得出的几何数据可应用于制备连续生产用的阴模,而阳模一般用于一次性生产。这主要是基于夹层厚度和模具表面型线以及支撑结构厚度公差等要求的考虑。

目前的五轴加工设备在结构件加工长度上几乎没有限制,但高度局限为 2m,宽度限制为 4m 左右。这意味着模具必须安装在一个转盘上进行分段加工。例如,对于一个用于 15m 游艇建造的模具,每侧都需要分成三段进行加工。

移动式立柱铣床加工阳模较为合适,而对阴模来说,采用架空移动式横梁铣床加工也能满足要求。塔式装置则适合加工龙骨和舵的金属骨架。

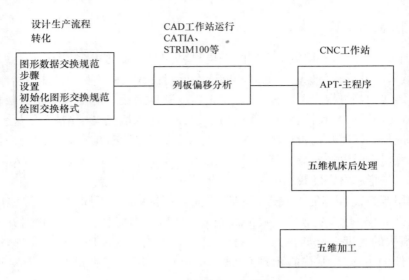

图 6.4　计算机数字化控制概念

# 6.5　模 具 车 间

## 6.5.1　原材料

在固化过程中,模具自身需要承受不断上升的温度,其热膨胀特性应与正在加工的部件相适应,且在高温下不应发生弯曲或扭曲。模具应保持真空密封状态,热量分布均匀且温度不能过高。模具应当尺寸精确、线型光顺,且便宜。

新的生产规范限制了固化温度的许用值,例如,国际测量系统(IMS)要求上限为 60℃,"美洲杯"级规则要求上限为 95℃。这样做是为了控制赛艇制作成本的不断升高。航空航天常用预浸料的标准固化温度为 120℃。因此,在实际生产过程中,常用的模具有两类:一类是许用温度低于 95℃的模具,另一类是许用温度为 120℃左右的模具。

低温固化系统最大的优点是可以使用泡沫作为表层,泡沫可被加工成所需形状。然而,对于 120℃左右的稳定服役环境,表层材料只能采用玻璃化转变温度高于 110℃的冷固化环氧树脂体系,其玻纤增强相和层合板能够承受沸水温度。

船舶舵叶是非常复杂的结构件,为了满足高性能要求,舵叶生产的模具制作须由碳纤维材料体系构成。材料体系包括凝胶涂层、表面树脂和性能良好的碳纤维,而且为了有效支撑结构模型,还须采用大量的纤维增强环氧树脂材料。出于以上考虑,推荐使用能够达到 130℃的固化工艺体系。

## 6.5.2　模具制造

### 1. 120℃模具

本书作者对于 120℃环氧预浸料模具的制作经验是,模具板由两层各 4mm 厚的交叉铺层的胶合板通过胶接和螺栓固定在一起构成,表面再覆盖一层面密度为 120g/m² 的美式玻璃织物,可采用湿法成型。

板状模具通过黏结并用螺钉固定到纵向加强筋上,加强筋由简单易成型的轻木制造。加强筋之间的距离应该在 30cm 左右,根据线型曲率变化要求确定加强筋的曲率,每根加强筋的截面尺寸为 15mm×40mm。

然后,模具安装在 20mm 厚的加肋胶合板上,筋肋的偏移量根据 CAD 实体模型确定。整个模具应该连接在一个基座上,基座可以通过轮子或者手推车自由移动。

### 2. 95℃模具

低温模具可以采用以下先进方法进行制造。

每个横截面间的距离 0.4~0.5m,外轮廓型表面由五轴铣床加工而成。然后,将易弯曲的纵向筋材在横向框架上表面黏结并用螺钉拧紧,纵向筋材间距 3~4cm。然后,在骨架网格上铺覆玻璃钢/环氧树脂层和泡沫层。根据泡沫厚度需求,可以铺设两层或者更多层数。对于模具粗坯,可采用五轴铣床精确地切割出所需要的外形。

船体上的甲板轮廓可以方形钢管作为边界,边界钢管同时可作为真空导流管。

建议在最终测量和生产之前对整个模具进行一次升温处理。温度应控制在固化温度以下,这就能保证构件和图纸保持一致,而且能去除夹杂于构件中的气泡。

舵模具必须根据数据资料准确制造。在潮湿环境中工作时,应避免气泡的产生并通过真空成型把铺层压紧。

# 6.6　层压车间

## 6.6.1　原材料

### 1. 结构材料

结构建造所需材料的铺层方式采用 ABS 计算。为了尽量减少不同材料的种类,生产工程师和结构设计师应保持密切联系与沟通。表 6.1 给出了用于建造一条 50in(15.25m)长的 CONTAINER′91 型船舶的材料体系及其力学性能。表 6.2 阐释了如何从芳纶纤维表层和薄芯材夹层结构发展到一种几乎没有加强筋,且具有极薄碳纤维层的单一夹层结构。图 6.5 给出了一个经过简化的铺层过程,其内在原理并不复杂。

**表 6.1　CONTAINER′91 夹层结构的力学性能**

| 材料名称 | 方向角度 | 芯材压缩强度/MPa | 材料剪切强度/MPa | 弯曲强度/MPa | 弯曲模量/MPa | 拉伸强度/MPa | 拉伸模量/MPa | 压缩强度/MPa | 压缩模量/MPa | 厚度/mm | 密度/(g/m²) |
|---|---|---|---|---|---|---|---|---|---|---|---|
| 芯材 | | | | | | | | | | | |
| Cl-3.2-48 | 0 | | 0.60 | | | | | | | | |
| | 90 | 1.90 | 1.24 | | | | | | | | |
| Cl-4.8-64 | 0 | | 0.86 | | | | | | | 40.0 | |
| | 90 | 3.20 | 1.72 | | | | | | | 或 | |
| Cl-4.8-96 | 0 | | 1.15 | | | | | | | 30.0 | |
| | 90 | 4.50 | 2.50 | | | | | | | | |
| 碳纤维带 | | | | | | | | | | | |
| 130g/m² | 0 | | | 1270 | 112000 | 1250 | 125000 | 950 | 115000 | 0.125 | 220 |
| +90g/m² | 90 | | | 650 | 7000 | 60 | 7000 | 200 | 3000 | | |
| 环氧树脂 | | | | | | | | | | | |
| 玻璃纤维预浸料 | | | | | | | | | | | |
| 107g/m² | 0 | | | 350 | 16000 | 270 | 21000 | 270 | 23000 | 0.10 | 214 |
| +100g/m² | 90 | | | 350 | 1600 | 270 | 21000 | 270 | 23000 | | |
| 环氧树脂 | | | | | | | | | | | |
| 45°碳纤维织物 | | | | | | | | | | | |
| 300 g/m² | 0 | | | 600 | 50000 | 550 | 60000 | 450 | 40000 | 0.40 | 700 |
| 环氧树脂 | 90 | | | 600 | 50000 | 550 | 60000 | 450 | 40000 | | |
| 湿法成型 | | | | | | | | | | | |
| 碳纤维带 | | | | | | | | | | | |
| 300 g/m² | 0 | | | 950 | 80000 | 900 | 90000 | 700 | 80000 | 0.40 | 600 |
| 环氧树脂 | 90 | | | 40 | 3300 | 40 | 3300 | 200 | 2500 | | |
| 湿法成型 | | | | | | | | | | | |
| 玻璃纤维预浸料 | | | | | | | | | | | |
| 370g/m² | 0 | | | 600 | 40000 | 450 | 50000 | 450 | 50000 | 0.50 | 620 |
| +250g/m² | 90 | | | 600 | 40000 | 450 | 50000 | 420 | 50000 | | |
| 环氧树脂 | | | | | | | | | | | |

**表 6.2　夹层结构的发展**

| 层压板结构 | CONTAINER '83 | CONTAINER '86 | CONTAINER '88 | CONTAINER '89,'91 | America's Cupper |
|---|---|---|---|---|---|
| | 芳纶纤维/环氧预浸料 | 碳纤维带/环氧预浸料 | 碳纤维带/环氧预浸料 | 碳纤维带/环氧预浸料 | 碳纤维带/环氧预浸料 |
| 平板面密度/(kg/m²) | 3.8 | 3.7 | 3.6 | 4.7 | 11.0 |
| 夹层厚度/mm | 21.9 | 21.3 | 31.0 | 41.2 | 54.4 |
| 蜂窝厚度/mm | 20.0 | 20.0 | 30.0 | 40.0 | 51.0 |
| 表层惯性矩/(N/mm²) | 5300 | 3520 | 5910 | 12561 | 52300 |
| 表层弹性模量*/(N/mm²) | 23700 | 52200 | 63400 | 45000 | 45000 |
| 刚度 EI/(N·mm²/25.4mm)×10⁶ | 125.6 | 183.7 | 375.0 | 565.0 | 2353 |

\* 从压力和拉伸模量中计算出的平均值。

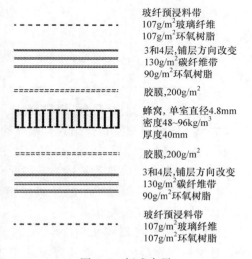

玻纤预浸料带
107g/m²玻璃纤维
107g/m²环氧树脂

3和4层,铺层方向改变
130g/m²碳纤维带
90g/m²环氧树脂

胶膜,200g/m²

蜂窝,单室直径4.8mm
密度48~96kg/m³
厚度40mm

胶膜,200g/m²

3和4层,铺层方向改变
130g/m²碳纤维带
90g/m²环氧树脂

玻纤预浸料带
107g/m²玻璃纤维
107g/m²环氧树脂

图 6.5　标准布局

　　选择 Nomex 蜂窝结构是因为其重量优势明显,且具有最佳的强度特性,如图 6.6 所示。Nomex 蜂窝结构,类似于泡沫材料,有多种密度和厚度可供选择。表 6.3 阐释了不同船体部位和甲板结构,应该选用何种密度的蜂窝结构。为了达到良好的弯曲特性,蜂窝芯材应该具有良好的体积模量特性,以避免出现"马鞍效应"。

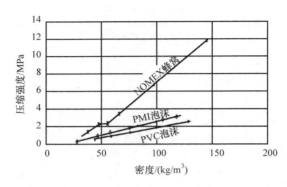

图 6.6　芯材的压缩强度

表 6.3　船体不同部位蜂窝结构密度

| 平面区域 | 密度/(kg/m³) |
| --- | --- |
| 船首甲板和水线以上 | 48 |
| 船首,船首水线下平板部分 | 64 |
| 船中,舱内甲板＋甲板 | 48 |
| 船中,围栏区域,水下区域 | 64 |
| 龙骨 | 96 |
| 驾驶舱,绞车 | 64 |
| 船尾 | 48 |

　　选择使用胶膜是因为表层和芯材的黏结是预浸料蜂窝夹层结构成型技术最关键的点。在设计时,一般情况下碳纤维预浸料树脂具有最佳的力学性能,而且碳纤维具有高模量。但是碳纤维的延展性较差且较脆,而更为致命的弱点是表层碳纤维预浸料与芯材(泡沫芯材或蜂窝芯材)黏结比较困难。因此有必要使用一种黏合膜以实现良好的倒角连接处理,并确保预浸料中的环氧树脂基体能够完全固化。图 6.7 给出了良好的黏结以及不合格的黏结形式。

　　一般情况下,在固化过程中,随着环氧树脂强度增加,其流动性也将下降。因此,对模具进行长时间保温加热很重要。一般加热升温速率为 0.5～1℃/min,这样树脂将能在较长一段时间内都保持完全液体状态。为了避免层合板过于干燥以及成型后性能较差,应在生产前对树脂的流动性进行试验测试,筛选出可用的树脂

　　　　　　　　极好　　　　　　　　　　　差,不能接受

图 6.7　预浸料的黏结性能

体系。这个步骤同样适用于玻璃纤维外表层的制造,玻璃纤维外表层的作用是保护碳纤维结构,也可作为完工结构。

　　2. 真空袋材料

　　船体模具中的阳模通常不采用蜡进行表面处理,而是采用真空膜进行覆盖。真空膜应能承受模具的固化温度,同时应便于发现漏气点,以及应尽可能减少漏气损失(漏气失效严重时,可造成原材料和人工损耗高达 50000～100000 美元)。因此,可以采用胶带将整体真空袋分割为多个密封区域,并与模具形成整体密封。

　　经过脱模剂处理过的覆盖和导流用的玻璃纤维或聚酰胺织物,不只可用于提供表面良好的树脂流动空间,还可以促使多余的树脂流到下一层,最底部的几层可认为是一个分压器,能存储多余的树脂。

　　在导流网层的外侧还需要一个能够透真空的有孔膜。最后一层是真空膜(真空袋)。

## 6.6.2　生产过程

　　铺层方案通过 ABS 计算分析得出。预浸料首先从深度冷藏的库内取出,在室温环境下放置时应保持密封状态,以避免潮气侵入产生凝结。室外临时存放环境应保持相对湿度 40% 左右,温度 22℃ 左右。对于 Nomex 蜂窝板材,使用前建议在110℃ 下进行约 1h 的干燥。

　　生产过程的第一步是脱模胶片的铺设,胶片可利用双面胶带将其黏结到模具上。

　　第二步是复合材料夹层壳板内表层的铺设。铺层施工组由 1 名剪裁技工和 2名铺层技工组成,剪裁技工负责剪裁所需要的预浸料类型,铺层技工负责铺设。预浸料无论是约 1m 宽的织物布,还是约 0.305m 宽的预浸带,在铺层过程中都应尽可能利用其自身的天然曲率特性进行铺设。应该特别注意,避免产生气泡和褶皱;同时,不允许重叠,而且铺设缝隙应小于 1mm。

　　第三步是蜂窝或泡沫芯材的铺设。泡沫芯材必须打孔(以便于树脂流动),还应增加一层胶黏层,以确保芯材与表层材料的良好黏结。在形状稳定性方面,泡沫材料比蜂窝芯材更优。Nomex 蜂窝平板的铺设须根据 ABS 设计要求中所指定的方向铺设;芯材的加工可以使用简单的"切面包刀"轻易剪裁至任意所需形状与尺寸。

为了实现结构的超轻量化设计应用,必须学会通过使用加热枪或者其他简单工具对 Nomex 芯材进行弯曲加工,以满足船体线型曲率的要求。例如,为了控制芯材过度膨胀引起的变形,座舱围板结构具有正反两面曲率成型特点,就是一个很好的例子。对此,Nomex 芯材一般至少需要加热到 250℃以上,变形才能达到所需的线型要求。

蜂窝夹层板各部件之间通过泡沫胶带黏结在一起,在固化成型阶段泡沫胶黏剂的体积会膨胀至其原体积的 2~3 倍。整个蜂窝夹层板结构通过聚酰胺绳网固定在模具上,同时聚酰胺绳网还与真空管相贴附。

建议在真空成型时将整个甲板的外表面均与真空管道黏结,或者至少每 1m 间隔内要保证有 0.1m 长的定位块(即与真空管道连接)。这非常重要,因为一次固化后只能得到复合材料夹层板的单侧结构(即内表层和芯层),内表层 CFRP 厚度大约为 0.5mm,芯层厚度为 30~40mm。由于缺乏外表层的约束,芯材仍然具有恢复原来形状的趋势。这个趋势将使夹层结构在模具中发生弯扭变形,导致夹层结构脱离模具,造成气孔缺陷,甚至可能由于产生褶皱而破坏结构表层。

第四步是真空成型。首先应在蜂窝芯材外表面整体铺设防黏织物和玻璃纤维粗纱织物,为树脂流动提供余量空间。然后,覆盖真空膜,并用密封胶条在边缘处将真空膜与模具黏结密封。为了释放真空膜在抽真空后的应力,在铺设真空膜时,每米要设置 0.2m 左右宽的折叠带。然后,启动真空泵,必须确保整个铺层处于压力不高于 0.15bar(大气压),且无漏的环境中。低于此压力才能确保表层材料与芯材连接良好。安静的环境和超声波检漏仪可以帮助进行泄漏检查。

在真空管线上每间隔 10m 应设置一个真空连接固定点;同样,在拱形区域边缘处间隔 1.5m 处也应设置同样的真空连接固定点。

第五步是内表层固化。一般结构模型的内外两侧均应安装固定式温度显示仪。通常情况下,拱形模具的温度是最低的,同时这也决定了固化所需的时间(120℃时需要 90min)。

固化工程中应适时监测固化温度和压力,以确保工艺参数符合规范要求。整个固化周期通常为 12h,一般在夜间班次完成。

第六步是外表层的铺设成型。拆卸真空袋后,须检查芯材与内表层以及芯材表面固定黏结点(定位块)状态。任何缺陷都可以通过冷固化技术进行修复。此外,所有在后续完全层压成型工艺中所需的预制凹槽或外挂支撑硬点工装,此时应都已完成加工并准备就绪,凹槽的底高比应大于 5。

对于厚度较大的完全层压结构的成型制备,目前主要是通过手工方法将较厚重的粗纱织物及适用于冷态固化的环氧树脂（$T_g > 110℃$）层压成型的，如龙骨区域相关构件的制备。成型过程必须逐步进行，以避免过度发生放热反应。固化成型后，表面需进行打磨加工，达到所要求的线型及必要的表面活性要求，方便开展进一步的表面黏结工作。对开放式结构进行真空清洗后，外表层铺层应再次铺设真空袋，如图 6.7 所示。外表层的二次成型同样需要十分优良的树脂流动通畅性和真空度。

甲板结构制备的生产流程与前面所介绍的工艺完全一致。须特别注意，没有预浸料桥联的凹面部位，易产生不交叠面或芯材与表层材料黏结困难。

建议对织物进行剪裁，并使用适当的覆盖物。为了使这些凹陷部位达到必要的真空成型压力，可以使用具有相同型表面的压载物辅助成型。

最后，应该注意在第二次外表层铺层前，必须设置大量的硬点（定位固定块）。无论采用冷黏结，还是二次共固化成型，都应为接下来的黏结工作进行表面处理。标准的基体混合物（表面处理时所用的腻子）应该是带有玻璃短纤维或者树脂微粒的冷固化型环氧树脂混合物。

# 6.7　固化要求

船体模具应该是良好的吸热体，这样才能保证芯材或铺层的温度迅速升高。固化时，模具和层压铺层材料的升温应保持同步。为了保证正常的热量传递，大的管道须设置在模具内侧，以保持模具和层压材料温度相近；同时，不应使用升温速率大于 $1℃/min$ 的空气循环加热方式。为了避免加热时间过长以及加速反应速率，最终加热温度应控制在比固化温度高 $10℃$ 左右。为便于空气流动，模具每边至少应保留 0.5m 的间隔。在模具上方应预留出空间，以安装中央抽真空管道，确保可通过各个塑料分支管道和层压接合处将层压铺层抽真空。

出于安全因素考虑，在抽真空过程中应并联安装两台 1.5kW 真空泵并保持持续工作。模具周围环境温度的波动应控制在 $5℃$ 以内。

烤箱须隔离放置。加热器应当作为热量交换器使用，而不是作为直接烘烤设备使用。这样是为了保持烤箱的清洁，更重要的是方便在固化过程中进行检查。

如今，舵和桅杆都是具有极端苛刻使用要求的结构件，因此需要热高压成型。这些结构件的成型压强一般需要达到 5bar（大气压）以上，成型温度为 $170℃$ 以上。舵可以在直径 3～4m、长 6m、用于制造航天或赛车领域结构部件的高压容器内制造，但是桅杆制造所需的高压容器长度更大，一般只有特殊的生产厂家才能制造。

# 6.8　总装车间

　　使用阳模建造最大的一个缺点是需要对船体外表面进行大规模的收尾整理工作。虽然预浸料层表面缺陷通常可以控制在 0.15～0.4mm,但真空压力会使其产生褶皱,而这些褶皱须填充特殊的轻质环氧填料。填充、固化和研磨成光滑的表面需要耗费大量时间和劳动力成本。舰艇都需要足够光顺的船体表面,并且不能过多地增加结构重量。表面光顺工作应尽可能在船体脱模前完成,以避免架空作业。

　　接下来是对船体进行脱模,并将其以正常的姿态安置在船架上。复合材料夹层船体结构属于自支撑硬壳式结构,但由于尚未安装甲板,船体还是容易发生变形。因此,需要一个临时框架以支撑船体。在龙骨区域内,还需要设置一个纵向承载架以放置内部压载铅块。

　　在 20 世纪 80 年代初期,船体龙骨会附连在一个铝质框架上,铝质框架设置在船体内,并通过大量环氧泥灰与船体相连。框架造价非常昂贵,而且其功能上也存在一定问题,当龙骨螺栓松动时,经常会导致船体与该框架发生脱离。现在技术上已取得较大进展,即将内部压载铅块设计为与龙骨相连接的承载结构,如图 6.8 所示。

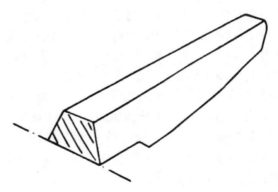

图 6.8　内部承载结构

　　铅块根据有曲率的船体内表面的梯形截面铸造而成。在铅块上开金属螺纹孔,以便于能将其安装到环氧泥灰基座上。其顶部的不锈钢板是最佳的龙骨螺栓连接处,并能在高速的条件下保证结构的安全性。

　　用于安放发动机、液压泵等设备的安装基座(通常是由木头制成)通过层压后安装到船体上。同时,所有舱壁、肋骨和纵向加强筋也通过环氧油灰附着到船体上,并通过表面一层±45°的碳纤维带与船体连接。

　　桅杆设置在主桅杆舱壁和辅助半舱壁之间的木支架上。从桅杆传来的载荷将通过厚重的玻璃钢层压板传递到舱壁上。

对于特别易受到猛烈砰击的船体部位,承载构件的间距不应超过 1.5m。须特别注意高负载的区域,如船的横桅索连接部位,此处的负载将通过局部加强结构转移到两桅杆舱壁上。

与船体制造时使用的方法一样,甲板结构的加强筋加固应在模具台架上完成。甲板舱口必须切割时,为了保证质量,应考虑切割余量。船体由环氧灰泥与甲板连接,甲板应精确安装到规定位置处。

再次使用±45°铺层碳纤维带连接船体与甲板结构以及甲板与船体加强筋结构。最后一个结构方面的要点是将舵轴承和舵轴安装到一起,并将其连接到操舵装置和船体结构上。

现代舵在使用中会承受很大的舵力和力矩,因此需加装两块夹层复合材料板将舵轴上的载荷传递到舱壁板后面的操舵装置上。

在船进入涂装车间之前,甲板需开孔以加装横桅索和桅杆,护栏设备必须安装完成。此外,舱盖和其他部件也应层压、填充并准备充分。

## 6.9　下水前装备配置

"海军上将杯"赛艇是以比赛为目的而建造的,因此装备物品需要以提高操作运行效率为目标。

舱内控制系统安装在甲板下方,主要用于赛艇快速改变航道。休息、洗浴和餐饮设施应尽可能轻便和简单。导航辅助设备和性能监控设备集中安装在导航员所在工作部位。甲板绞车,系缆以及其他甲板机械设备必须精确安装在经过局部加强的指定部位。

## 6.10　质量保证

赛艇的设计与建造需要体现出赛艇的极限性能,因此安全系数会被极度压缩。比赛情况下赛艇结构可能会达到极限应力。因此,为了确保获得一个良好、安全的艇体结构,需要对设计与建造过程进行严格把关和监督。

通过长梁试件弯曲试验可以检验层合板质量;通过滚筒剥离试验,可以确认结构的性能及其完整性。分层检验可以使用简单的"硬币敲击"方法;"建造"尺寸的精确程度,可以由检测员通过标准方法进行测量,并在许可证上予以记录。

# 第7章　复合材料结构的失效与修复

## 7.1　概　　述

本章主要探讨实际工程应用中 FRP 材料及结构件的失效问题。在此,首先必须明确"失效"的定义;其次,需要明确"失效"对于特定结构在特定使用环境下的具体含义。就船海工程结构物而言,层合板结构的"失效"特指产生初始表面裂纹,因为初始表面裂纹的出现会导致潮气侵入,如果不对层合板表面进行恰当的处理,将会导致结构性能的衰退。

由上述内容可知,明确结构的典型失效模式极为重要,它是工程设计与应用的主要工作之一。结构一旦失效,应及时采取适当的修复程序,否则其完整性将被破坏。

通常而言,对结构"失效"的预防可以在设计和制造阶段加以考虑。因此,本章主要针对层合板及主船体结构失效的详细预防措施展开讨论。

## 7.2　凝胶涂层(胶衣)失效

根据工艺要求,凝胶层应均匀涂敷于模具表面。凝胶层涂敷厚度或催化剂混合不均匀都将导致结构表面的固化率出现差异,固化过程中所引起的热应力将导致细裂纹和不均匀现象出现。非常薄的凝胶层可能固化性能不佳,而且当层合板背层涂敷增强树脂时,凝胶层也易受到影响,并导致凝胶层出现皱褶。当凝胶层进行触变反应后再涂敷,皱褶现象会大为减轻。

脱模后为了验证凝胶层树脂是否已经良好固化,可采用巴式硬度计进行检测,当然,最好的检测方法还是目测。以下将介绍一些凝胶层外表面上经常出现的典型缺陷实例。

### 7.2.1　常见缺陷

皱褶(wrinkling):这类缺陷是由层合板树脂基体内的溶剂单体对凝胶层的溶解侵蚀所造成的。一般而言,产生此类缺陷是由于凝胶层固化不完全。通过以下措施可以有效避免皱褶的产生。

（1）采用正确合理的树脂基体配方设计。

（2）凝胶层不能过薄。

（3）催化剂用量不低于 1%。

（4）控制温度和湿度。

（5）在结构暴露表面上尽可能降低空气流动性（特别是热空气），否则会导致单体水平下降产生固化缺陷。

针孔（pinholing）：表面针孔缺陷是由小的空气泡引起的，这些空气泡可能在凝胶化之前就存在于凝胶层内。而当树脂过于黏稠时，或具有较高含胶量时，或当凝胶层树脂基体与脱模剂发生反应时，这种缺陷最容易出现。因此，在使用模具之前，必须尽可能确保表面清洁无尘。

凝胶树脂黏结强度过低（poor adhesion of the gel coat resin）：除非凝胶层与层合板黏结强度过低，否则这类缺陷只有在结构的使用过程中或凝胶层剥落时才会被发现。这种界面黏结不牢的地方，有时可以在探测水泡时，或者通过对局部表面的型线进行斜角目视检查时发现。过低的界面黏结性可以由树脂基体质量缺陷造成，也可由层合板结构的不完整性产生，还可由玻璃纤维铺层之前凝胶层内的杂质引起，更为普通的由凝胶层的过硫化导致。

斑点（spotting）：即在层合板凝胶层表面出现大量斑点。这常常是由于树脂基体内的某种成分没有充分混合而散开。

条痕（striations）：这类缺陷一般是由着色剂悬浮造成的，此时结构表面所用的着色剂一般会多于两种。避免出现此类缺陷的方法是对颜料进行充分混合或使用不同的颜料黏剂。

纤维图案（fibre pattern）：玻璃增强纤维清晰可见，或者在层合板表层上显现过于明显。这种情况常常发生在凝胶层过薄，或在凝胶层充分固化之前进行了纤维的铺设，或模具过早地从模型上移除时。

鱼眼（fish eyes）：在表面抛光度很高的模型上，特别是当使用硅改性树脂蜡进行表面抛光时，凝胶层会由于去湿处理而留下一些坑点，这些坑点的地方就几乎没有凝胶层存在，由此而导致的斑块直径可达 6mm。这种情况的出现是由在具体施工时涂胶刷敲击所引起的，当正确使用 PVA 胶片涂刷工艺后这类缺陷将很少出现。

细裂纹（crazing）：结构件在制作完成后表面会很快出现细裂纹，并会在随后的数月内进一步扩展。它会在树脂基体表面呈现出头发丝一般的状态。通常初始细裂纹出现的症状是树脂基体表面失去光泽。细裂纹一般与树脂基体富聚区相关，通常是由采用不适配的树脂基体材料类型，或凝胶层树脂基体配方不合适引起的。凝胶层树脂基体将随着厚度的增加而变得过硬。换句话说，凝胶层越厚，树脂基体的弹性需求就越高。对于数月暴露于环境以及受到化学物质侵袭后出现的细裂纹,其产生机理既可能是由于树脂基体的固化不完全,或过多地使用添加剂,也可能是由于所采用的树脂过于柔软。

星形裂纹(star cracking):这类缺陷是凝胶层过厚或层合板受到冲击后导致的。除非具有刚性背衬支撑,凝胶层的厚度一般不超过 0.5mm。对于这类缺陷,应尽快修复模具表面的冲击变形。同时,在进行该类缺陷的修复时,应特别注意检查模具是否存在损伤。

内部干块(internal dry patches):这类缺陷一般是因为单次铺设超过一层纤维,或者使用了高密度纤维布(超过 $1200g/m^2$)。对于这类缺陷的检测,通过硬币在层合板表面进行敲击就可以发现。

毛毡湿度不够(poor wetting of the mat):产生此类缺陷的原因是在铺层时,树脂含量不够或铺层固化不完全。此类缺陷通常仅出现在层合板背面,即没有凝胶层的一面。当纤维被正确浸润(浸胶)以后,纤维将被树脂包敷,结构表面应该是光洁的。

缺胶(leaching):这是一种严重的缺陷形式。一般在结构暴露于环境后出现。其特征是树脂基体缺失,玻璃纤维裸露,并受到湿气侵蚀。缺胶意味着树脂基体没有充分固化,或所用的基体材料不满足使用要求。

发黄(yellowing):GRP 层合板暴露在阳光下,经过一段时间会发黄。当然,一般是轻微地泛黄,这在半透明屋顶结构或白色层合板结构的应用中需要引起重视。这种现象是玻璃钢吸收紫外线后的表面特征现象。对此,一般会在屋顶玻璃钢的树脂基体内添加紫外线稳定剂,可有助于降低发黄速度。发黄对于层合板结构的力学性能几乎没有影响。

以上典型缺陷的实例如图 7.1～图 7.13 所示。

图 7.1　皱褶

图 7.2　针孔(显微照片)

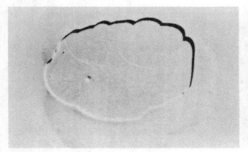

图 7.3　凝胶树脂黏结强度过低

图 7.4　纤维图案

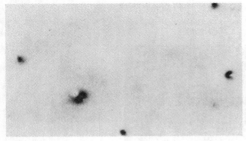

图 7.5　鱼眼

图 7.6　内部水泡

图 7.7　细裂纹（显微照片）

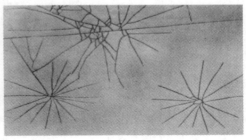

图 7.8　星形裂纹

图 7.9　内部干块

图 7.10　严重缺胶

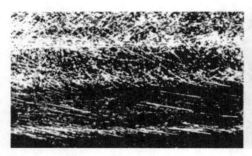
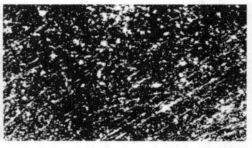

图 7.11　半透明板的相关缺陷——
　　　　纤维图案

图 7.12　半透明板的相关缺陷——
　　　　斑点（不溶性胶黏剂）

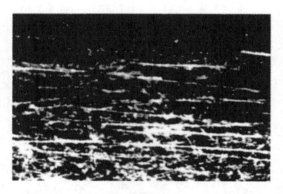

图 7.13　半透明板的相关缺陷——残留斑点

## 7.2.2　凝胶背衬

为了给层合板提供足够的防水保护,对凝胶层采用树脂富集的氯磺化聚乙烯(CSM)加固技术至关重要。一般来说,加固层的面密度最大为 $300g/m^2$。根据以往应用经验,应当尽量避免使用乳化剂毛毡;同时,有必要对凝胶层提供良好的界面黏结性。

然而,采用 CSM 加固也会带来以下两个矛盾:

(1) 能为层合板提供所需的防水保护。

(2) 对层合板而言,最弱的加固保护层反而处于距离层合板中和轴最远处。

因此,当壳板发生局部弯曲变形时,CSM 材料层将承受最大作用载荷,从而将导致 CSM 层首先失效,并由此将产生一系列的结构性能退化连锁反应。由此可见,层合板的失效是与 CSM 加固相关联的,CSM 层在一定程度上实际控制了层合板的承载能力和凝胶层的失效(凝胶层的断裂延伸率高于层合板内树脂材料)。因此,可以设想,具有良好非损伤凝胶层的船体结构背层将有可能承受过应力状态,而且在特定环境下,凝胶层内易产生疲劳裂纹。

# 7.3　凝胶涂层气泡形成机理

## 7.3.1　概述

GRP 并不是完全水密的。层合板和凝胶聚酯树脂无法完全阻隔水蒸气分子的渗透。渗透速率一般相对稳定,且环境温度越高,渗透速率越大。但只要水蒸气不滞留或聚集在层合板内,层合板的结构功能就不会受到影响。反之,会导致严重后果,即形成气泡。

气泡可能出现在凝胶层和层合板界面处或层合板内。原因是这些位置属于亲水性中心(可能是低分子量多元醇、酸、表面活性剂等富集原因),亲水性中心的存在将吸引水分子聚集,并形成亲水溶液(吸引水分子,共同形成亲水溶液。)亲水溶液的形成为渗透池的形成提供了理想环境,渗透池会导致压力上升,形成气泡,并最终导致层合板的分层破坏。气泡形成过程的图解如图 7.14 所示,更为详细的机理研究工作可见文献[1]。

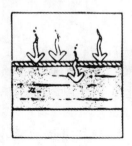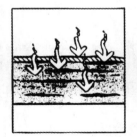

图 7.14　气泡形成过程图

## 7.3.2　影响气泡形成的因素

气泡形成的影响因素非常复杂,变化范围非常广泛,且难以通过简单的原理阐述清楚,主要影响因素如下:

(1) 聚酯类凝胶和层压板树脂基体以及触变剂/催化剂的选型不当,都可能导致不良的混合或不完全的基体反应。

(2) 树脂体系的添加剂,如触变剂、亲水填料、颜料黏剂、阻燃剂和用于稀释的过量苯乙烯。这些都会改变潮气侵蚀的速率,并加速水的分解。

(3) 凝胶层厚度过大或过小,以及树脂体系的防潮气渗透能力较弱。

(4) 树脂与纤维黏结程度,固化完成的质量,黏结剂的类型和数量。一般而言,粉末状的短切纤维毡(CSM)能够作为凝胶层的加固材料。

(5) 气泡含量(包括空气泡和裂纹)可能受到固化程度和速率的影响。

(6) 淡水比海水危险更大,温水的影响比冷水更糟。

(7) 恶劣的施工环境会使树脂无法完全固化。

(8) 劣质的模具将会使凝胶层与层合板的黏结强度减弱,也会使层合板的层间强度减弱。

(9) 铺下一层之前已经过度固化。

### 7.3.3　减少气泡的措施

减少 GRP 气泡的措施如下:

(1) 水线以下的船体结构只能采用清洁的或白色的间苯二甲酸基树脂凝胶层。

(2) 凝胶涂层以下应采用富脂薄层结构。

(3) 选择不易水解的树脂体系,如间苯二甲酸基底材料。

(4) 应采用不能水解的黏结增强剂,特别是邻苯二甲酸基树脂体系。

(5) 优良的制造技术将有效减小空穴含量,并完全阻隔水汽的侵入。

### 7.3.4　水汽缩聚试验

20 世纪 80 年代,DSM 有限公司采用 the Amoco Turtle Box 和 QCT 的凝缩测试法进行了大量试验。其中,QCT 方法是在 40～80℃温度范围内,模拟出一个 100％的湿度环境。对胶衣而言,结果显示冷凝试验比湿度试验具有更为严酷的侵蚀环境模拟效果。

QCT 开展了依靠环境空气冷凝的试件试验,试件上可持续不断地凝结出大量淡水。这种方法对于 60℃环境温度下带凝胶涂层的层合板也会产生显著影响。对于不同类型和特性的复合材料试件,试验结果表明气泡会分别在几周内产生。在粗糙的表面上,会产生直径达数厘米的各种形状和尺寸的气泡。对于水蒸气通过凝胶层和层合板时渗透率的影响,可以通过特殊的装置加以计量,这些装置可以提供一种简单而便捷的方法来研究和改进层合板结构的防水性能。冷凝试验已经成功用于比较分析多种材料体系的气泡抵抗率。

样品的制备环境要相同,其中会有许多因素影响含凝胶涂层层合板的气泡抵抗率,如凝胶涂层或层合板的厚度、玻璃纤维的类型以及表面是否存在薄膜层或颜料层。有关这一方面相关体系的更多资料,请参阅文献[2]。

有关水蒸气渗透条件的“总控制”概念的其他详细信息,可参阅文献[3],其中对应用不同树脂添加剂的各种影响均给出了一个全面的描述。

# 7.4　层合板设计预防失效措施

## 7.4.1　铺层设计

目前,对于先进复合材料夹层板的设计已有大量研究。然而,目前用于游艇和小型船舶结构建造的常用复合材料体系仍然以 E-玻璃纤维/聚酯类树脂为主。通常来讲,即使采用先进夹层板结构的主船体,也会有许多构件采用层合板设计制造,如龙骨、舷纵材、桅杆、舭龙骨以及锚绞盘等附属结构件。

尽管目前各种常规的复合增强材料的力学性能都可以从制造商那里获得,但是可获取的先进复合材料准确的力学性能参数还是较为有限的。当开展设计工作时,对不同结构形式所需的不同材料的准确需求并不完全清楚。目前,制造商已经能够提供各种编织方式的增强材料,如双轴向、三轴向、四轴向等,但是对船舶设计师而言,不同材料不同形式所能带来的好处仍然值得怀疑。典型层合板材料性能如表 7.1 所示。

表 7.1　典型增强材料的材料性质

| 材料 | 基体 | 纤维质量分数 | 密度/(g/cm³) | 极限拉伸强度/MPa | 拉伸模量/GPa | 极限压缩强度/MPa | 比拉伸强度 | 比拉伸模量 |
|---|---|---|---|---|---|---|---|---|
| 高强度钢 | — | — | 7.75 | 480 | 207 | 340 | 62 | 27 |
| 铝合金 5083 0 (N8 0) | — | — | 2.66 | 275 | 69 | 275* | 103 | 26 |
| 铝合金 6061 T6 (H30) | 焊接 | — | 2.7 | 165 | 69 | 165* | 61 | 25 |
| | 未焊接 | — | 2.7 | 289 | 69 | 289* | 107 | 25 |
| E-玻璃纤维短切原丝毡 | 聚酯类树脂 | 0.33 | 1.44 | 94 | 7.5 | 122 | 65 | 5.2 |
| E-玻璃纤维无捻粗纱 | 聚酯类树脂 | 0.50 | 1.63 | 188 | 13.8 | 147 | 115 | 8.5 |
| S-玻璃纤维无捻粗纱 | 聚酯类树脂 | 0.50 | 1.61 | 400 | 18 | 200 | 248 | 11 |
| 芳纶(Kevlar 49)无捻粗纱 | 聚酯类树脂 | 0.45 | 1.30 | 298 | 21 | 96 | 229 | 16 |
| 碳纤维无捻粗纱 | 聚酯类树脂 | 0.40 | 1.40 | 450 | 30 | — | 321 | 21 |
| 芳纶(Kevlar 49) | 冷固化环氧树脂 | 0.46 | 1.31 | 390 | 21 | 180 | 344 | 16 |
| 碳纤维无捻粗纱 | 冷固化环氧树脂 | 0.54 | 1.47 | 500 | 50 | 310 | 340 | 34 |

* 近似取为拉伸性能的数值。

对壳板或甲板层合板结构进行优化设计时,总是希望能使结构中每一层的面内强度和弹性性能都能与面内载荷相匹配,从而使层合板中的每一层都尽可能地发挥其作用。如果按照这个标准进行优化设计,目前几乎没有能够达到设计要求的层合板。因此,工程设计问题基本上是寻求设计工作和成本效益之间折中的一个最优方案问题。

主船体或甲板,板的作用载荷以及应力分布的主要方向是船体的纵向和横向。因此,如果在这两个方向上铺设纤维,对于结构的强度和刚度都是非常有利的。而当船体构件主要承受高扭矩和高剪切载荷时,采用 45°的铺层方式将更为有利。如果结构所受的载荷仅在单一方向,那么采用单向纤维铺层就可以满足要求,最典型的实例就是内部骨架结构,如纵骨、横梁等。然而,其中也有一些会受到扭转,如舵轴,因此舵轴采用 45°的铺层方式。当然,单向材料也有可能采用 45°的铺层方式,主要是因为在大开口处会有应力集中。

考虑到层合板各铺层角度的可设计性,为了有效评价铺层设计的效率,可以通过各层之间强度与弹性模量的比值来分析各层之间的协调性。通过强度与模量的比值分析可对整个层合板的使用效率进行分析,从而得出层合板中哪些区域未被利用,哪些区域的某一层存在过载。在确定凝胶层外采用 CSM 加固防水处理的层合板厚度时,有必要进行讨论。一般 CSM 结构的强度较弱,其失效应变不应高于 1.3%。

无论单层壳板还是夹层结构的表层层合板,在中性轴两侧的铺层都应具有相似且合理的类型和铺层序列。同样,除非有更详细的分析作为评估依据,否则夹层结构上下表层的力学性能应该与层合板面内力学性能相一致。在主轴方向上,当每层之间的性能存在较大差异时,必须对载荷分布及其对层合板强度的影响进行分析。

在设计夹层结构表层层合板时,必须注意的是,在不考虑芯材失效的前提下,表层失效仅会发生在某些细节部位,因此应该特别关注细节设计。夹层结构中一个典型的失效原因是在截面尺寸变化部位芯材需要参与传递载荷,如舭部等。为了避免该类问题的出现,应设计成单层结构或在芯材内加入抗剪切带,予以加强。需要特别注意的是,当每层厚度发生变化时,应尽可能确保外层厚度总是大于内层厚度(包括内表层及凝胶层厚度)。

正确的纤维方向和铺层顺序能有效地降低结构失效程度,这对于大型高速船舶尤其重要。对这种船舶而言,轻微的撞击都有可能导致较大程度的损伤,因为受撞后在水压力作用下会导致层合板分层,甚至可能会导致夹层结构外表层整体脱层。为了避免这些问题,应特别关注以下工艺措施:

(1) 在船舶部位设置一个可牺牲区域。

(2) 应确保铺层顺序和纤维铺设方向能够有效减少或控制分层程度,如

图 7.15所示。

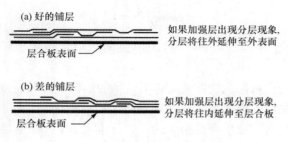

图 7.15　壳板铺层方式的选取

　　以上建议同样适用于内部加强结构的设计,如肋骨框架、纵向桁材、横梁等。然而,在这种情况下,层合板结构设计的均衡问题,主要是指由壳板或甲板组成的帽形筋材覆盖翼板结构的铺层方向应与内部构件平行。关于帽形加强筋的设计已有详细的文献介绍,在这里只重点强调有利于剪切强度的设计(图 7.18)以及压缩强度的计算。所有筋材构件都应具有足够的稳定性,因此要选择有效的芯材,并确保这些芯材能够起到支撑作用。

　　芯材多种多样,包括聚氨酯(PU)、聚乙烯(PE)、聚氯乙烯(PVC)以及胶合板等。所有的这些材料都具有良好的可设计性,而且其力学性能参数可用于计算分析。在使用木头和层压板制作芯材时,必须根据玻璃钢骨架或其他内部加筋结构强度要求校核其强度模量比。因为此类材料强度/模量较低,通常来讲,在 GRP 表层失效前,木质芯材会因拉压承载而首先失效。

## 7.4.2　标准复合材料

　　一般而言,标准复合材料选用 CSM 处理后的织物型 E-玻璃纤维增强复合材料。典型室温固化后性能可根据以下公式计算(模量与强度单位:MPa):

$$极限拉伸强度 = 127G_c^2 - 510G_c + 123$$

$$拉伸模量 = (37.0G_c - 4.75) \times 10^3$$

$$极限弯曲强度 = 502G_c^2 + 106.8$$

$$弯曲模量 = (33.4G_c^2 + 2.2) \times 10^3$$

$$极限压缩强度 = 150G_c^2 + 72$$

$$压缩模量 = (40.0G_c - 6.0) \times 10^3$$

$$极限剪切强度 = 80G_c + 38$$

$$剪切模量 = (1.7G_c + 2.24) \times 10^3$$

$$层间剪切强度 = 22.5 - 17.5G_c$$

式中,$G_c$ 为层合板中玻璃纤维的质量分数(不含凝胶层),其计算公式如下:

$$G_c = \frac{2.56}{\dfrac{3072T}{W} + 1.36}$$

其中,$T$ 为层合板名义厚度(mm);$W$ 为单位面积层合板中玻璃纤维的质量(g/m²)。

　　以上给出的层合板性能能够满足相对简单的结构设计和制造要求。使用夹层结构或在单壳结构设置内部加强筋可以提高结构的刚度,但结构刚度是与标准层合板的拉伸、压缩、剪切模量密切相关的。除标准层合板外,还有其他编织型和无捻粗纱型 E-玻璃纤维增强结构,包括单向布,但真实使用效率均达不到所允许的应用潜力。单向织物一般可用于高效、低成本地制作高模量筋材构件。而唯一需要注意的是,当采用单向织物制作加强腹板时,腹板的厚度必须校核,以确保其不会发生屈曲破坏。

### 7.4.3　先进复合材料

　　通常而言,先进复合材料的增强纤维不仅可以是 E-玻璃纤维(S-玻璃纤维或者 R-玻璃纤维),也可以是芳纶纤维或碳纤维。每种材料都有一些重要的特点,但往往容易被忽略。典型的如芳纶纤维,尽管其在特别潮湿的环境下压缩性能很差,但芳纶纤维已被证明具有模量很高和密度低的特点。

　　由于每种单一材料都有其各自的缺陷,因此通常会将多种材料组成混杂材料,使其相互弥补各自的不足,较为典型的是 Aramat 72K,其混杂性能优异,目前已得到广泛使用。

　　通过选择合适的编织类型,针对不同构件设计不同的纤维铺设方向也能够使层合板的特性得到显著改善。

　　混杂材料所提供的优越性能将随着混杂增强纤维方向的变化而呈现巨大变化,其典型规律特征如图 7.16 所示。

　　由于结构所获得的最终力学性能具有很强的可设计性,为了实现最优设计,设计者就必须通过合理的工程途径进行增强纤维材料的选型。设计者还必须采用公认的工程设计标准以确定设计载荷,并且要对面内至少两个主轴方向的强度和刚度进行评估。为了避免发生结构强度破坏,尤其是当使用混杂结构方案时,必须采用好的工艺方案,选择合适的具有质量控制体系监督的生产流程,以确保最终的产品性能能够实现设计目的。

### 7.4.4　避免层合板失效的常用措施

　　以下从工艺设计角度给出避免主船体和甲板失效的一些常用措施:

　　为了避免主船体结构出现渐进式分层失效问题,应尽量避免使用粗纱织物结

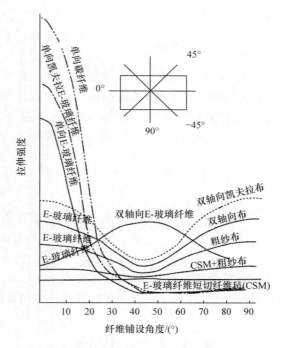

图 7.16　层合板纤维方向的影响曲线

构。使用轻质 CSM（或混合毛毡）能极大提高层合板层间的抗剪能力，而不宜采用湿法铺层工艺。

应尽量避免层合板截面尺寸的突然变化，否则可能会出现应力集中并会导致初始分层在此出现。

对于主船体上的所有开孔（如通海阀开口、喷水推进器开口，船艏推进器开口等）的边角都应采用圆角，以避免应力集中问题。

当在 GRP 上开孔时，一定要注意钻孔压力不能过大，压力过大可能导致层合板出现损伤。同样，当使用螺栓连接时，螺孔区应清除干净，以避免在预紧时损伤结构。

所有开孔或穿透型的切割边缘，应该使用树脂黏合，以避免潮气侵入，并进一步导致层合板出现性能持续退化。

在模型固化之前，应格外留意对模具的处理和支撑。由于新成型结构的抗弯刚度较低，脱模时如果不注意就易使结构产生损伤，特别是船体结构的舭部和角隅区域。通过使用先进的脱模剂和恰当的压缩空气吹点技术，对无损伤脱模有极大的帮助。所有的大尺寸结构模型都应该给予足够的临时加强，以确保其能在硬化前完成必要的运送和操作活动。如果不能实现以上要求，那么应该重新设计模型，以确保模型在脱模之前能够完成硬化。

层合板失效的许多原因都归结于层压过程和清洁程序。毛糙的树脂混合、意外掺入的杂物(钉子/碎片/灰尘等)、材料的溢出(蜡、水、清洁剂等)都会对层合板的最终性能产生非常大的影响。

应特别注意,对于受到火灾损伤后层合板的修复工作。这类层合板必须经过仔细检查,并取样进行力学测试。因为过高的温度会使树脂达到自加速分解温度(SADT),从而使层合板的性能急剧降低。这时应小心地移除层合板表层,然后重新铺层到原来的厚度。必要时还可以考虑额外增加一定的铺层层数。

# 7.5　夹层结构芯材

近年来,可用于夹层结构制作的芯材种类越来越多。现在市面上的芯材主要包括巴沙木和一系列交联或线性 PVC 结构泡沫,这些材料均可应用于标准和先进夹层结构设计。

不同种类芯材的材料特性是存在差异的,具体如表 7.2 所示。因此,为了避免芯材结构在使用中失效,应根据其力学和物理性能及其在结构中的特定作用,谨慎选择。

**表 7.2　夹层结构芯材种类**

| 典型的夹层板芯材性能 | E. G. Balsa | Marine Ply | Firet | Airex R62.80 | 高性能芯材 | | | 塑料蜂窝材料 | | |
|---|---|---|---|---|---|---|---|---|---|---|
| | | | | | H60 | H80 | H100 | D55 | D75 | D100 |
| 密度/(kg/m³) | 140 | 670 | 650 | 80 | 60 | 80 | 100 | 55 | 75 | 100 |
| 剪切模量/MPa | 129 | 500 | 68 | 26 | 15 | 21 | 34 | 8 | 21 | 27 |
| 剪切强度/MPa | 1.64 | 7.59 | 1.11 | 0.92 | 0.6 | 0.93 | 1.15 | 0.49 | 0.95 | 1.16 |
| Eff. Wb. Ten. Mod. /MPa | 0 | 3175 | 350 | 0 | 0 | 0 | 0 | 0 | 0 | 0 |

芯材应该具有足够的剪切强度以承受剪切载荷作用,同时应具有足够的压缩和剪切模量,以防止夹层板表层发生屈曲和皱褶。此外,还应特别注意某些泡沫芯材,其厚度方向的压缩性能可能低于其剪切强度。下面给出可用于计算的常用芯材性能参数。

一般表中所列芯材在厚度方向的剪切强度是基本一致的,并且对在游艇和小船上常用的各类芯材而言,厚度对剪切强度的影响基本可以忽略不计。这些特性明显简化了结构的设计和建造。当考虑使用其他类型芯材时,应特别注意,因为它们的材料属性和特点并不确定。不仅如此,由于没有实船应用经历,设计者还应对其性能的长期稳定性进行测试校验。因为芯材存在化学性能的不稳定特性,在长时间的使用过程中可能存在性能退化现象。

应该注意,当进行夹层结构设计时,泡沫芯材的剪切和压缩性能通常是以永久变形时性能的百分比形式所给出的。因此,为了避免层合板在使用过程中发生性能退化,在选择芯材时必须考虑安全性因素。

目前,在高性能结构的设计中,高熔点芳香族聚酰胺(聚芳酰胺)芯材的使用还非常有限。聚芳酰胺拥有很高的比强度(强度/密度),但是在设计和制造时必须要特别谨慎地使用。

近几个月来,行业内对于是否采用新型的"Coremat Type"材料,表现出极大的兴趣。典型材料类型,如 Spheretex、Trevira 和 U-Picamat 等。此类材料一般建议作为芯材使用。但是此类材料的表层与芯材厚度几乎相等,不属于通常意义上的夹层结构,因此在设计时应将其视为弱加强结构。

# 7.6　主船体结构设计中的防失效措施

## 7.6.1　概述

对于夹层结构,芯材厚度一般取决于剪切强度或最大板格尺寸要求。

对于主船体结构的设计方法,目前已经纳入相关船级社入级规范中。但是,考虑到外壳板可能承受局部冲击载荷作用,通常会根据船舶尺寸的差异来确定最少的铺层数和最小的外表层厚度。对于大型船舶,即使不会影响主船体层合板结构的设计,也应考虑船体梁的总纵强度。当采用先进复合材料时,这些设计相关因素的考虑将显得尤为重要。

一般而言,当采用标准复合材料时,壳板和甲板层合板的强度和刚度在 0°～90°方向不会存在明显不同,因此其强度和刚度可以通过各向同性材料(如钢、铝)的测试方法获得。对于先进复合材料,固化后的壳板、甲板层合板在 0°～90°方向的性能是确定的,当存在较大差异时,应考虑刚度和强度特性在两主轴方向保持合理分配。

此外,层合板沿船长方向的强度和刚度应足以保障船体梁的总纵强度。而在壳板或甲板部位内层的加强筋,如肋骨、纵桁或梁的边缘,也应在构件方向保持足够的强度和刚度。层合板在局部承载和局部应力集中处也应适当加强。

为了更为有效地利用材料,单向纤维材料的使用应该扩展到腹板设计,从而实现不需要相邻层合板来辅助承载就能够拥有足够的强度。单向纤维层铺设在最上层时,其最外纤维层一般采用 CSM 织物铺层加以保护。

## 7.6.2　避免主船体结构失效的常见措施

下面所列出的是在设计主船体和甲板结构时通常会考虑的问题:

（1）不建议将夹层结构作为主船体结构形式，特别是底部和艏部会面临很高砰击压力的高速船舶。当船舶舷侧板使用夹层结构时，强烈建议使用横向增强纤维带。同时，为了使横向增强纤维带达到应有的效率，其铺层方向应与板架的跨度方向一致。

（2）为了使舭部/防浪护栏（chines/spray rail）达到应有的效果，跨点（连接点）或加强肋都应该采用附加层进行加强，并采用高密度泡沫填充，而且应覆盖加强层。切记，防浪护栏的安装位置很容易受到波浪冲击，因此必须通过计算以确定防浪护栏结构的设计方案。

（3）应尽可能避免筋材截面的突变，以减小产生局部应力集中的可能性，即减小形成结构"硬点"的可能性。

（4）为了确保纵向和横向构件的连续性，建议舷侧纵骨的高度大约为肋骨腹板高度的一半。肋骨腹板应校核高度/厚度比，从而使其不会发生屈曲或剪切失效。

（5）肋骨腹板高度在以下情况下可明显降低：如在帽形筋顶平台上使用单向纤维层时或通过增加帽形筋材的侧边铺层并在顶部平台形成搭接时，如图 7.17 所示。同时，主船体的局部刚度必须与整体结构要求相一致。

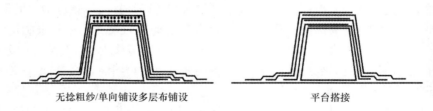

无捻粗纱/单向铺设多层布铺设　　　　　　　　平台搭接

图 7.17　帽顶方式的选取

（6）应用经验表明，有必要从横梁边缘处向上逐渐增加铺层厚度。对此，船级社一般要求这些区域底端层合板厚度应该加倍。

（7）为了对淡水舱和油舱提供足够的防护，在水舱表面应有相当于 $1800\mathrm{g/m^2}$ 厚度的 CSM 油/水保护层。

（8）胶合板舱壁的厚度一般使用基于船长的公式给出，即 $t_b=1.2L_s$(mm)，并且应用 CSM 增强树脂加固，达到 $112t_b(\mathrm{g/m^2})$ 的水平。

（9）至关重要的是，在边界角的加工制作处理上必须做好充足准备，必须预先喷涂 CSM 为壳板提供一个良好的黏结环境。

（10）在甲板板架上使用夹层结构时，必须谨慎选择芯材泡沫的类型和标准。在热带区域，甲板的温度可能会达到 90℃。对于甲板芯材所用的泡沫，必须要在这样的温度下仍能保证足够的强度。

泡沫芯材的黏结必须仔细，而对于大面积平板应当使用剪切带。夹层结构甲

板承受局部载荷时,芯材应该从下面进行二选一:

(1) 渐变过渡到单层板结构。

(2) 采用边缘削斜的胶结板代替芯材。

当采用高模量纤维增强时,由于没有考虑腹板的剪应力水平,所以将导致筋材存在应力集中的危险。近来所发生的筋材腹板失效问题大多是由于剪应力引起的。图 7.18 给出了帽形筋材结构中剪应力的分布特征。

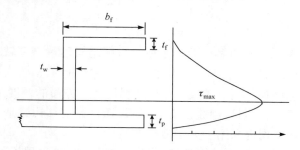

图 7.18　理想帽形筋典型剪应力分布

# 7.7　展　　望

近期,为了研究芳纶混杂复合材料在先进船舶设计应用中的疲劳特性,杜邦公司对芳纶、玻璃纤维等复合材料织物开展了一系列疲劳特性试验。

该项研究的结果[4]表明,含芳纶纤维层合板的极限载荷远大于玻璃纤维层合板。但是,为了大幅减小层合板的厚度,应特别注意结构表层的设计,因为海洋结构物表层的裂纹容易扩展。

## 参 考 文 献

[1] Norwood L S. Blister formation in glass reinforced plastics:Prevention rather than cure[C]// Proc. 1st Intl. Conf. Polymers in a Marine Environment,IMarE,London,1984.

[2] Tipping G. Water resistant systems for the marine industry[C]//Proc. Reinf. PL Cong. , BPF,London,1986.

[3] Tipping G. Osmosis:The Concept of Total Control-Part 2[J]. Reinf. PL,November 1987.

[4] Howson J C,Rymill R J,Pinzelli R F. Fatigue performance of marine laminates reinforced with kevlar aramid fibre[C]//Proc. Intl. Conf. Journees Europeennes des Composites,Paris,April 1992.

# 第8章 砰击与撞击载荷作用下夹层结构响应特征

## 8.1 概 述

FRP夹层结构用于赛艇和游艇等小型滑行艇结构建造已有较长历史,但直到20世纪80年代中期,才成为主船体、甲板及上层建筑的主要结构形式,并在高速客轮等大型船舶上得到应用。挪威和瑞典造船厂在这方面的发展一直处于行业领先地位。尤其值得关注的是,挪威目前正采用GRP夹层结构建造9艘扫雷艇,甚至抗冲击的主船体结构也采用了夹层结构方案。

尽管目前对于FRP夹层结构的使用已有足够实践经验积累。但由各种原因所导致的结构失效问题仍然普遍存在。因此,有必要搞清楚结构设计中的不当之处或建造质量问题。

夹层板的表层和芯材通常为不同材料,并通过黏结形成整体。这种结构特征不仅带来了制备工艺和材料体系选型难题,也给掌握其载荷作用机制和相关力学响应机理带来了挑战,尤其是在砰击和冲击载荷作用下的动态响应机理问题。

1988年秋,极端气候席卷挪威海岸,大量舰船受损,不仅仅是GRP船体,GRP夹层结构的受损率也较高。

图8.1为典型的夹层结构分层失效模式。确切地说,是表层与芯材的分离,并伴随着PVC芯材的大范围压溃损伤,显然,这种失效是由表层受到严重砰击引起的。起初都把这种损伤归咎于芯材的性能不足,况且对受损船体的取样分析也表明芯材断裂延伸率小于预期值。但后来发现即使采用更好芯材的其他船体也存在同样的受损现象,由此看来,芯材性能应该至少不是导致夹层结构出现砰击损伤的全部因素。

本章详细探讨GRP夹层板的砰击损伤问题。结果表明,结构损伤的原因有多种。同时,通过对砰击载荷、结构响应、材料选择以及芯材制备进行研究,可很大程度上消除或减少类似损伤的发生。

此外,水下固体物的撞击也会导致夹层结构船体产生渐近式损伤,这种撞击不同于砰击,其预防方法将在本章最后讨论。

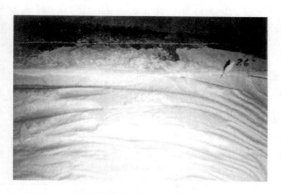

图 8.1　夹层结构船体砰击损伤(不含表层)

# 8.2　砰 击 载 荷

在进行抗砰击设计时,一般可采用均布静压载荷等效替代砰击载荷进行分析。但实际上砰击载荷并不是均匀的,而是一个典型的压力脉冲,它起始于平板某一边并沿特定路径向另一边扩展,如图 8.2 所示。

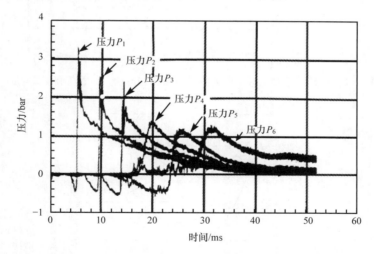

图 8.2　船模跌落测试砰击压力信号(有效砰击角度 30°,跌落高度 7m)

图 8.2 中的 6 个压力测试信号来自 V 形船模夹层底板上线性分布的 6 个压力传感器[1],其中测点 $P_1$ 靠近龙骨,$P_6$ 靠近舷部。船模从 7m 高空跌向静止水面,平板和水面的砰击角度 $\beta$ 为 30°。图 8.3 为下落高度 2.2m、砰击角度 5° 时对应的压力信号。

砰击压力脉冲的峰值与 $v^2$ 近似成正比($v$ 为平板的入水速度),同时也是有效

砰击角度 $\beta$ 的函数。理论研究认为,当 $\beta$ 为零时,压力峰值将趋于无穷大。然而,实际上当 $\beta$ 减小到 $3°\sim4°$ 时,平板和水面之间的空气将对砰击起到缓冲作用,其压力峰值和 $\beta$ 的关系可参见图 8.4。

　　某些情况下,砰击时间极短,且任意时刻的接触面积极小,此时压力峰值并不能代表有效砰击压力,如图 8.3 所示。因此,有效砰击压力也是平板尺寸的函数。入级规范表明,砰击载荷强度取决于砰击角度 $\beta$ 与设计面积 $A$。入水速度 $v$ 可由舰船设计垂向加速度换算得到,垂向加速度表征了船舶运动的剧烈程度,该问题不在本章讨论范围之内。

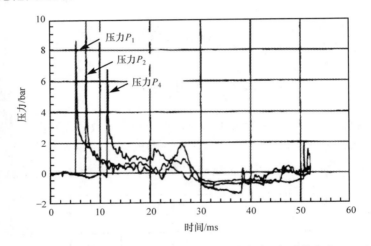

图 8.3　船模跌落测试砰击压力信号(有效砰击角度 $5°$,跌落高度 2.2m)

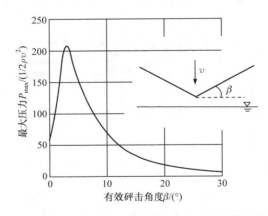

图 8.4　楔形物入水时有效砰击角度与压力峰值的关系

　　通过不同类型结构物的入水砰击试验,研究者对砰击载荷本身做了大量研究工作,但由此所引起的结构应力与变形却并未得到足够重视,但这正是有效砰击载

荷真正的衡量标准。1989 年,作为挪威高速船合作研发计划的一部分,DNV 开始对该领域进行研究,其研究内容如下:

（1）GRP 夹层板在单次砰击载荷作用下的响应特性。

（2）GRP 夹层船体结构与铝质加筋船体结构砰击响应差异性。

（3）GRP 夹层板的柔性对砰击压力的影响规律。

（4）GRP 夹层板（特别是采用 PVC 泡沫芯材时）在反复砰击载荷作用下的响应特征。

## 8.3　砰击载荷作用下夹层板的响应特征

由图 8.2 和图 8.3 的砰击压力时历曲线可知,相比于均布静载,砰击载荷更像传播的集中载荷。图 8.5 与图 8.6 为某夹层板芯材内部连续测点的剪应变时历曲线——该夹层板对应的砰击压力时历曲线也已测得（图 8.2 与图 8.3）。图中应变片 SB 靠近龙骨,SI 靠近舷部。由图可知,剪应变的分布规律与压力脉冲的传播规律基本一致。

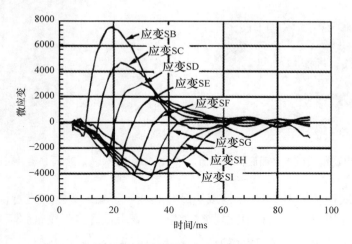

图 8.5　船模跌落测试中芯材连续测点剪应变时历曲线

（有效砰击角度 30°,跌落高度 7m）

图 8.7 为试验结束后某船底板的损伤情况,可以看到夹层板上缘已出现明显分层,剖开后发现芯材在此处已产生大范围剪切失效。此外,在夹层板下缘（靠近龙骨）也出现了局部损伤。图 8.8 为另一夹层模型芯材剪切失效及分层的局部放大图。由图可知,芯材剪切是主要的失效模式,而分层是次要的失效模式。

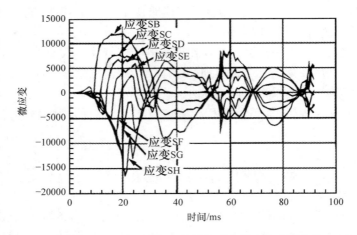

图 8.6　船模跌落测试中芯材连续测点剪应变时历曲线
（有效砰击角度 50°，跌落高度 2.2m）

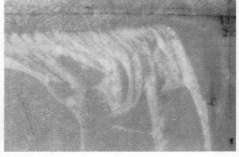

图 8.7　船模跌落测试中某船底板的损伤Ⅰ　　图 8.8　船模跌落测试中某船底板的损伤Ⅱ

上述船底板是根据 1985 年挪威船级社高速轻型船入级规范进行设计的，设计载荷为等效静压载荷。试验中发现夹层结构的表层抗砰击强度远强于芯材。其原因之一是芯材许用剪应力与极限剪应力之比远大于表层许用拉应力与极限拉应力之比，或者说芯材剪应力设计安全系数远小于表层拉应力。实际上，砰击载荷的作用特点也是导致这种差异（夹层结构的表层抗砰击强度远强于芯材）的部分原因。

已有效砰击压力公式均针对钢板和铝板，主要考虑承受弯曲应力并产生变形。以宽度为 $b$ 的某长条船底板格为例，根据板的筒形弯曲原理，可采用横向载荷下长度为 $b$ 的板条梁对其进行等效分析。假设船底板四周固支，则梁端部也应固支。假设砰击载荷可等效为集中载荷 $W$，当其作用在跨中时弯矩最大，为 $Wb/8$。若梁上作用均布载荷 $w$，则最大弯矩在梁端，为 $wb^2/12$。当 $w=1.5W/b$ 时，两种载荷下梁的最大弯矩相等，由此可认为集中载荷 $W$ 的等效均布载荷为 $1.5W/b$。

进一步对上述两种等效载荷产生的最大剪力进行分析。对于集中载荷 $W$，当其作用在跨端时剪力最大，为 $W$；而在分布载荷作用下，最大剪力为 $wb/2$，即 $0.75W$。因此，等效均布载荷产生的最大剪力比集中载荷产生的最大剪力小 25%（但是，当梁端越接近简支，这种差距会越小，完全简支时最大剪力相等）。

由此可知，基于最大弯矩相等所得的等效均布载荷将小于基于最大剪力相等所得的结果。对于夹层板，这种影响降低了芯材的安全系数，从而导致芯材大量失效。虽然对船体结构而言，芯材理应先于表层失效，因为芯材失效不会使结构丧失承载能力，也不会导致海水的渗入；但是，目前看来，芯材的安全系数还是取得过小。

这种失效（图 8.1）在海岸救援船上尤为常见。除了上述因素，另一个可能因素是低估了该类舰船所应承受的载荷，或者说在设计校核时所取的计算载荷偏小。图 8.9 为航速 18kn、浪高 4m 时，某海岸救援船 LCG 处的垂向加速度时历曲线[1]。由图可知，垂向加速度峰值约为 6g（$g$ 为重力加速度），这就给巡逻艇和救援船设计载荷的确定带来了一个问题：由于座椅采用的先进空气悬浮系统提高了乘员舒适度，船体所受实际载荷将不能以乘员的承载极限来衡量。

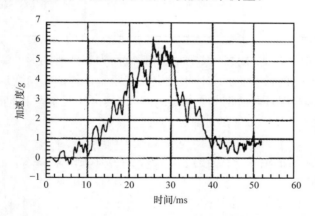

图 8.9　某海岸救援船 LCG 附近垂向加速度时历曲线

## 8.4　材料性能和测试方法

在讨论夹层结构失效问题时，芯材的一个特点已得到普遍认同，即制造商数据手册上芯材性能规格与实际中存在区别。对于硬质或半硬质泡沫材料，主要原因之一是测试方法对材料参数有较大影响。针对 Klegecell 交联 PVC 泡沫芯材，Polimex 在数据手册中重点强调了该问题，表 8.1 给出了相关数据。由表可知，两种常用的测试方法所得剪切强度一致，但剪切模量存在较大差别。同样，测试方法不同,压缩强度变化较小,而压缩模量的变化可达两倍甚至更大。

表 8.1　不同测试方法下交联 PVC 泡沫芯材力学性能

| 力学性能 | 测试标准 | 测量值/MPa |
|---|---|---|
| 压缩强度 | ASTM D 1621 | 3.06 |
| | ISO R 844 | 3.27 |
| 压缩模量 | ASTM D 1621 | 197 |
| | NFT 56-101 | 117 |
| 拉伸强度 | ASTM D 1623 | 4.38 |
| | ISO 1926 | 3.57 |
| 拉伸模量 | ASTM D 1623 | 180 |
| 剪切强度 | ASTM C 273 | 2.18 |
| | DIN 53422 | 2.41 |
| | ISO 1922 | 2.18 |
| 剪切模量 | ASTM C 273 | 55.7 |
| | DIN 53422 | 41.2 |
| | ISO 1922 | 31.2 |

为了防止屈曲,压缩试件一般短而粗,其截面为方形或圆形。试验时可将试件置于两钢质夹块之间,轴向受压时,钢质夹块将限制试件的横向变形。

若考虑极端情况,即压缩试件为圆形薄片,其半径足够大以防止产生径向位移,则表观弹性模量 $E' = \sigma/\varepsilon$ 的计算公式为

$$E' = E(1-\nu)/[(1+\nu)(1-2\nu)] \tag{8.1}$$

PVC 泡沫芯材的泊松比($\nu$)接近 0.4,若 $\nu = 0.4$,则 $E' = 2.14E$。其中,$E$ 为芯材的真实压缩模量。

在实际压缩测试中,压缩弹性模量应介于 $E$ 和 $E'$ 之间,其具体结果取决于试件的几何尺寸及试件端部的接触条件,但压缩强度对测试方法没有如此敏感。

其他导致芯材性能测试误差的因素还有:①芯材厚度方向密度的变化(由此导致力学性能的差异);②芯材各向异性导致厚度方向材料特性的差异。

芯材的另一个特点是,制造商在定义材料密度及力学性能时,通常只提供平均值或典型值,而不是最小值或平均值减去标准偏差(给定样本数量),这一点与金属材料不同。为排除该影响,在材料认证时,DNV 规范要求制造商提供关键力学性能参数的最小值,并写入认证证书。即便如此,在理解泡沫芯材的某些力学性能参数时仍需持审慎态度。

## 8.5　单次和反复砰击对泡沫芯材的影响

当泡沫芯材承受砰击载荷时,应考虑以下几个问题:

(1) 在典型砰击脉冲载荷作用下,应变率效应对静态应力-应变曲线的影响。

(2) 在反复砰击载荷作用下,芯材的抵抗能力,特别在反复砰击载荷与相同幅值的正弦载荷作用下,芯材疲劳寿命的差异性。

(3) 芯材受到单次过载砰击产生非线性,对其剩余特性(强度、断裂应变、疲劳寿命)的影响规律。

(4) 在单次和反复砰击载荷作用下,芯材与层合板的黏结界面对砰击响应的影响规律。

针对以上问题,DNV 等机构开展了大量研究工作。图 8.10 为 DNV 针对交联及线性 PVC 芯材夹层梁进行的四点弯曲试验。在两加载点之间,试件基本处于纯剪状态,试件表层应足够厚,以防止其失效。载荷工况如下:

(1) 准静态增/减载荷。

(2) 模拟砰击载荷,设计加载历程产生的剪应变与砰击跌落试验及实尺度夹层船体的测量结果一致(应力比 $R=0.1$)。

(3) 反复砰击载荷。

(4) 常规正弦周期载荷($R=0.1$)。

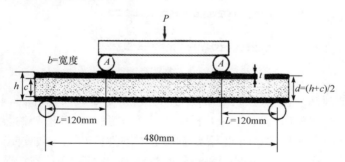

图 8.10　夹层梁四点弯曲试验工装

图 8.11 为砰击载荷和静态载荷作用下夹层梁交联 PVC 芯材(中等密度)剪应力-挠度关系曲线。由图可知,两种载荷下芯材剪切模量(斜率)差别不大,但砰击载荷下芯材比例极限和极限强度大幅提高,断裂应变减小。因此,在砰击载荷作用下,芯材能够承受更高的剪切应力,但是韧性下降(材料缺陷影响更严重),吸能特性退化。应注意,这种韧性的下降并非针对所有 PVC 泡沫。

在正常加载速率下,反复砰击载荷和正弦周期载荷作用下芯材的疲劳寿命差别不大。但是,单次过载将使材料进入非线性,从而影响芯材的疲劳寿命。

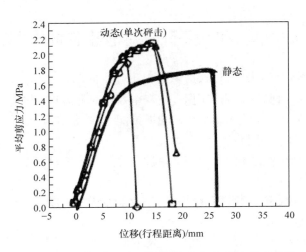

图 8.11　不同载荷下夹层梁芯材剪应力-挠度关系曲线

通过研究,DNV 得出的一个主要结论:交联 PVC 泡沫芯材的纵向胶结界面(图 8.12)对短期和长期砰击响应均有影响。由于有些黏结剂的刚度远大于芯材的刚度,当结构承载时,界面剪应力将远高于芯材剪应力。

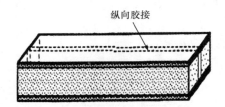

图 8.12　纵向胶接芯材四点弯曲测试试件

由于黏结剂韧性较差,在载荷作用初期会产生初始裂纹,如图 8.13 所示。在单次或多次砰击载荷作用下,泡沫芯材脆性增强,这使黏结剂的初始裂纹更易扩展并导致周围芯材提前失效。因此,黏结剂和芯材的性能匹配非常重要,它有利于提高结构整体的损伤抗力。但是,对采用较脆黏结剂的线性 PVC 泡沫芯材的试验测试表明,具有足够损伤抗力的芯材不会受到黏结剂初始裂纹的影响,且密度大的交联 PVC 泡沫对裂纹的敏感性低于密度小的线性 PVC 泡沫。

进一步考虑环境因素,黏结剂和芯材都具有温度敏感性,如在 0℃时的脆性将高于 20℃时。

为了解决芯材黏结界面初始裂纹问题,DNV 规范对芯材和黏结剂的断裂伸长率提出了要求,也对含纵向黏结界面夹层梁的试验测试方法提出了要求。

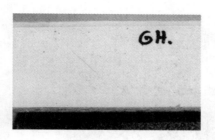

图 8.13　芯材纵向胶接处产生的裂纹

## 8.6　固体物的撞击

高速舰船的耐撞抗力是目前主要关注的问题,其研究范围涵盖了从礁石或其他舰船碰撞,到小块漂浮物撞击的所有冲击问题。最近一个案例表明,漂浮物的一次较小撞击都可能导致夹层结构船体局部产生较大范围的表层/芯材分层失效,如图 8.14 和图 8.15 所示。

图 8.14　某双体船局部冲击下表层/芯材分层并扩展

当受到撞击时,表层较薄的夹层结构芯材被局部压溃,并在整个或部分撞击区域内,表层与芯材出现分层。如果表层被穿透,即使是轻微的穿透,都会在表层和芯材的间隙上形成水动压力。随着时间的推移,这种压力会使局部分层大面积扩展,甚至扩展到整个船体。

图 11.11 给出了 DNV 高速轻型船暂行规范[2]针对这类失效而提出的两种解决方案。通过对易撞区域夹层结构船体外表层进行加厚,能有效控制局部损伤,并减小外表层被穿透的可能,在此区域采用更强、密度更高的芯材也会有所帮助。此外,内外表层采用图 11.11 的连接方式,也能防止或有效减缓芯材与表层的分离。

图 8.15　撞击初始失效点

## 参 考 文 献

［1］Hayman B，Haug T，Valsgard S. Response of fast craft hull structures to slamming loads ［C］//Proc. 1nd Intl. Conf. Fast Sea Transportation，Trondheim，1991.

［2］Tentative Rules for Classification of High Speed and Light Craft［M］. Oslo：Det Norske Veritas，1991.

# 第9章 疲劳特性

## 9.1 概　述

疲劳是指材料和结构在幅值远低于静强度的交变载荷作用下产生损伤的一种过程。疲劳损伤的累积,将导致材料和结构的力学性能出现渐近乃至严重的下降,如强度和刚度等。同时,疲劳还会引起裂纹的不断增长,并可能最终导致结构完全失效或崩溃。

疲劳寿命主要取决于交变载荷或形变的波动幅度,通常是指应力或应变的变化范围。此外,另一个影响因素是交变载荷的均值或峰值。两者相较,前者对疲劳寿命的影响更加明显。

材料或结构在疲劳失效前所能承受的最大载荷循环次数称为疲劳寿命或疲劳极限。疲劳失效是指结构的完全崩溃,或者是材料或结构已丧失足够的强度或刚度。材料或结构在疲劳寿命期间内所能承受的最大交变载荷或应力峰值称为疲劳强度,所能够承受的不发生失效的最大交变载荷称为疲劳极限的下限值。

疲劳强度和疲劳寿命之间的关系主要通过 S-N 曲线或 whöler 曲线进行表征,如图 9.1 所示。图中横坐标为载荷循环次数的对数,纵坐标为疲劳强度的对数值或线性值。疲劳强度是指应力变化范围 $\Delta\sigma$ 或者应力变化上下幅值之间的区域,有时也可指载荷幅值或者交变载荷的最大值。在图 9.1 中,循环次数在 $10^3 \sim 5 \times 10^6$ 基本呈线性关系:

$$\log(\Delta\sigma) = c_1 - c_2 \log N \tag{9.1}$$

或者

$$\Delta\sigma = c_1 - c_2 \log N$$

式中,$c_1$ 和 $c_2$ 为常数。

通常情况下,第一个公式与高周疲劳的测试结果吻合性更好。而低周疲劳,即高应力疲劳水平,则更适用于第二个表达式。对于特定的材料或结构件,其 S-N 曲线应该是一个系列的曲线,并分别对应于不同载荷工况和应力均值水平。

平均 S-N 曲线是指材料或结构失效概率为 50%,基于 S-N 均值曲线的构件设计时,结构件的失效概率为 50%。因此,在进行结构件疲劳设计时,为了降低材料或结构的失效概率,所要求的应力/寿命曲线应低于均值曲线。

所有海洋结构物在正常工作环境下,都将受到各种各样的载荷作用,疲劳是引

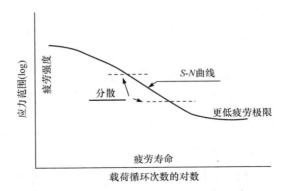

图 9.1　疲劳强度与疲劳寿命关系:S-N 曲线

起材料或结构损伤失效的一个常见因素。由于各种不确定性因素的存在,开展结构疲劳设计或对结构疲劳寿命进行预测,是一项非常困难且复杂的工作。目前所知的影响结构疲劳特性的主要因素,包括材料微观结构和材料属性、几何外形、制作工艺、载荷工况及作用时间、环境以及以上因素的耦合作用等。为了掌握各种影响因素对材料或结构疲劳特性的影响规律,开展标准试件和大型结构的试验测试工作必不可少。通过试验测试,结合上述因素的影响规律,就能够得出与实际环境工况一致性较好的结果。

　　然而,在开展疲劳试验测试、分析试验结果以及预测疲劳行为之前,应该先查阅文献,了解并掌握相关的疲劳机理。鉴于疲劳机理主要取决于所用材料的微观结构及属性,显而易见,由于复合材料增强纤维和基体以及两者黏结界面之间的微观结构和属性存在较大差异,复合材料结构相比于金属材料结构存在更为复杂的疲劳损伤机理。

## 9.2　金属材料疲劳机理

　　对于诸如金属的均质各向同性材料,疲劳过程可以分为三个阶段:裂纹产生、裂纹扩展以及完全失效。多年以来,研究者对应用于海洋结构物的传统金属材料-铝和钢的疲劳特性已经进行了大量研究[1,2]。虽然目前对焊接型钢结构的疲劳过程已经有了较好的理解,但是对于大尺度结构疲劳特性的进一步深入研究依然很有必要。

　　初始裂纹的产生与材料的微观行为密切相关。裂纹的产生来自局部的微观塑性变形,而塑性变形又是循环应变位错运动的结果。由于位错移动在材料自由表面产生的概率远大于其他大部分区域,因此通常认为疲劳初始裂纹的产生是一种表面现象。初始裂纹出现的位置一般承受的应力或应变最大,通常也就是材料或结构由几何形状的不连续性、表面粗糙以及本身缺陷引起的应力集中处。因此，"表面"一词，既是指结构的外表面，也是指材料内部缺陷或微裂纹的表面。

在连续循环载荷作用下，晶体材料的位错运动会出现在不同的相邻滑移面上，这就导致材料表面出现挤入和挤出行为，这些表面挤压行为的形成过程就是初始裂纹的产生过程，这样，即使材料应力状态低于屈服应力，单个晶粒之间的轻微滑移也可能发生。在连续循环载荷作用下，表面出现越来越多的挤压累积，从而逐渐进入裂纹产生阶段——Ⅰ阶段。在该阶段，裂纹将与微观界面发生初始滑移一样，以剪切模式扩展，即最大主应力发生在平面 45°方向上。通常，这两阶段称为"初始阶段"或"裂纹成形阶段"。

随着裂纹深度的不断增加，裂纹扩展方向从初始的 45°方向迅速向最大拉伸应力方向扩展。由此，最大拉伸应力，而非剪应力，最终成为裂纹扩展的主要驱动力。裂纹扩展速率主要取决于裂纹尖端的应力集中水平，由应力强度因子 $K$ 表示，它是外部施加载荷（或者名义应力）、裂纹长度、几何形状的相关函数。应力强度因子 $K$ 通常表示为

$$K = \sigma \cdot \sqrt{(\pi a)} \cdot f(a/b) \tag{9.2}$$

式中，$a$ 为裂纹深度；$b$ 为试件宽度；$f(a/b)$ 为裂纹几何特性以及与外部载荷相关的结构构件的函数。从上述表达式可知，应力强度因子 $K$ 将随着裂纹的扩展而增大，裂纹扩展速率亦是如此。图 9.2 给出了裂纹扩展在单一拉伸循环载荷作用下，裂纹扩展率随应力强度因子幅值 $\Delta K$ 变化的关系。对于很多实际情况，上述两者之间的关系可由 Paris-Erdogan 裂纹扩展公式表征：

$$\mathrm{d}a/\mathrm{d}n = C(\Delta K)^m \tag{9.3}$$

式中，$C$ 和 $m$ 为材料工程常数，必须由试验测得。该关系式是金属材料疲劳断裂力学的应用基础。

在曲线上方 $\Delta K$ 较高的区域，当应力集中系数达到最大值 $K_{max}$ 或临界值 $K_c$ 时，就会发生韧性撕裂或脆性断裂，此时裂纹扩展速率将趋于无穷大。在 $\Delta K$ 较低的区域，裂纹扩展速率从零逐渐增加，直到 $\Delta K$ 达到阈值 $\Delta K_{th}$，这就意味着阈值 $\Delta K_{th}$ 对应的疲劳极限较低，这种阈值效应可以认为是裂纹扩展过程中一系列复杂过程协同作用的结果，该阈值的大小取决于应力参数，如平均应力、残余应力以及应力之间的相互作用，还取决于材料本身的性能以及环境的影响。

纵观整个疲劳寿命周期 $N_f$，应该知道它包含了裂纹初始 $N_i$ 和裂纹扩展阶段 $N_p$，后者主要取决于名义载荷工况，前者则取决于局部应力增强因子。对于较低的应力水平和光滑无损的表面，初始裂纹产生阶段将占整个疲劳寿命周期的90%。然而，由于材料或结构初始缺陷、表面粗糙或者几何不连续等导致应力集中存在，初始阶段也可以几乎被缩减到可以忽略的程度，进而导致疲劳寿命也相应地缩短。

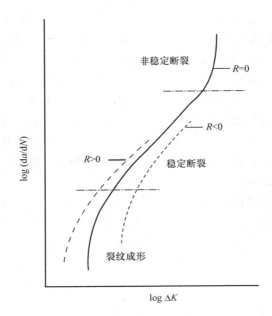

图 9.2　裂纹扩展率与应力强度因子关系曲线

环境因素既会对裂纹初始阶段产生影响,也会对裂纹扩展阶段产生影响。

# 9.3　复合材料疲劳机理

纤维增强树脂基复合材料的疲劳机理与金属材料有很大差别,这主要取决于基体和增强相的性能以及两者之间的相互作用[3~6]。纤维增强树脂基复合材料具有非均质、各向异性和非线性本构特征的特点。疲劳裂纹扩展过程并不像金属材料那样简单。实际上,复合材料裂纹扩展路径是非常复杂的;同时,裂纹本身也并非复合材料结构损伤的唯一表征形式。

## 9.3.1　增强纤维

无机玻璃纤维常见的失效模式为"静态疲劳",可更为恰当地表述为冶金学术语"应力断裂",其本质上是一种脆性蠕变失效。纤维的失效存在于裂纹产生的初始阶段、裂纹扩展阶段和最终断裂阶段的全过程中,具体的失效机理与纤维材料固有属性相关。

## 9.3.2　树脂基体

聚酯基体材料与金属材料的不同点在于,它没有类似的初始裂纹产生阶段以及裂纹扩展阶段。在低应力状态下,裂纹的出现来自聚酯晶体之间形成的滑移或者黏性流动时产生的空穴,并首先出现在试样表面或者内部缺陷表面处,这就使得裂纹初始阶段变得尤为重要。

聚合物的两种典型损伤失效模式是金属材料不具有的,那就是周期性蠕变(黏弹特性)和热失效。它们分别出现在高应力水平和高加载频率下。当外部荷载达到一定水平时,会引起静态蠕变,此时聚合物会产生周期性蠕变。热失效则是由于聚酯基体具有高阻尼、低散热性能,不能将内部热量尽快散失时产生的,此时内部温度的升高将使材料发生热软化,进而导致性能衰退。因此,对聚合物和 FRP 进行疲劳性能测试时,加载频率必须限制在很低的频率范围内,一般不超过 5Hz。

尽管从微观角度来看,材料的原子和分子之间的作用机理存在很大差异。但是从宏观角度来看,各种聚酯材料裂纹扩展的一般过程与金属材料还是非常相似的。

### 9.3.3　界面相

最后,基体相和增强相之间的界面对初始裂纹的产生和扩展也有重要影响。这种影响取决于界面黏结强度、纤维铺层方向以及主应力方向。一方面,界面剥离强度以及应力集中问题会导致初始裂纹迅速产生,并大幅降低基体相的疲劳寿命,因为基体相的疲劳抗力取决于初始裂纹产生的难易。另一方面,界面之间可以通过有效地阻碍并改变裂纹扩展方向的方法,在很大程度上降低裂纹扩展速率。此外,纤维和基体之间的摩擦也可以吸收裂纹扩展时所需要的能量。

### 9.3.4　层合板

如前所述,复合材料有三种典型的疲劳失效模式:基体损伤、界面剥离以及纤维断裂。这三种基本失效机理及其相互作用的详细介绍,可参见 Talreja[6] 的文献,如图 9.3 所示。复合材料结构的第四种失效模式称为分层,它是基体开裂和界面剥离联合作用的结果,分层现象主要出现在层合板相邻层间。

Owen 等[7,8]针对短切纤维毡/聚酯类树脂层合板在拉伸疲劳载荷作用下的损伤扩展问题进行研究。研究结果表明,层合板的退化失效主要表现如下:

(1) 纤维和基体间的黏结界面破坏。

(2) 基体破坏。

(3) 单向纤维断裂。

(4) 大量环绕微裂纹引起宏观裂纹产生与扩展,并导致层合板完全破坏失效。

复合材料损伤扩展过程有两个明显的阶段。初始阶段,界面剥离发生在纤维和基体之间,脱胶路径出现在垂直于加载方向的横截面内。在静态拉伸载荷作用下,当拉伸载荷为抗拉强度的 10%～30%时,界面剥离开始出现。第二阶段,当拉

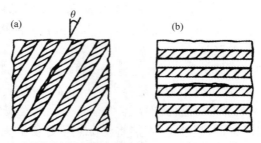

单向纤维增强复合材料偏轴疲劳基体及内部界面开裂：(a) 混合模式裂纹生长
(撕裂与滑移), $0<\theta<90°$；(b) 撕裂模式裂纹生长 (横向纤维分离), $\theta=90°$

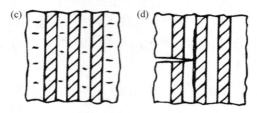

韧性基体损伤：(c) 离散疲劳模式：仅基体开裂；(d) 局部疲劳模式：
裂纹生长时纤维随之断裂，直至最后界面失效

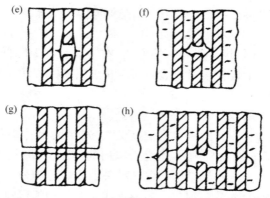

纤维损伤：(e) 纤维断裂导致内部界面分离；(f) 纤维断裂导致基体开裂；
(g) 纤维桥接基体开裂；(h) 混合损伤

图 9.3　FRP 疲劳损伤机理[6]

伸载荷为抗拉强度的 30%～70% 时,界面剥离现象迅速增加并且趋于稳定。当拉
伸载荷为抗拉强度的 70% 应力水平时,基体裂纹开始产生,剥离界面之间逐渐融
合,裂纹扩展方向与载荷作用方向垂直。

　　疲劳试验中,当应力水平足够高时,就会产生横向纤维脱胶,并且脱胶数量会
迅速增加并趋于稳定,直到当后面的疲劳阶段达到相同应力水平时,脱胶数量将会
再次增加。在拉-压疲劳试验中,试件在拉伸载荷作用下会出现透明度变差并发白

的现象,而在压缩载荷作用下,试件发白现象会消失。随着疲劳周期的持续增加,试件透明度不再发生变化,试件表面有白点产生,并且可以很清晰地观察到基体裂纹的存在。疲劳载荷作用下,树脂基体中的裂纹分布多于单纯的静态拉伸载荷,并且裂纹在疲劳早期的积累也较疲劳后期更快。

与基体损伤的名义应力一样,脱胶名义应力也与疲劳周期有关。虽然纤维界面的横向剥离似乎对疲劳强度没有直接影响,但在疲劳载荷作用下,界面的剥离也会促进基体裂纹的扩展,进而造成结构疲劳强度下降。

CSM 层合板疲劳试验结果表明,层合板的疲劳损伤状态与其弹性模量之间存在某种关系。微观检测结果表明,当弹性模量降低 2.5％时,脱胶现象已经十分明显。在基体裂纹扩展的初始阶段,模量损失在 8％～10％范围内。

通常对大多数复合材料构件来说,结构刚度的降低可以作为结构的性能退化指标。在疲劳试验中,刚度变化具有非常准确、易于测试的特点,并易于对损伤程度进行直观的量化评估,而且这与复合材料的微观退化是直接相关的。

与大多数其他材料一样,短切纤维毡聚酯试件的疲劳寿命也具有较大的离散性。疲劳寿命试验测试结果呈现出大小有序的散布带或者更多无序分散带都是很常见的现象。此外,在低周疲劳载荷工况下,疲劳寿命的离散特性要大于高周疲劳,这是由于玻璃钢与金属材料相比,其极限拉伸强度具有更大的波动性。该波动特性对于 CSM 层合板尤为明显。

尽管前面对材料疲劳机理的描述是基于短切纤维毡增强聚酯材料和聚酯浇铸体试件的疲劳测试结果得出的,但其结论对于所有其他纤维增强复合材料疲劳行为同样适用。当然,由于复合材料不同组分固有属性存在差异,也可能会导致一些小的偏差。此外,不同类型的增强纤维材料也会存在一定差异,如单向织物、方格布或短切纤维毡等。

与金属材料疲劳行为相比,复合材料的一个明显区别在于几乎从第一次加载开始,复合材料的性能就会发生渐近式衰退,金属材料的初始疲劳行为则主要表现为单一裂纹的扩展,这一过程大约占据整个疲劳寿命 30％的进程。脱胶,尤其是基体裂纹的扩展,将加剧复合材料结构对环境影响因素的敏感性。界面脱胶以及裂纹的扩展可能会引起环境介质的渗透,更糟糕的情况是嵌入复合材料内部的环境介质将损害纤维或树脂界面,从而削弱复合材料性能,并导致其过早失效。

因此,必须牢记复合材料的损伤机理和分布特性,相关试验测试结果如图 9.4 所示[9]。

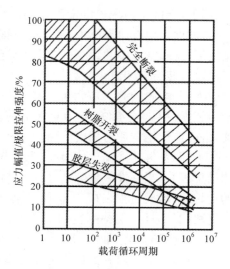

图 9.4　拉-压疲劳载荷工况下,玻璃钢复合材料的 S-N 曲线

$R=-1$,加载频率:100 次/min

## 9.4　疲劳试验分析

各型玻璃钢或碳纤维增强复合材料层合板的典型 S-N 曲线如图 9.5 所示[8,10~13]。由图可知,不同复合材料的疲劳强度存在很大差异,这主要取决于增强纤维材料的类型、纤维与基体的比率或者含胶量。以曲线 A 和 C 对比可知,曲线 A 的疲劳强度更高。一是因为碳纤维的强度远高于 E-玻璃纤维;二是碳纤维含量更高;三是在一定程度上,环氧树脂与其他聚酯基体相比,具有更好的界面黏结性能。只有当拉伸载荷沿着纤维方向加载时,曲线 A 和 C 才具有疲劳强度,如果拉伸载荷与纤维方向垂直,疲劳强度将会变得非常小,甚至会低于曲线 E。而垂直于纤维铺层方向的疲劳强度几乎完全取决于树脂基体及黏结界面的固有属性。同样,可对曲线 B 和 D、A 和 B 以及 C 和 D 进行类似的比较分析。由曲线 D 和 E 与图 9.5 中其他的 S-N 曲线对比可知,疲劳应力均值对疲劳强度也有影响。

由于 FRP 的材料组分或构成对其疲劳强度具有重要影响,因此在进行复合材料疲劳特性分析时,必须仔细区分基体材料、增强纤维材料、增强纤维构型及铺层角度等因素的影响作用。

### 9.4.1　树脂基体的影响

玻璃钢的常用树脂基体是聚酯类树脂和环氧树脂。树脂材料的疲劳性能与金属材料类似,主要受加载频率支配,而加载时间影响较小。环氧树脂的疲劳性能略

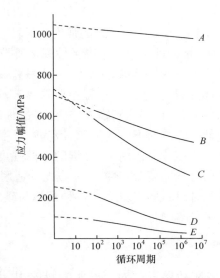

图 9.5　不同增强材料下各层合板的疲劳-寿命曲线[8,10-13]

A:单向碳纤维增强材料/环氧树脂($V_f = 0.6$,拉伸应力);B:$0°/90°±45°$铺层碳纤增强材料/环氧树脂($V_f = 0.55$,拉伸);C:单向 E-玻璃纤维增强材料/聚酯类树脂($V_f = 0.4$,拉伸);D:WRE 玻璃纤维增强材料/聚酯类树脂($V_f = 0.3$,应力均值为零);E:CSME 玻璃纤维增强材料/聚酯类树脂($V_f = 0.2$,应力均值为零)

优于酚醛树脂、聚酯类树脂和硅酮树脂。环氧树脂良好的疲劳性能主要归功于其良好的强度特性、界面黏结性以及较低的收缩性。收缩性低会使材料的残余应力更低,并能确保在更高应变情况下不易产生裂纹,避免纤维暴露并受到侵蚀[3]。由聚酯类树脂和乙烯基酯树脂交变弯曲疲劳试验结果可知,乙烯基酯树脂的疲劳性能优于聚酯类树脂,乙酰酸聚酯树脂优于正邻苯二甲聚酯类树脂。标准乙烯基酯树脂和新型热压成型乙烯基酯树脂的差别很小[14,15]。尽管各型树脂材料的化学结构差异较大,但是树脂基体对 FRP 疲劳性能的影响程度远低于纤维种类的影响。

### 9.4.2　增强纤维材料的影响

大量试验研究结果表明,纤维材料疲劳性能由高到低排列顺序如下[14,16]:

(1) 高模量碳纤维。

(2) 高强度、低模量碳纤维。

(3) 芳纶/碳纤维混杂纤维。

(4) 芳纶纤维。

(5) 玻璃纤维/芳纶混杂纤维。

(6) S-玻璃纤维。

（7）E-玻璃纤维。

与 E-玻璃纤维相比,碳纤维和芳纶纤维的强度优异性较大程度上来自于其更高的极限强度。然而,疲劳优异性主要是更高弹性模量所带来的,纤维的高模量同时必然会导致层合板的高模量特性。如前所述,复合材料疲劳初始损伤来自纤维黏结界面的脱胶以及基体开裂,上述两个过程主要取决于基体材料的应变循环特性。因此,弹性模量较高的层合板要达到临界应变状态,则必须具有更高的交变应力水平。这种现象在拉伸疲劳载荷下更为突出,因为在承受压缩载荷时裂纹的敏感性一般会较低。但是在压缩载荷作用下,纤维的屈曲强度以及纤维和基体界面之间的剪切强度会主导层合板的疲劳特性,这一点尤其适用于芳纶纤维复合材料,而对于高模量的碳纤维复合材料影响略小。这种解释与碳纤维/环氧树脂复合材料层合板的疲劳试验结果基本吻合[17]。

### 9.4.3　织物构型的影响

最后,增强材料构型和铺层方向对复合材料疲劳特性同样具有重要影响。图 9.6 列举了具有各种纤维构型的复合材料试件在交变弯曲及轴向拉压疲劳载荷下疲劳性能的分布情况[14,18]。与方格布相比,非编织单向增强纤维布的疲劳强度较高,而随机短切纤维毡的疲劳强度较低,这很大程度上是因为平行载荷方向的纤维体积含量不同。影响复合材料层合板弹性模量和引起疲劳性能差异的其他因素,还包括纤维连续性及其伸长量。例如,单向纤维是连续的,并且具有良好的延展性,因此材料弹性模量更高,该规律同样适用于其他非编织纤维。然而,在实际工程中并不能保证所有纤维铺层的方向都能与载荷方向保持一致,这就会导致承载方向上的纤维比例下降,复合材料承载能力下降,并造成承载方向的弹性模量和疲劳强度降低。对于编织结构的 FRP,各载荷方向纤维比例基本接近,但是这些纤维织物延展性较差,这也会导致 FRP 弹性模量以及疲劳强度较低。

最后,对于随机短切纤维复合材料,由于没有连续纤维进行承载,载荷在纤维与纤维之间的传递必须通过纤维间的基体完成,这将导致层合板弹性模量进一步降低。另外,在高应力水平下,也会导致增强纤维和基体之间黏结界面的剪应力增加,这都不利于复合材料结构疲劳承载能力的提高。

### 9.4.4　其他影响因素

图 9.6 进一步表明,对于所有织物构型,弯曲承载的疲劳强度均会小于轴向拉压交变载荷作用下的疲劳强度。这是由于在弯曲载荷作用下,层合板在厚度方向将出现更大的应力梯度,从而导致纤维和树脂基体界面存在更高的剪应力。

除了前面所述的材料影响因素,接下来将讨论影响疲劳强度的其他因素。

就材料方面而言,为了达到一些目的,在树脂内加入的添加剂可能会对基体和

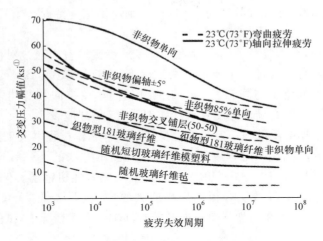

图 9.6　不同织物构型对疲劳强度的影响

层合板的疲劳性能产生不良影响。疲劳损伤过程的初始裂纹首先出现在基体和纤维黏结界面处,因此界面黏结质量必须得以重点关注。通过选择合适的偶联剂,使玻璃纤维和聚酯的界面静强度因子达到 4～5 是可能的[3]。但这会影响层合板低应力水平下的疲劳寿命。

　　复合材料的疲劳性能还会受到产品生产过程及质量控制的影响。产品固化和硬化过程将影响基体以及基体与纤维界面的性能。复合材料成型过程中,气泡可能会被预埋在纤维织物或者表面层里。这些空泡可能导致疲劳强度降低,并使得基体初始开裂因子上升至 1.3 或 1.4[19]。树脂的分布特征、纤维增强材料的浸润程度以及纤维的伸缩性,主要取决于层合板的成型过程。树脂分布的不均匀和纤维织物的松弛程度,将对层合板的刚度和疲劳强度带来整体或局部的影响。

　　层合板疲劳寿命的降低在很大程度上还将受到环境因素的影响,当海水沿表面损伤和纤维界面之间的裂纹进入层合板内部时,这种影响尤为严重。当然,这种疲劳强度的下降在高应力水平时要比低应力水平时更为明显[9,20,21]。因此,应该注意到,在随机载荷作用下,基体开裂以及海水的浸入可能在早期就会发生,这对随后的周期性小载荷下疲劳强度的影响远大于对恒量载荷下强度的影响。这说明了层合板的表面粗糙度对疲劳强度影响的重要性。目前对于海水环境下疲劳特性的试验测试还存在很多限制条件;而对于空气中的疲劳试验,疲劳加载频率应控制在 5Hz 以内。这一限制对于海水环境下的疲劳试验结果影响更大,因为层合板的环境疲劳恶化需要时间。因此,海水中的疲劳试验加载频率不应超过实际工作工况或者不大于 0.2Hz。对于周期 $10^6$ 次的疲劳试验,加载频率为 5Hz 时,需要 2.5

————————————————————
① 1ksi=6894.757Pa。

天就可以完成试验,而加载频率为 0.2Hz 时,则需要花费将近 2 个月的时间,这将是一项耗资巨大的试验工作。

到目前为止,与试验有关的疲劳数据大多是在实验室内通过对标准试样进行测试得出的。疲劳试验过程主要依据测试标准(ASTM-美标,BS-英标)。对试验仪器和标准试件的要求与静态力学试验测试相同。在拉伸和弯曲强度性能测试时,试件一般较小,但对试件宽度具有严格要求,其端部应设为哑铃形或者黏结加强垫片。试验数据的离散在一定程度上反映了试样制作过程以及工艺水平的波动性。试验数据的离散在一定程度上也是由基础测试方法的不一致性和不足导致的。小试样增强材料铺层方式一般为 0°/90°铺层或者随机铺层。偏轴铺设(除了 0°/90°之外的方向)将导致层合板内出现应力集中,从而降低试件的极限拉伸强度,应力集中现象还存在于加强垫片或者接头部位。上述情况下,试验测试结果可能偏于保守。

## 9.5 疲劳设计及损伤准则

从 S-N 曲线来看,所给出的疲劳数据并没有说明平均应力对疲劳行为的影响。然而,对于疲劳设计,这些信息也许是必需的。在这种情况下,一般会需要更多的平均应力所对应的 S-N 曲线。因为只有通过不同平均应力下的 S-N 曲线,才有可能建立 Smith 图谱或者疲劳主图,方可通过应力幅值代替应力均值以确定疲劳寿命。图 9.7 给出了 E-玻璃纤维短切纤维毡层合板的疲劳主图。当没有足够试验数据生成疲劳主图时,可以根据给定疲劳寿命下零应力均值时的应力幅值 $S_A$、应力均值 $S_M$、疲劳强度 $S_E$ 以及材料的静态极限拉伸强度 $S_u$ 之间的线性关系[式(9.4)]来建立近似疲劳主图。

$$S_A/S_E = 1 - S_M/S_u \qquad (9.4)$$

这个关系式就是著名的修正 Goodman 准则,该公式适用于许多常见的金属材料。而对于复合材料,更多的是用 $S_c$ 代替 $S_u$,$S_c$ 是指定寿命下的最大断裂疲劳强度。然而,该准则对 FRP 材料的适应性研究结果表明,该法则的适用范围有限,对材料疲劳性能的预测精度也较差[22]。

安全寿命设计的一个重要方面是利用损伤累积理论,并基于常规等应力幅值疲劳试验数据来预测疲劳寿命或随机载荷作用下的结构使用寿命。损伤累积理论可以基于损伤和循环率间的假定关系进行分类,最常用的 Palmgren-Miner 理论是线性关系,因此各个应力之间相互独立,且互不相关,该准则通常用于金属结构疲劳寿命的预测。虽然疲劳损伤在 FRP 内的积累是非线性的,也不是应力无关的,但是这个线性法则能够对 FRP 层合板在多应力水平下的疲劳试验给出合理的结果:

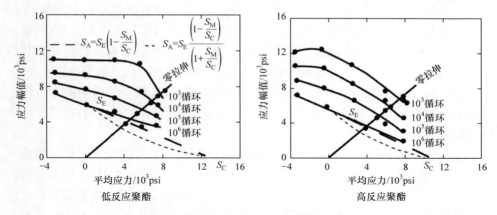

图 9.7 短切纤维树脂基层合板疲劳主图

$$\Delta = \sum_i n_i / N_i \tag{9.5}$$

式中，$n_i$ 是当前载荷幅值下的循环载荷次数；$N_i$ 是对应于当前载荷水平 $\sigma_i$ 下的交变载荷次数，求和是指所有载荷幅值下引起的疲劳损伤的叠加；$\Delta$ 是一个常数（临界损伤值），当材料失效时 $\Delta$ 略微小于标准值。另外，有文献还提出了以下非线性损伤准则：

$$\Delta = \sum_i \{ A(n_i / N_i) - B(n_i / N_i)^2 \} \tag{9.6}$$

式中，$A$ 和 $B$ 为材料常数；$\Delta$ 在失效时等于标准值[7]。

相同形式的累积损伤表达式也与纤维初始脱胶、基体开裂以及剩余强度的降低有关。

裂纹的起始判断采用断裂力学方法进行分析，一般采用 Paris 能量准则，认为裂纹增长率 $da/dN$ 为应力集中因子 $\Delta K$ 的函数，即

$$da/dN = C(\Delta K)^m \tag{9.7}$$

这样就建立了 $\log(\Delta K)$ 与给定裂纹增长数量的载荷次数或与失效载荷次数之间的线性关系。但是精确定义裂纹长度，仍然是有待解决的问题。

## 9.6 结 构 疲 劳

疲劳数据通常是指复合材料层合板的疲劳性能。然而，就结构整体和局部细节而言，在高应力集中区或凹槽、连接等部位，出现疲劳失效的风险更大。

大尺度试件疲劳试验和玻璃钢船的使用经验表明，包括应力集中点，如开孔和舱口角隅处，易产生基体开裂和纤维脱胶等引起的疲劳损伤，但一般会保持在有限的局部区域内，对结构整体的疲劳性能影响可以忽略不计[10,23]。

　　疲劳在结构连接区域更容易引起严重问题,这是由于在连接结构中,整个黏结界面上没有连续承载的纤维,同时层间拉伸和剪切强度较低以及几何连接、黏结缺陷等不可避免地会出现应力集中。在许多情况下,层合板表面垂向载荷的存在将加剧结构的连接强度问题。纯理论地预测连接结构的强度,几乎是不可能完成的。因此,必须结合试验测试,开发一种高效的设计方法,该方法应该包括所有重要连接接头的完整测试结果,以有效评估其静态强度和疲劳强度。对此,目前几乎还未进行任何有效工作。

　　最后,讨论三明治夹层结构的疲劳性能。三明治夹层结构由不同材料构成其表层和芯材,然后通过各种胶结形式将它们组合在一起,并承受各种不同类型的载荷作用。通常情况下,弯曲载荷对三明治结构的面板起主导作用,这就导致其表层将承受拉伸或压缩应力,而芯材和黏结界面将主要承受剪力。因此,对于三明治平板结构,除了 FRP 层合板的疲劳性能,芯材的疲劳强度也是非常重要的。

　　图 9.8 是三明治夹层结构在正常疲劳载荷和砰击疲劳载荷作用下,通过四点弯曲试验时得到的结果[24]。试验过程中可以观察到幅值增长很小但连续的挠度变化。在大部分的疲劳周期内,三明治夹层结构的刚度基本保持常数。仅在失效前才发生刚度的改变,并可以观察到芯材的剪切大变形。如果用芯材的准静态屈服强度将疲劳测试数据标准化,所有的数据就可以通过线性-对数图上的一条线来描述。芯材在剪切载荷作用下的疲劳强度和静强度均与泡沫密度有关。

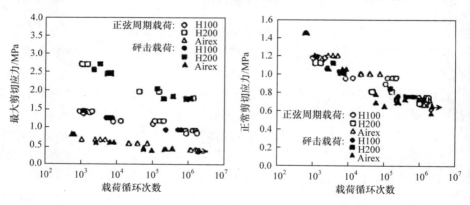

图 9.8　三明治夹层梁在正弦砰击载荷作用下应力-寿命曲线

# 9.7　结　　论

　　为了更好地进行设计,目前已经开发了很多描述复合材料疲劳强度的理论和方法。然而,一方面鉴于这些理论应用的广泛性以及海洋工程结构复合材料应用的多样性;另一方面,由于这些理论存在局限性,通过它们对给定复合材料疲劳寿命的计算结果仅能作为初步参考。而决定备选层合板或结构疲劳性能的最佳方法还是疲劳试验，并可获得一些附加信息。虽然以目前的分析技术水平还难以对FRP 层合板的疲劳寿命进行精确预测，但一些相关材料性能参数还是可以从现有书籍刊物中查阅得到。

　　在使用这些数据时，必须注意试样的特殊性和试验条件以及在产品生产和试件试验过程中的所有影响参数。只有清楚掌握所有试验测试影响参数的规律后，才能确保所进行的比较分析和性能预测结果合理可信。

## 参 考 文 献

[1] Almar-Naess A. Fatigue Handbook-Offshore Steel Structures[M]. Trondheim: Tapir Publishers, 1985.

[2] Maddox S J. Fatigue Strength Of Welded Structures[M]. Cambridge: Abington Publishing, 1991.

[3] Dew-Hughes D, Way J L. Fatigue of fibre-reinforced plastics: A review[J]. Composites, 1973 (7): 167-173.

[4] Harris B. Fatigue and accumulation of damage in reinforced plastics[J]. Composites, 1977 (10): 214-220.

[5] Reifsnider K. Fatigue behaviour of composite materials[J]. International Journal of Fracture, 1980(16): 563-583.

[6] Talreja R. Fatigue of Composite Materials[M]. Lancaster Pennsylvania: Technomic Publishing, 1987.

[7] Owen M J, Howe R J. The accumulation of damage in a glass-reinforced plastic under tensile and fatigue loading[J]. Applied Physics Letters, 1972(5): 1637-1649.

[8] Owen M J, Smith T R, Dukes R. Fatigue of glass-reinforced plastics with special reference to fatigue[J]. Plastics & Polymers, 1969(6): 227-233.

[9] Malmo J. Fatigue properties of glass fibre reinforced polyester[C]//Proc. Symp. Use of Reinforced Plastics in the Petroleum Industry, The French Petroleum Institute, Paris, 1978.

[10] Smith C S. Design of Marine Structures in Composite Materials[M]. London: Elsevier Science Publishers, 1990.

[11] Agarwal B D, Broutman L J. Analysis and Performance of Fiber Composites[M]. New York: Wiley, 1980.

[12] Boiler K H. Fatigue characteristics of RP laminates subjected to axial loading[J]. Modern Plastics, 1964(41): 145.

[13] Howe R J, Owen M J. Cumulative damage in choped strand mat/polyester resin laminates [C]//Proc. 8th Intl. Reinf. PL Congr. BPF, London, 1972.

[14] Greene E. Marine Composites: Investigations of Fiberglass Reinforced Plastics in Marine Structures[R]. Ship Struct. Cttee., USCG, Rep. SSC-360, September 1990.

［15］Burrel,et al. Cycle test evaluation of various polyester types and a mathematical model for projecting flexural fatigue endurance［C］//Proc. 41st Annual Conf. Society of the Plastics Industry,1986.

［16］Konur O,Mathews L. Effect of the properties of the constituents on the fatigue performance of composites: a review［J］. Composites,1989,20(4):317-328.

［17］Schiitz D,Gerharz J J. Fatigue strength of a fibre-reinforced material［J］. Composites,1977, 8(5):245-250.

［18］Am. Soc. Metals,Metals Park. Engineers Guide to Composite Materials［M］. Ohio,1987.

［19］Owen M J,Griffith J R. Evaluation of biaxial stress failure surfaces for a glass fabric reinforced polyester resin under static and fatigue loading［J］. Journal of Materials Science,1978 (13):1521-1537.

［20］Mc Garry,et al. Marine Environment Effects on Fatigue Crack Propagations in GRP Laminates for Hull Construction［R］. Report No. MITSG 73-16,MIT,Boston,1973.

［21］Dixon R H,Ramsey B W,Usher D J. Design and build of the hull of HMS wilton［C］// Proc. Intl. Symp. GRP Ship Construction,RINA,London,October 1972.

［22］Smith T R,Owen M J. Fatigue Properties of RP［J］. Mod. PL,1969(4):124-132.

［23］Report of Cttee. III. 2,Non-ferrous and composite structures［C］//Proc. 9th Intl. Ship Struct. Cong. ,Santa Margherita,September 1985.

［24］Bergan P G,Buene L,Ecktermeyer A. Assessment of FRP sandwich structures for marine applications［C］//Proc. Charles Smith Memorial Conf. Recent Developments in Structural Research,DRA,Dunfermline,Scotland,July 1992.

# 第 10 章　复合材料在海洋工程结构中的应用

## 10.1　背　　景

采用复合材料可大幅减轻海洋平台的结构重量,降低安装施工及全寿命周期维修费用。尽管目前在工程上大规模应用还存在一些问题。但事实上,海洋平台中 FRP 已经在一定程度上得到了应用,而且人们对其更广泛的应用也越来越感兴趣。

由于缺乏相对完善的设计标准体系,复合材料在海洋工程及其他结构物承载部件中的应用是受到一定程度限制的。近些年,一些合作项目已经相继启动,以试图改变这种状态,并已经获取了有益的经验积累。

复合材料应用的主要障碍在于其易燃性。对复合材料燃烧性能的量化测试结果表明,尽管树脂基体是潜在的可燃物,但是复合材料本身表现出一些有趣且有用的防火性能。其中最重要的是特定环境下复合材料的低燃烧速率和低热传导特性,这些特性使得复合材料已在某些管路和平板工程中得以利用。

大型复合材料结构的应用还受到制造工艺的限制。海洋工程结构物中的很多构件尺寸都大于其他工程领域,但与金属结构不同,复合材料结构的成型工艺目前还不太适用于大型结构物的建造。尽管有多种工艺可用于制造复合材料结构,但是其中只有接触浇铸成型、树脂传递模塑成型、挤压成型和纤维缠绕成型四种方法,才有可能高效制造出大型复合材料结构。

近些年来,为解决上述问题,很多相关项目及研究工作已经展开[1~7]。FRP 应用前景主要包括以下几个领域:消防水管和其他水管系统,通道和铺板,承载和部分承载的墙面及铺板,尤其是那些具有爆炸防护和防火要求的结构。

表 10.1 列出了一些目前已在海洋工程结构物中应用的 FRP 结构实例。其中,很多具体应用都表明,考虑到全寿命周期等相关因素,复合材料的应用设计能够满足所有必需的性能要求。同时,复合材料结构还在减轻重量,保证安全以及改善可靠性等方面极具优势。

表 10.1　海洋工程中复合材料应用现状

| | |
|---|---|
| 防火嵌板 | 管件修整 |
| 水管路系统 | 防腐蚀 |
| 通道和地板 | J-导管 |
| 隔离墙 | 保护性外套 |
| 水柜和容器 | 救生艇 |
| 电缆梯和电缆托架 | 浮标和漂浮物 |
| 箱子、外壳和遮蔽物 | 紧急关闭阀 |

复合材料还将在承载结构中得到更为广泛的应用。据文献[8]报道,复合材料结构现已应用于高压管路工程、系缆装置、立管、管道系统、核心样管和钻管等结构。GRP 也已被考虑应用于防腐蚀和防火的外包装材料。随着制造技术的高速发展,最终 GRP 将极有可能成为制造大型结构件的原材料。

# 10.2　材料选型

对于不熟悉复合材料的设计者,在开始设计工作时,所面临的第一个问题就是如何从不同类型的增强材料和树脂材料中做出正确的选择。

## 10.2.1　增强纤维

对于海洋工程领域,选材的问题并不突出。因为原材料价格的限制,价格较高的高性能碳纤维和芳纶纤维一般不会得到关注。对结构重量的考虑主要依靠玻璃纤维,GRP 能够以单向纤维、织物和毡垫等各种形式得以应用。当然,在一些特殊的局部区域使用高性能纤维以获得最佳效率的做法也是可取的(例如,芳纶、碳纤维和 S-玻璃纤维混杂的复合材料已用于立管制造)[8],但是现在玻璃纤维仍然是海洋工程领域复合材料结构的主要增强纤维种类。

海洋工程结构物材料选型的关键性能参数如图 10.1 和图 10.2 所示。工程材料在考虑重量标准时,经常基于比强度(单位质量强度,表示为极限拉伸强度除以密度)和比模量(单位质量模量:杨氏模量除以密度)的对比[9,10]。图 10.1 对比了各种形式的 FRP、结构钢和铝合金的性能。可以看出,所有的这些复合材料都表现出优于金属的比强度特性,但只有那些价格高昂的高性能复合材料能够在比刚度方面优于金属材料。

当然,对大型结构物而言,材料成本也是非常重要的考虑因素。图 10.2 给出了材料的单位强度成本(极限拉伸强度除以体积成本)和单位刚度成本(模量除以体积成本)。从刚度成本标准来看,没有复合材料能够优于钢材和铝合金,而从强

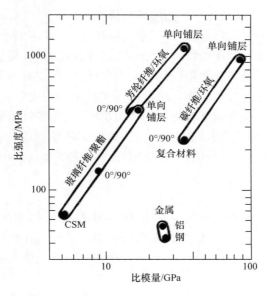

图 10.1　常用工程材料比强度与比模量对比

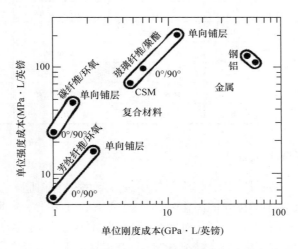

图 10.2　常用工程材料单位强度与单位刚度成本对比

度成本标准来看,也只有玻璃纤维复合材料能够比得上钢材和铝合金。因此,对于承载结构和板材结构的建造,玻璃钢要比碳纤维和芳纶复合材料更受青睐。也正是基于这个原因,目前大多数涉及海洋工程产业的研究项目更关注 GRP,而不是那些更为先进的复合材料种类。应该注意,图 10.2 的对比是以原材料成本为基础的,如果计入结构安装成本(或全寿命成本),GRP 的优势将更加明显。

　　由图 10.1 和图 10.2 可知,通过合理裁剪和铺设工艺设计控制增强纤维的方向和力学性能,使复合材料更好地适应结构应用需求是可以实现的。正如 10.2.1 节所讨论的那样,玻璃纤维可用于加工单向粗纱、机织物(从单向粗纱中提取的)和随机毡垫等一些能够包含不连续材料(短切毡)或连续材料(旋涡垫)的许多形式。因为加工条件改变纤维含量的程度是非常有限的,所以复合材料的纤维体积分数主要取决于纤维种类的选择。为了增大海洋工程结构的力学性能和耐火性能,应尽可能采用高纤维体积分数复合材料。单向粗纱(应用于纤维缠绕管道和拉挤成形)具有最高的纤维体积分数,通常为 0.5～0.65。机织物中纤维体积分数通常为 0.4～0.55,随机毡垫具有最低的纤维体积分数,一般为 0.25～0.33。

## 10.2.2　树脂基体

因为树脂基体对于复合材料的偏轴强度、损伤容限、抗腐蚀性、热稳定性等特性具有重要影响,所以树脂基体的选择十分重要。虽然现在热固性树脂的制造工艺还不够成熟,但是表 10.2 仍然给出了五种备选方案,每一种都有其各自的优缺点。

**表 10.2　海洋复合材料结构物中的备选树脂**

| 种类 | 价格/(英镑/t) | 机械强度 | 耐腐蚀性能 | 防火性能 |
|---|---|---|---|---|
| 聚酯类树脂 | 1200～1600 | ★★ | ★★ | ★ |
| 乙烯基酯树脂 | 2200～2600 | ★★★ | ★★★ | ★ |
| 改性丙烯酸树脂 | 2000～3000 | ★★ | ★★ | ★★★ |
| 环氧树脂 | ＞4000 | ★★★★★ | ★★★★★ | ★ |
| 酚醛树脂 | 1300～1700 | ★★ | ★★ | ★★★★★ |

### 1. 不饱和聚酯类树脂

不饱和聚酯类树脂是 GRP 结构中使用最广泛的一种树脂,它最主要的优势,除了价格低廉,还在于其优异的固化特性。通过添加过氧化氢触发自由基硫化反应,可提供一个迅速而可控的固化过程,并且树脂本身就有很长的保质期限,这也使得树脂的制作更加容易。虽然树脂的种类有很多,但是间苯二甲酸树脂具有最佳的合成机械强度和抗海洋环境的性能。此外,间苯二甲酸树脂已经广泛应用于海洋结构物,尤其是已应用于扫雷舰船体与上层建筑的建造。

不饱和聚酯类树脂的显著缺点是其可燃性、毒性和生烟特性。这些缺点将限制其在居住区等一些敏感区域的应用。然而,聚酯层合板在火中的完整性还是比较良好的,其易燃性在某种程度上可以通过掺入添加剂(但可能会增加燃烧物的毒性)来改善。氢氧化铝(ATH)是一种可用于聚酯类树脂的无毒防火添加剂,但是会使树脂黏度增加,从而加大制作难度。一般情况下,设计者会尽可能避免使用有毒防火添加剂。例如,用于猎扫雷舰艇的聚酯类树脂就没有经过防火处理。

### 2. 乙烯酯

乙烯基酯的性质介于聚酯和环氧树脂之间。乙烯酯既保留了聚酯的自由基易固化特性,还具有较好的力学性能,因此常常在具有化学耐久性和环境耐久性等高要求设计时使用。乙烯酯在海洋工程结构物中常用于制造人行过道的拉挤成型格栅铺板、管路以及油罐等。近来,乙烯酯最有意义的应用当属其在重力基础平台油路和压载水系统的大直径纤维缠绕管道工程中的应用[11],这种管道工程设计要求正常使用温度为 40℃ 的油水环境,也可能在短时间上升到 70℃。

### 3. 改性丙烯酸树脂

聚氨酯丙烯酸甲酯树脂固化过程非常短暂,因此在挤压成型加工中备受青睐。树脂基体的低黏性特点允许掺杂大量类似氢氧化铝类的高性能阻燃剂。在拉挤成型工艺中采用改性丙烯酸树脂可以制作耐火材料,而且其综合性能明显优于前面所提到的其他树脂。因此常用于公共交通系统和海底隧道电缆导管之类具有耐火性要求的构件制造。但是,改性丙烯酸树脂与其他所讨论的树脂不同,它仅适用于拉挤成型工艺或是树脂传递模塑成型工艺,而不适用于开模成型制作工艺。

### 4. 环氧树脂

环氧树脂有很多变体,与常用的树脂基复合材料相比,它具有更为优异的界面结合强度、韧性和耐腐蚀性。然而,环氧树脂成本较高,而且制造工艺较上述自由基热固性材料要困难一些。目前,海洋工程结构物中涉及的环氧树脂最重要的应用就是将其应用于纤维缠绕管道工程中。

### 5. 酚醛树脂

酚醛树脂是最古老的合成高分子聚合物。由于其具有良好的热性能和耐火性能,通常应用于传统的铸造用砂胶黏剂以及刹车片制作。与其他热固性树脂不同,酚醛树脂在火中分解,并释放出不良气体,气体成分中含有很高比例的芳香物质,芳香环会逐渐缩合在复合材料的表面,并形成一层坚硬的炭黑。酚醛树脂具有较低的初始可燃性,当它处于火中时,放热量很小,而且产生的烟和有毒物质不多[12]。

传统意义上,酚醛树脂的应用难点在于其固化过程以及交联反应的控制,而且在固化过程中,缩合反应会产生水。当然,现代固化工艺的发展已使酚醛树脂的处理比之前简单了很多。

固化过程中所产生的水将导致层压制品中出现微孔分布,并且可能降低结构力学性能。然而,近来新一代的酚醛层合板研究显示,尽管树脂基体的脆性较大,但是这些复合材料的力学性能和耐久性都比得上那些玻璃纤维/聚酯复合材料。

酚醛树脂的孔洞将导致层合板的水含量高于其他类型层合板,在火焰环境中,较高的含水量会因为汽化过程而导致层合板出现过早的分层。对此,使用特殊的缝合加强面料技术可在较大程度上抑制分层。

尽管酚醛树脂基复合材料构件很难通过拉挤成型来制作,但是随着技术的发展,拉挤成型酚醛塑料也将成为可能。有时酚醛基复合材料是唯一的一种能应用于有特殊防火要求部位的复合材料体系。对外部包覆材料和生活区用材而言,酚醛树脂基复合材料的确是最好的选择。

# 10.3　制作流程和产品

虽然复合材料结构生产制备工艺方法很多,但由于海洋工程领域的结构和部件尺寸远远大于其他工程领域,对生产工艺有着特殊要求。目前,大多数工艺方法主要是针对板壳结构制造,厚度一般为毫米量级。而海洋平台结构中除薄板需求外,还有许多潜在应用需求,如制作更厚的层压板,或复合材料结构部件的组装。因此,只有少数制作工艺方法可满足规模化生产的要求。主要包括:接触式成型,如手工糊制(可用于制作板架和其他形状板材);树脂传递模塑成型(可用于制作板架和其他形状板材);挤压成型(可用于制作型材,结构电缆槽,厚板,平板表层);缠绕成型(可用于制作管路,深海立管,存储箱和容器)。

在不久的将来,这些技术将在构件尺寸、工艺可靠性和经济性方面快速发展,不断提高大型结构制作能力,并降低生产成本。

## 10.3.1　板件的制作

制作大面积厚板件最简单的技术就是用于制作船体内部结构和上层建筑的半自动工艺流程。该工艺流程已应用于英国沃桑船厂的船舶建造工程。在制作过程中,平面复合材料板架和板材可以是加筋结构,也可以是三明治夹层结构。增强纤维通过固定模具铺设,易于操作,且可组装成大型结构件。与金属平板拼接不同的是,复合材料平板结构在最后的组装过程中主要依靠黏结,而非焊接。这种建造方式主要需要大量的模具,可应用于平台结构的建造,包括住舱区等。

20世纪90年代后期,英国沃桑船厂(Vosper Thomycroft)采用聚酯类树脂基体制作了重达30t的耐火板材,主要供应给Amerada Hess用以建造直升机平台,供应给Ivanhoe/Rob Roy用以建造钻探平台住舱区的部分结构。这些板材的拼接安装如图10.3所示。

图 10.3　Amerada Hess 直升机甲板及 Ivanhoe/Rob Roy 平台耐火板材的安装

## 10.3.2　型材和板架的挤压成型

采用玻璃纤维/聚酯类树脂、玻璃纤维/乙烯基酯树脂和玻璃纤维/巴沙木材料体系挤压成型的型材已经开始用于格栅板、过道铺板以及桥面铺板的建造,如图 10.4 所示。这类早期的应用实践可参见 1986 年墨西哥 Shell's Southpass 62 号钻井平台上安装的大面积挤压成型甲板板格。它取代了笨重易腐蚀的钢质甲板结构。此外,前面已有提到,挤压成型型材还可以用于制作电缆托架和电缆管。

图 10.4　Shell 钻井平台挤压成型甲板板格的安装

挤压成型工艺[13]不仅限于单向纤维材料,也适用于毛毡类增强材料。因此,挤压成型的型材能够通过调整性能以满足特殊的使用要求[14]。典型的挤压成型型材往往是单向纤维在中间,而表层采用随机取向的毛毡层。图 10.5 给出了通过变化单向纤维和毛毡层比例对型材弯曲性能进行调整设计的规律和范围[15]。

对于图 10.4 中所应用的挤压成型栅格板,目前最为关心的问题是在物体跌落

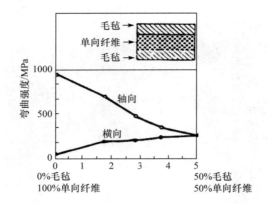

图 10.5　单向纤维和毛毡层比例对挤压成型型材
弯曲强度的影响

和相似冲击载荷作用下的抗冲击能力,研究发现[6],虽然在简单的落锤冲击试验中单一的复合材料往往表现出较为明显的脆性,但是复合材料结构,如格栅板,却能够通过渐近式结构损伤吸收相当多的冲击能量。通过落锤冲击加载速率变化试验研究认为[6],复合材料冲击能量的吸收随冲击载荷速率的增加而增加。因此,如果需要针对复合材料结构的耐冲击性能进行保守设计,那么完全可以通过进行准静态试验研究加以评估。

挤压成型工艺不仅适用于紧凑型芯材结构的制作,同样也适用于板架或其他类似构件的制备,目前构件宽度的限制为 1m。

### 10.3.3　FRP 管件

粗纱缠绕成型工艺,是将单向纤维以一定角度缠绕在一个芯件或芯轴上,主要用于制作管件和其他产品。这种工艺非常具有发展潜力,目前在化学工业领域已用于制作大尺寸容器,直径可达数米。在海洋结构物制造领域,主要应用对象是消防管道系统(压力可达到 10 个大气压①)和其他的水管路系统。目前复合材料管件应用最为广泛的组装方式是胶接连接。

目前有几个公司正在承担 GRP 管件和容器的开发,主要关注玻璃纤维/环氧体系的缠绕工艺。

以下关于 GRP 管路的使用经验主要来自几个分布于墨西哥湾和非洲沿海地区的海洋平台。图 10.6 就是 Elf 公司安装在刚果 Tchibouela 海洋平台消防水管路系统的局部状态。

目前缠绕件的使用主要集中于低压水管路系统,但更为苛刻的使用要求正逐

①　1 个大气压为 101.325kPa。

图 10.6　刚果 Elf Tchibouela 海洋平台消防水管系统

步提出。近来在海洋结构的使用中,已成功通过了在油舱上使用缠绕全 GRP 管件的试验,主要包括舱底压载水舱管路[16]和暴露于甲板的管路系统[17]。GRP 在这两种应用中的表现都非常好。此外,当这种管件充满水时,还表现出良好的耐火性能[18,19,3]。当然在使用之前,大多数情况下,按要求消防管路内应该是无水的,那么此时为了满足使用要求,可以通过各种黏性胶状涂层来满足耐火要求。GRP 管件在船舶上的应用状态和相关规范略微领先于海洋平台:IMO 规范中关于 GRP 管件的使用条例可参见文献[19]。

随着使用经验的积累,相关技术已经从化工领域转移出来,GRP 管件目前已经得到广泛应用,预期进一步的应用将主要针对流体物质和水管路系统的建造。聚酯树脂体系的性能,目前已在其他工程领域得到广泛认可,例如,乙烯基酯树脂正被用于以 the Shell Draugen 设备为基础的大直径管道工程[11]。

复合材料的应用在许多北海产油区已列入改造革新工程中。由于复合材料的实用性,批准程序已变得非常简单。最典型的情况就是在挪威海区,FRP 消防管路作为革新应用技术的重要组成部分,已经被纳入 Valhall 工程。

参与这项工作的主要包含四家石油公司,分别是阿莫科(Amoco)、康洛克(Conoco)、壳牌(Shell)和挪威国家石油公司(Statoil),FRP 管路已明确将用于取代传统钢质消防管路系统[20]。部分排水系统属于干管类型,不使用时,一般处于空管状态。通过对火灾环境的综合分析,本书认为最为恶劣的状态是空管部分暴露在爆炸冲击波载荷作用环境下,随后管道处于火灾环境之中长达 5min,

直至管中注满 10bar 的水(此时,处于工作状态的消防管路的工作温度将下降到
650℃以下)。对此状态进行试验测试时,其试验程序包括:首先让管路承受等
效冲击波压力载荷,然后再进行喷射烃火和池火试验。结果显示,GRP 管路采
用增加钝化防火保护层以后完全能够胜任,且相对于金属管路系统更具有安全
性和可靠性。

最后,希望在不断的试验验证、技术方案改进以及安全规范调整的基础上,
GRP 消防管路系统能够在北海采油区平台建设中得到广泛使用。

# 10.4　复合材料结构的耐火特性

毋庸置疑,可燃性是有机化合物树脂基体材料的固有特性。但长期以来,人们
还是致力于开发具有优良耐火特性的聚合物树脂基复合材料结构,尤其是大厚度
型材。例如,从早期 GRP 结构在猎扫雷舰艇上的使用情况来看,低热导率材料(低
于钢的 1/200)可以有效地抑制火焰的蔓延,并且玻璃纤维含量高的编织型厚层合
板在火灾环境中能够保持可观的结构完整性。最早利用复合材料这种特性的典型
事例是英国沃桑船厂所生产的耐火板材,如图 10.3 所示。

海洋技术项目第一阶段的主要目的是探讨树脂基复合材料的耐火性[6]。所选
用的四种备选树脂体系都符合低压模塑成型工艺处理要求,分别为聚酯类树脂、乙
烯基酯树脂、环氧树脂和酚醛树脂。所选用树脂材料的牌号信息见表 10.3。开展
大范围的类比试验可为备选体系的选型提供依据。此外,该阶段的另一个目的就
是要衡量材料的几何尺寸(厚度)对其耐火性的影响,即厚度效应问题。针对此开
展的对比试验工作主要通过两种技术途径完成,所获得的一些结论和简要分析将
在下面给出。

**表 10.3　西北海洋技术项目耐火性评估材料牌号**

| 增强材料 | 树脂 | |
|---|---|---|
| OCF 玻纤方格织物 | 聚酯类树脂 | DSM Stypol 73/2785 |
| | 乙烯基酯树脂 | DSM Atlac 580/05 |
| | 环氧树脂 | Ciba Geigy Araldite LY1927/HY1927 |
| | 酚醛树脂 | BP Cellobond J2018/L+Phencat 10 hardener |

## 10.4.1　耐火性特点

1. NBS 锥形热量计

热释放率是衡量材料耐火性最重要的技术指标之一,在特定试验条件下,它可

以作为评价火源释放能量大小和快慢的关键指标。直到最近人们才发现,受试验随机性的影响,采用量热法测量热释放率的精确度远远不够,而锥形量热计法能够很好地弥补其不足,是目前较为成熟的量热仪器,测试原理如图 10.7 所示。锥形量热计测量热释放率所采用的是一种间接测量原理。Hume[21] 曾简要叙述了该技术在确定海洋工程复合材料树脂耐火性中的应用。

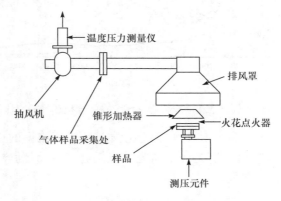

图 10.7　NBS 锥形热量计测试原理图

　　锥形量热计法根据经验法则"耗氧原理"来测定热释放率。该法则认为对大多数材料来说,火焰的热释放率和耗氧率一致。那么通过测量仪器排气口处的氧浓度就可以得出试件的热释放率,而且测量精度要高于之前的直接测量法。

　　通过调整热量计陶瓷头吸收热量的大小,可得出特定类型火焰的发光特性。锥形量热计不仅可以测量氧浓度,还可以测量有害气体($CO$、$CO_2$)的浓度以及烟尘密度。关于锥形热量计的详细介绍可参见 ISO DIS 5660。但是,在对复合材料试板进行试验时,由于燃烧的气态产物会首先从板边缘溢出,所以应对试件边缘进行预处理,通过相应的调整以减小测试误差。

　　图 10.8 所示分别为聚酯类树脂、环氧树脂和酚醛树脂基体典型层合板热释放率的比较结果。由于乙烯基酯树脂性能与聚酯类树脂类似,所以在图中没有给出。由图可知,由于树脂在层合板表面燃烧,聚酯和环氧的预热时间很短,随后热释放率快速增长。随着层合板表面树脂燃烧殆尽,热释放率迅速降低至一个很低的水平。但是在此之前,由于层合板内部受热,会分解出大量气态产物,气态产物的燃烧将会导致更多宽峰分布特征的出现。大多数热固性树脂基复合材料都具有此特性。

　　与聚酯和环氧体系相比,酚醛树脂基层合板的耐火性有很大差异。不仅点燃时间要比其他树脂体系长,而且热释放率峰值和整体的热释放率水平都很低。

　　图 10.9 为几种典型树脂体系的热释放率峰值、烟尘密度和辐照度的函数关系。同样,酚醛树脂层合板与其他体系层合板也存在本质上的差异。应注意,实际

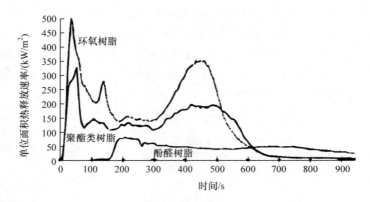

图 10.8　聚酯类树脂、环氧树脂和酚醛树脂基体织物层合板热释放率比较(6 层,约 3mm)

碳氢化合物燃烧时,火焰发光亮度水平要比锥形量热计测得的更高,可能会达到 $200kW/m^2$ 量级。该特性一直是一个研究热点问题。然而,随着火焰发光亮度的增长,热释放率将趋于常数。

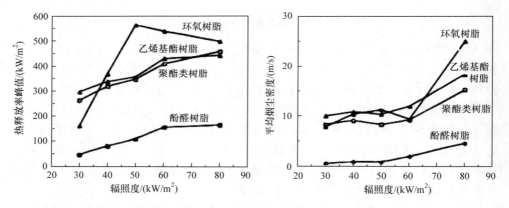

图 10.9　聚酯类树脂、乙烯基酯树脂、环氧树脂、酚醛树脂体系热释放率峰值、烟尘密度和
辐照度关系曲线(6 层,约 3mm)

　　图 10.10 给出了四种不同树脂基玻璃纤维织物增强层合板(0～21mm 厚)耐火性厚度效应的试验结果。由图可知,随着层合板厚度的增加,热释放率峰值将下降至比薄板热释放率峰值还要低的水平。因此,为了充分利用厚度效应,建议层合板厚度大于 8mm。

　　综上所述,锥形量热计法试验结果表明,无论从热辐射还是从烟尘密度角度考虑,酚醛类树脂的耐火性均优于其他类树脂,而厚度效应则是复合材料结构耐火性设计的重要途径之一。

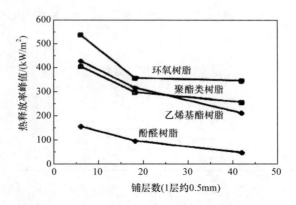

图 10.10　辐照度 60kW/m² 时,玻纤织物热释放率峰值与铺层厚度关系曲线

### 2. 燃烧室试验

一般情况下,还可通过燃烧室试验对常规材料的耐火性进行评估。通常可通过两类测试完成:一类是大规模仿真试验,要求试件尺寸为 3m×3m;另一类是相对常规的原理性试验,试件尺寸要求为 1.2m×1.2m(详见 BS476,第 20～22 节)。在两类测试过程中,燃烧室内的升温应该按照图 10.11 进行控制,符合 BS476 规范的升温曲线要求,或采用更为严格的 NPD 烃火升温曲线。

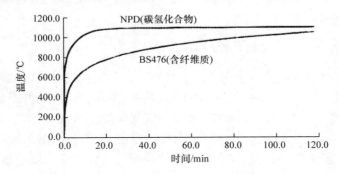

图 10.11　NPD 烃火升温曲线与 BS476 规范升温曲线

由表 10.4 可知,厚板在火中能够很好地保持结构的完整性:如果按照 BS476 规范要求的升温试验曲线条件进行,所有板的烧穿都需要几个小时以上。至于在要求更为苛刻的 NPD 烃火曲线条件下进行试验,尽管其中的酚醛树脂基复合材料试板能够多坚持一段时间(1h 左右),但烧穿时间还是大幅度减少了。层合板的烧穿是一个渐变过程,一般表面树脂首先燃尽,然后是玻纤织物层内的树脂,直至最后完全分解。

**表 10.4　9mm 厚织物粗纱层合板在验证性防火试验中的耐火性能**

| 树脂类型 | | 烧穿时间/min | 升温至 160℃时间/min |
|---|---|---|---|
| 聚酯类树脂 | Cellulosic 曲线 | 182 | 28 |
| | NPD 曲线 | 38 | 15 |
| 乙烯基树脂 | Cellulosic 曲线 | 175 | 20 |
| 环氧树脂 | Cellulosic 曲线 | 194 | 23 |
| 酚醛树脂 | Cellulosic 曲线 | 110 | 33 |
| | NPD 曲线 | 72 | 18 |

当采用燃烧室试验进行测定时,复合材料板的耐火性,可根据板冷面平均温度上升到 160℃(或局部热点达到 170℃)的时间来确定。几种典型树脂体系层合板的耐火时间测试结果如表 10.4 所示。与预期一样,耐火时间将明显低于烧穿时间。应该注意,层合板的烧穿时间较长并不完全是由树脂所决定的。虽然酚醛树脂在用锥形量热计测定热释放率和 NPD 试验中都表现出非常好的耐火性能(热释放率很低,烟雾和有毒气体性能也较佳),但在燃烧室试验中并没有得到很明显的体现。事实上,目前以上四种典型树脂体系都已通过采用厚板形式在船舶工程以及其他领域中的结构热防护设计中得到应用。

在海洋结构物设计领域,复合材料平板构件将需要达到严格的 H60 或 H120 设计标准,即要求在 NPD 试验中能承受 60min 和 120min 以上。对此,将对如何实现该标准加以讨论。

3. 复合材料结构燃烧室试验的局限性

必须清楚燃烧室试验方法用于复合材料结构可燃性测试时的局限性。首先,该试验方法最初是针对不可燃材料提出的;其次,要达到规定的升温速率要求,必须确保燃烧室始终处于耗氧环境中,那么燃烧气体和空气混合比例的控制就非常重要;此外,与实际烃火相比,炉内环境会更加稳定,各种干扰会更少。

作为燃烧室试验的替代试验,池火试验和喷射火试验都是复合材料结构耐火性试验的主要方法,试验结果具有一定的说服力。然而,每种试验方法都有其不足之处,例如,池火试验受试验环境因素影响很大,而喷射火试验成本较高。为了进一步开展材料的耐火特性试验研究,作为海洋技术项目第二阶段工作的部分内容,池火试验设施和改进的燃烧室试验设施目前均已在索尔福德(Salford)大学建设完毕[7]。值得注意的是,改进的燃烧室试验设施安装了内部喷火设备,使得传统燃烧室试验中也融合了池火试验的部分特点。

## 10.4.2　耐火特性影响因素

综合前面试验结果,对影响厚复合材料层合板烧穿时间的主要因素进行总结,主要包括以下内容：

（1）层合板的热传导性能。FRP 的热传导性能和热扩散性比钢材低很多，是重要因素。但是层合板燃烧不稳定状态的热响应仿真结果表明，这并不是唯一的影响因素。

（2）残余纤维的热传导性能。当树脂耗损完后，增强纤维会残留在层合板表层区域，其热传导性能较完整层合板更低。数值仿真结果显示这也会产生一定影响。而且，这些残留在平板表面的增强纤维（如附加的硅或陶瓷纤维层）有助于提升层合板的耐火性。

（3）分解、汽化条件下的恒温性。树脂的分解过程以及分解产物的汽化过程都会吸收层合板内的热量。而层合板内的水分也会吸收一部分热量。

（4）挥发物质的对流作用。汽化产物穿过层合板流向热表面时会产生冷却效应。此外，当汽化产物到达层合板表面时，会形成一层热保护层。尽管这些挥发物质是可燃的，但相对于已经在火中产生的热释放，其作用是微不足道的。

### 10.4.3　夹层结构耐火特性

三明治夹层结构是复合材料板材的一种常规和高效结构形式方案。当采用夹层板材时，芯材和表面蒙皮都应具有抵抗爆炸冲击和火灾的能力。一般情况下，结构抵抗爆炸冲击作用时需要能承受与爆炸冲击波类似的均压分布载荷作用。现有安全储备值偏小，通常取 0.5bar(50kPa) 作为平板的超压载荷设计值，实际上结构应能承受 1bar（100kPa）的均布超压。无论取 0.5bar（50kPa），还是 1bar（100kPa），设置安全储备都是必要的。而且目前比较公认的是，虽然爆炸冲击波能够产生很高的瞬态压力，但不会超过 1bar(100kPa)超压均布载荷的等效作用。

图 10.12 为典型钢质防爆墙结构和两种典型复合材料夹层结构方案的对比。对于钢质防爆结构，单层波纹结构是主要抗冲击吸能部件，其背侧通过陶瓷棉绝缘层保护。与之不同的是，复合材料夹层结构主要依靠防火芯材提高其耐火性。需要特别注意的是，当进行芯材选型时，目前夹层结构的很多常用芯材，如聚酯泡沫，其耐火性能较差。陶瓷具有绝佳的隔热性能，但易碎，且不具备稳定的结构性。如图 10.12 给出了两种可能的夹层结构芯材结构设计方案：①轻质非结构陶瓷隔热芯材；②结构芯材。

结构方案①中含有目前已在钢质防火板和轻型耐火砖中得到应用的陶瓷绝缘层。由于这种芯材没有稳定结构，所以必须要在板的结构中增加额外的加强构件，以抵抗剪切或其他载荷的作用。挤压成型的 FRP 和金属材料都是采用这种方法来提高结构刚度的。

而对于结构方案②，一种可能就是沿用耐火性一般的常规芯材。采用这种结构形式的板材所用芯材大部分是巴沙木。由于巴沙木类的芯材热导率低，所以具

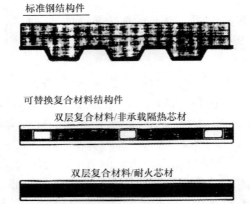

标准钢结构件

可替换复合材料结构件
*双层复合材料/非承载隔热芯材*

*双层复合材料/耐火芯材*

图 10.12　典型钢质防爆墙结构和两种典型复合材料夹层结构方案对比

有较好的耐火性。FRP 舱壁板中通常铺设一层巴沙木类芯材以提高耐火能力。这种结构形式既有良好的力学性能,也能一定程度上抵抗烃火的毁伤作用。

　　另一种可能就是采用强度高的陶瓷芯材或难熔芯材。目前可供选择的有压缩陶瓷和黏性板材,如 Cape 公司生产的"Vermiculux"防火材料。除了结构性能,这类芯材的耐火性也很好。不足之处就是密度大。近几年,一些酚醛基芯材专利产品已经逐步成熟,密度远小于陶瓷板。

### 10.4.4　双层板材的防火特性

　　海洋技术项目的第一阶段计划针对三明治夹层复合材料结构的防火性能开展一些基础性研究工作。图 10.13 是试验中所采用的具有不同芯材的两种结构形式的板材(分别对应中的结构方案①和结构方案②)。夹层板中所用芯材分别是陶瓷棉毛毡和巴沙木。在结构方案①下,需要将挤压成型的型材与板材胶接在一起以保证完整性。

　　试验中还检测了另一种设计方案,即在板内设置两层硅石织物。硅石织物主要是为了提高加强材的完整性,尤其是用于树脂消耗完之后保障结构的承载能力。针对该方案的板材按照烃火曲线加热方式来进行小尺度耐火模型试验。

　　试验中面板不同位置处对应不同的材料组合,面板中各个区域背面温度分布情况如图 10.14 所示。由图可知,试验中所有材料组合的耐火能力均达到了 60min,陶瓷芯材的耐火时间甚至达到了 120min。采用硅土织物的部位也表现出良好的耐火性。

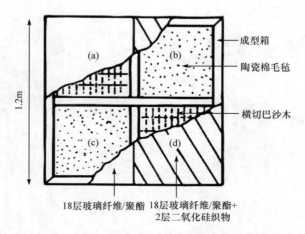

图 10.13　防火测试评估中不同类型夹层板和芯材组成的防火板试件

(a)玻璃纤维/聚酯表层＋横切巴沙木芯材；(b)玻璃纤维/聚酯加硅织物表层＋陶瓷棉毛毡芯材；
(c)玻璃纤维/聚酯表层＋陶瓷棉毛毡芯材；(d)玻璃纤维/聚酯加硅织物表层＋横切巴沙木芯材

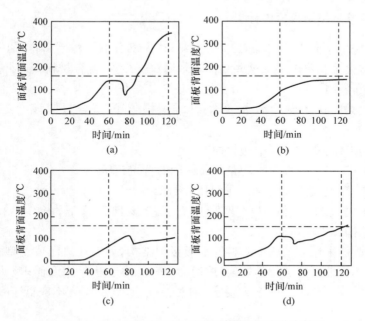

图 10.14　耐火测试中面板不同区域背面温度分布情况

图 10.15 是一个紧急关闭阀(ESDV)防护箱,为达到抗爆和防火要求,采用双表层复合材料板结构设计。在该结构方案中,层间铺设的均匀芯材与上述相似,表层采用挤压成型工艺制作。

图 10.15　采用双表层复合材料板结构设计的 ESDV 抗爆防火防护箱

### 10.4.5　双层抗爆防火板设计

目前,为了达到 H60 和 H120 防火要求,大部分的海洋平台都采用了数以吨计的钢质防火墙和包敷层。这些结构若采用双层 GRP 复合材料板进行重新设计,将有效地减轻重量。

基于此类面板的设计需求,玻璃纤维织物/聚酯层合板应该满足以下设计要求:

边界约束,跨距为 2.5m,边界简支。

抗爆要求,可承受等效于均布载荷作用的特定超压。

防火要求,面板必须能够达到 H120 要求。

材料数据,玻璃纤维织物/聚酯层合板应该具备以下性能:①拉伸强度:280MPa;②杨氏模量:18GPa。

一般来说,采用非结构型芯材的平板板架结构,如胶接挤压成型型材,相对于采用如 10.4.4 节所述芯材的板架,重量会更轻。对于以陶瓷纤维织物为芯材的结构,为了能够达到 H120 的耐火要求,通常情况下,表层厚度不应低于 9mm,芯材厚度也不应低于 35mm。

按照第一个力学性能指标的要求,爆炸载荷作用下单位宽度的最大弯矩为

$$M_{max} = PL^2/8 \qquad\qquad (10.1)$$

式中,$P$ 为超压值;$L$ 为跨距。

考虑到平板弯矩载荷主要由表层承担,那么爆炸载荷作用下,单位宽度弯矩可由表层应力 $\sigma$ 表示为

$$M=\sigma th \tag{10.2}$$

式中,$t$ 和 $h$ 分别为上下表层厚度及其距中心面的距离。当表层厚度 $t$ 相对于 $h$ 较小时,该公式的计算精度足够满足要求。将式(10.1)和式(10.2)联立,可得

$$P=8\sigma_{max}th/L^2 \tag{10.3}$$

式(10.3)中,许用应力取 280MPa;面板($t=9mm,h=44mm$)耐火超压载荷取 1.42bar。对于此类平板来说,1.42bar 大小的超压载荷已经超出设计要求,就算达到 H120 标准的面板也承受不住。

拉压成型的增强结构间会产生周期性屈曲,在进行非结构芯材设计时,表层要避免受到此影响而过早产生压缩失稳现象。Roark[22] 给出了边缘约束板架的临界屈曲失稳应力公式为

$$\sigma_{max}=KE(t/b)^2/(1-\nu^2) \tag{10.4}$$

式中,$E$ 为杨氏模量;$\nu$ 为泊松比;$b$ 为约束间距。对于 $L/b>3$ 的板架,Roark 根据其黏合而成的内部构件所产生的约束类型,取 $K=5.73$。

由式(10.4),根据材料的许用应力 280MPa,可求出支撑边界间距与表层厚度的比值。假设泊松比为 0.3,则 $b/t=20.1$(Smith[23] 探讨了更大尺度的 FRP 面板屈曲失稳的影响因素)。事实上,在面板的实际设计过程中,由于平板的最大应力 280MPa 已经超过了爆炸载荷的设计要求,通常会采用更大的比值以减轻重量。

板材表层厚度 9mm;芯材采用高岭棉(用高岭土制成的耐火纤维),厚度为 35mm;截面形状为矩形的拉压成型构件作为其内部加强筋等间距布放,间距为 200mm。按照这种形式设计,整块板面密度只有 42kg/m²。而对同等性能的钢质结构来说,其面密度最少为 55kg/m²。

# 10.5　结　　论

复合材料对改善管路系统的可靠性、提高防火板材的耐火性具有重要作用,同时为其在海洋结构物中的广泛应用奠定了良好基础。然而,关于复合材料结构的不利影响、设计程序的不健全、制作工艺的限制以及有效防火性能数据的不足等问题依然存在。

结构设计阶段,可充分利用阻燃芯材的厚度效应来提高双层板的防火性能。在这种结构中,复合材料蒙皮提供了初始的抗机械冲击性能、抗爆能力以及防火性能,阻燃芯材提供更进一步的防火保护以保证达到所需的防火等级。这类结构较相同性能的钢质结构更轻。

# 10.6 致　谢

作为海洋技术项目纤维增强复合材料在海洋工程结构中高效应用课题的参与者,十分感谢赞助人对本项目的支持,以及各机构对研究成果发表的许可,分别有 Admiraly Research Establishment、AGIP（UK）、Amoco Research、Balmoral Group、BP Exploration、BP Research、British Gas、Ciba-Geigy、Conoco、Dow Rheinmunster、EIF（Aquitaine）、Elf（UK）、Enichem（SPA）、Exxon、Fibreforce Composites、Kerr McGee Oil（UK）Ltd.、MaTSU、Marine Technology Directorate Ltd.、Mobil Research and Development、Mobil North Sea Ltd.、UK Ministry of Defence（Navy）、UK Offshore Supplies Office、Phillips Petroleum、Shell Expro、Statoil、Total Oil Marine、UK Department of Energy、V. S. E. L. 和 Vosper Thornycroft. 研究项目涉及的大学包括 The Universities of Glasgow、Liverpool、Salford、UMIST 和 Newcastle upon Tyne。

## 参 考 文 献

[1] Study on lightweight materials for offshore structures[R]. May 1987. Project Report Fulmer Research/Wimpey Offshore. Report no. WOL 161/87.

[2] Astudy for the development of the use of aluminium and FRP composite materials for living quarters[R]. Project Report Offshore Design Engineering, sponsored by OSO, Phillips Petroleum, Total and Conoco.

[3] Stokke R. Glass fibre reinforced plastics （GRP） offshore, reports of multi-sponsor programme[R]. Centre for Industrial Research, Forskningsveen 1, Postboks 350, Blindern, 0314 Oslo 3, Norway.

[4] Programme to study FRP in accommodation modules and ship superstructures [R]. ODE/BMT.

[5] Godfrey P R, Davis A G. The use of GRP materials in platform—topsides construction and the regulatory implications[C]//Proc. 9th Intl. Conf. Offshore Mechanics and Arctic Engineering, 3(A), Houston, Texas, February 1990:15-20.

[6] Gibson A G, Spagni D A, Turner M J. The cost-effective use of fibre reinforced composites offshore[R]. Multi-Sponsor Research Programme, Phase I Final Report, Marinetech North West, Coupland III Building, The University, Manchester M13 9PL.

[7] Gibson A G, Spagni D A. The cost-effective use of fibre reinforced composites offshore[R]. Phase II Prospectus, Marinetech North West, Coupland III Building, The University, Manchester, M13 9PL.

[8] Williams J G. Developments in composite structures for the offshore oil industry[C]//paper OTC 6579, Proc. 23rd Annual Offshore Technology Conf., Houston, Texas, USA,

May 1991.

[9] Ashby M F, Jones D R H. Engineering Materials, and Introduction to Their Properties and Applications[M]. Oxford: Pergamon Press, 1980.

[10] Waterman N A, Ashby M F, et al. Elsevier Materials Selector, Elsevier Applied Science [M]. Essex: Barking, 1991.

[11] Grim G C. The use of grp piping in the oil and ballast water systems of the draugen gravity base structure[C]//Proc. Intl. Conf. Polymers in a Marine Environment, London: IMarE, October 1991.

[12] Forsdyke K L. Phenolic matrix resins-the way to safer reinforced plastics[C]//Proc. 43rd Annual Conf. Society of The Plastics Industry, Ohio: Cincinnati, February 1988, 18-C.

[13] Quinn J A. Pultrusion: An economic manufacturing technique[J]. Metals & Materials, 1989 (5): 270-273.

[14] Quinn J A. Design manual for Engineered Composite Profiles[R]. Fibreforce Composites Ltd. , FairoakLane, Whitehouse, Runcorn, Cheshire, WA7 3DV, 1988.

[15] Engelen H. The influence of the process parameters on the mechanical properties of pultruded GRP profiles[C]//24th Journees Europeenes des Composites, JEC, Centre de Promotion des Composites, Paris, 1989.

[16] Grim G C. Shipboard experience with glass-reinforced plastic (GRP) pipes in shell fleet vessels [C]//Proc. Intl. Conf. Polymers in a Marine Environment, IMarE, London, October 1987.

[17] Guiton J. An all-GRP piping, support and walkway system for tanker weather deck applications [C]//Proc. Intl. Conf. Polymers in a Marine Environment, IMarE, London, October 1987.

[18] Marks P J. The fire endurance of glass-reinforced epoxy pipes[C]//Proc. Intl. Conf. Polymers in a Marine Environment, IMarE, London, October 1987.

[19] Grim G C, Twilt L. Fire endurance of glass fibre reinforced plastic pipes onboard ships [C]//Proc. Intl. Conf. Polymers in a Marine Environment, IMarE, London, October 1991.

[20] Ciraldi S, Alkire J D, Huntoon G. Fibreglass firewater systems for offshore platforms, paper OTC 6926 [C]//Proc. 23rd Annual Offshore Technology Conf. , Houston, Texas, May 1991: 477-484.

[21] Hume J. Assessing the fire performance characteristics of composites[C]//Proc. Conf. Materials and Design against Fire, IMechE, London, October 1992.

[22] Young W C. Roark's Formulas for Stress and Strain[M]. 6th edition, New York: McGraw-Hill, 1989.

[23] Smith C S. Design of Marine Structures in Composite Materials[M]. Barking: Elsevier Applied Science, 1990.

# 第11章 设计监管

## 11.1 适 用 规 范

### 11.1.1 背景:国际海事组织滑行艇设计准则

在国际贸易管辖范围内,所有载客超过12人的客船必须满足国际海上生命安全大会(SOLAS)要求。该要求由国际海事组织(IMO)发布,它充分体现了各缔约国政府间的一致认同性。同时,IMO给出了针对货船和油轮的特殊要求。建议各国政府可在此原则框架内,根据自身情况制定本国规范。

IMO同时也考虑了新型船舶发展所带来的不同需求。如根据IMOA.373(x)决议,在1978年出版了"滑行艇安全设计准则"。

该准则具体条款基于以下概念提出:

(1)滑行艇航程和航行海况条件存在限制要求。

(2)滑行艇活动区域附近应有避难场所,以供随时提供安全庇护。

(3)港口基地应能提供保障滑行艇正常航行所需的各种特殊备品备件和维修设施。

(4)滑行艇的操作人员必须经过严格的专业训练。

(5)在预定航行区域内任意地点,都应能及时获得所需救援设备。

(6)应为每位乘客提供一个座位,但不提供卧铺。

(7)必须为保障乘客迅速撤离到救生艇提供必备设施。

目前所制定的准则基本适用以下滑行艇:

(1)乘员12~450人,所有人必须有座位;

(2)航行点离避难地点,不得超过100n mile[①]。

以上准则,对于设置内部空间用以装载携带燃料车辆的滑行艇,同样适用。对于超出以上适用要求范围的滑行艇,也应视情要求其全部或部分符合以上设计要求。

设计准则允许滑行艇在受限操作环境使用时,主船体和上层建筑可设计为适当承载。然而,必须强调,主船体结构材料在满足结构要求的同时,可燃性应符合

---

① 1n mile=1.852km。

防火要求。当采用其他材料代替时,也应确保满足同等防火安全要求。

目前,该准则正在进行一次大的修订。旨在建立一个能被 SOLAS 完全接受的安全标准,并将其适用范围扩展到航程更远、载客量更大的船舶。

IMO 准则一般能够兼容船级社对高速轻型舰艇的要求。

## 11.1.2　船级社规范

目前不同级别船舶设计规范主要针对钢质船舶,由世界各重要船级社发布,如英国劳埃德(LR)船级社、美国 ABS 船级社、法国 BV 船级社、挪威 DNV 船级社。为弥补适用范围的缺陷,1972 年 DNV 针对轻质舰艇的建造和分类,发布了一个暂行规范。在暂行规范和 IMO A. 373(x)文件准则基础上,1985 年 DNV 颁布了《高速轻质滑行艇的入级规范》。

最近的高速轻质滑行艇[1]暂行规范是 1991 年颁布的。它是在 1985 年版本基础上的发展与延续。由于滑行艇领域的应用(如船型、吨位以及船速等)发展迅猛,因此该类规范总是处于不断被调整和修订之中。

在此之前,DNV 还曾发布过 15m 以下舰艇建造和认证规范。该规范适用于无分级要求的小型舰艇,如滑行艇。它实质上是 1983 年《北欧船舶规范》的英译版。1990 年北欧船舶规范(83 年版)被修订,并成为 DNV 15m 以下舰艇入级规范的基础。然而,该规范至今尚无英文版本,同时,由于欧共体的规范化进展也使得它的未来具有不确定性。

以下将聚焦 DNV 规范,重点介绍 1991 年版《高速轻质滑行艇暂行规范》。

## 11.1.3　主船级

规范对钢质船舶的分级主要依据船舶主要技术特征,如涉及船舶结构强度和水动力性能的主船体结构以及动力装置系统等。这些技术要求是船舶平台、船员、船上环境安全的重要保障。严格的技术要求可有效降低发生结构破损、机械破坏、火灾、爆炸以及其他技术性事故的风险。

对于在全球范围内建造的钢质船,主船级＋1A1 代表了一个包含许可、调查和监督职能的评价体系。该评价体系建立了一套基于船舶主体结构和系统要素的,保障船舶海上安全的设计标准体系。主船级规定了船舶建造的适用材料、建造工艺以及结构强度、稳性和防火安全性要求;同时,对于关键设备的选型与安装,如动力系统、燃油系统、减摇系统、电气系统等,要求其必须与主船级保持一致。通过严格执行规定要求,主船级明确了船舶交付条件,并可确保船舶的使用年限。主船级评价正常周期为 4~5 年,在此期间船舶应定期接受检查,其保养及维修过程均应受到严格的监督管理。

世界各国政府性组织均要求将主船级证书作为发放国内或国际贸易注册资质

证书的依据。

1972 年 LC(轻型船舶)这个缩写符号第一次由 DNV 暂行规范引入,以便对轻型船舶进行分级,并在 1985 年的规范中得到沿用。该规范适用范围为

$$\Delta \leqslant (0.13LB)^{1.5} \tag{11.1}$$

式中,$\Delta$ 为排水量(t);$L$ 为垂线间长(m);$B$ 为型宽(m)。若为双体船,则不包括连接片体内侧宽度。

1991 年暂行规范引入另一个高速船的定义。

$$Fr > 0.7 \tag{11.2}$$

$Fr$ 为弗劳德数,$Fr = v/\sqrt{g_0 L}$,$v$ 为船舶最大航行速度(m/s),$g_0$ 取 $9.81\text{m/s}^2$。如果最大航行速度为 $V$(节),则式(11.2)可表达为

$$V/\sqrt{L} > 4.26 \tag{11.3}$$

船舶同时满足排水量 $\Delta$ 和弗劳德数 $Fr$ 要求时,可定义为高速轻质船(HSLC)。若仅满足排水量 $\Delta$ 要求,则定义为 LC。1991 年暂行规范已将以上要求列入主船级分级规范。

普通入级规范是基于钢质商船航行使用经验形成的。设计载荷对轻质船舶而言偏于保守。因为相对于传统船舶的设计载荷,由于使用区域和使用环境的限制,在一定程度上轻质船舶的结构响应将偏低。如砰击载荷,由于作用时间短,结构响应主要表现为局部响应特征。因此,与普通船相比,减少构件尺寸是有可能的。那么,对于采用轻质船体材料(如铝合金、复合材料)或装载较小,或搭载乘客的客船而言,高航速就是可以实现的。

对于 +1A1 LC 和 +1A1 HSLC 级别的船舶,设计时是具有加速度水平和严格的航行海况/速度条件限制的,这是为了避免结构过载,确保乘客舒适度的必要条件。这种设计要求就导致该级别船舶存在航行区域限制。

### 11.1.4　航行区域限制 R0~R4

对于钢质船,+1A1 主船级允许该级别船舶进行全球航行,具备在任何海况航行的能力。此外,该级船还具有足够的甲板空间,用以开展小修和普通保养工作。

但是船舶在固定的航线上或者在仅离母港一定距离内的区域航行时,不要求在船上装配完善的保养设备和预留空间。大部分保养和维修工作均可在母港内完成。

当船舶离开港口仅进行短距离固定路线航行时,其航行海域实际上是具有一定限制的,那么降低此类船舶的结构强度要求应该是合理且必要的。甚至对于航行在避风水面或限制海域内的船舶,还可以减少锚泊装置和系泊装置的配置。

船舶的限制海区环境要求主要定义为 R0~R4。限制要求给出了船舶被允许

的离最近的港口和安全锚泊点的最大距离,如表 11.1 所示。对于具有附加客船限制的高速轻质船舶(见 11.1.5 节),适用的限制要求为 R1~R4,但是航行距离不能超过表 11.1 中 RX 区的要求。

**表 11.1 航行区域限制. 离最近港口和安全锚泊点最大距离**(单位:n mile)

| 航行符号 | 季节 | | |
| --- | --- | --- | --- |
| | 冬天 | 夏天 | 热带 |
| R0 | 300 | 无限制 | 无限制 |
| R1 | 100 | 300 | 300 |
| R2 | 50 | 100 | 250 |
| R3 | 20 | 50 | 100 |
| R4 | 内海海峡、河流、湖泊 | 20 | 50 |
| RX | VL/20 | VL/10 | VL/7 |

### 11.1.5 其他船级注释

用于(或结构加强后用于)特殊航行,且具有特殊要求的船舶,可以用下列特殊航行服务或类型特征名称加以注释:客船、货船、车辆渡船、巡逻艇、游艇。

其他可用作高速轻质船舶的附加注释名称还包括定期无人值守机舱(E0)、航海安全类(NAUT)、动力定位系统(DYNPOS)。

早期的一些附加船级注释名称,如稳定性和浮性(SF)以及防火安全级别(F),现在已经被主船级和特殊航行服务或类型特征注释符号所代替。

# 11.2 高速轻质船舶设计载荷

### 11.2.1 概述

高速轻质船舶的设计载荷通常分为总载荷和局部载荷。一般而言,单体船在设计加筋板和板架时采用局部载荷,而在评估船体梁总纵强度时使用总载荷。对于具有两个片体的双体船,位于两个片体之间的连接桥结构主要承受横向弯矩和剪力作用,这是船体结构和总载荷特征共同作用的结果。这些载荷具有和船体梁的弯矩和剪力载荷相类似的总体特性。对于连接桥结构的设计,一种简单的处理方法是基于这两个量进行设计。然而,在实际设计工作中,连接桥结构常常被视为框架结构,而着重探讨此框架在各种载荷工况作用下的响应特征,这些工况的载荷既有总载荷,也包含了局部载荷特征。对于双体船,更深入的总载荷研究时,还提出了纵摇连接弯矩,它实质上是作用在连接桥结构上的一种扭转载荷。

　　船级社规范较为全面地规定了结构设计时所需采用的总体和局部载荷。然而，由于在有些情况下规范计算公式所得到的结果往往过于保守，在实际工程中规范载荷也是需要补充和完善的，更为详细而明确的载荷有时可以通过水动力分析和模型试验数据加以代替。

　　本节给出了轻型滑行或半滑行艇的规范要求，这些要求来自 DNV1991 年高速轻质船舶暂行规范。

　　到目前为止，BV[2] 和 ABS 规范[3,4]与 DNV 暂行规范已经具有许多相似特征，并且在很多方面表达得更为简洁。劳氏船级社最近发布了高速双体船暂行规范[5]，但它仅适用于铝合金船体，且设计载荷也仅体现了共性特征。

### 11.2.2　垂向加速度

　　关于 LC 船型 LCG 处垂向加速度 $a_{cg}$ 的设计许用值，目前是以适用船舶特征参数与 $V/\sqrt{L}$（与弗劳德数 $Fr$ 有关）比例函数的形式给出的。这种规定的合理性目前尚处于研究之中，垂向加速度 $a_{cg}$ 也有可能变成航行区域限制 R0～R4 的函数。对于客船，LCG 处的垂向加速度设计许用值通常取为 $1.0g_0$，$g_0$ 为重力加速度。

　　对于其他任何纵向位置处的垂向加速度设计许用值 $a_v$，可表述如下

$$a_v = k_v a_{cg} \tag{11.4}$$

式中，$k_v$ 的取值由图 11.1 给出。

　　垂向加速度设计值通常应与船舶航行中所遇到的 1/100 的最高加速度的均值相当。

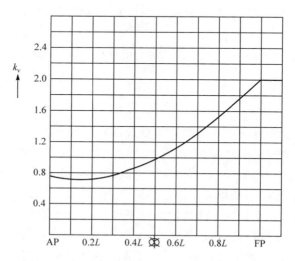

图 11.1　垂向加速度设计因子 $k_v$ 的纵向分布值

LCG 处的垂向加速度不能超过设计许用值。若船舶在某海区最大有义波高

海况下,以最高航速航行时的加速度 $a_{cg}$ 超过了设计许用值,则在该航行区域内应为该型船舶设定航速限制要求。针对特定的船型,航速限制和波高的关系必须明确给出。1991 年暂行规范给出了源自 Aavitsky 和 Brown[6] 的相关计算公式,该公式考虑了滑行艇具有的底部平板和舭部升高外形特征。规范中同时给出了适用于低速航行状态下的计算公式。

用于船级评定的减速要求已在附录中给出,并且要求必须粘贴在驾驶醒目位置。此外,也可以通过在 LCG 位置处安装加速度传感器实时监控,以避免在驾驶过程中超出垂向加速度限值 $a_{cg}$。

### 11.2.3 局部载荷

#### 1. 底部砰击载荷

DNV 暂行规范给出的设计砰击压力分布如下:

$$p_{sl} = 1.3 k_1 (\Delta/A)^{0.3} T^{0.7} [(50 - \beta_x)/(50 - \beta_{cg})] a_{cg} \quad (kPa) \quad (11.5)$$

式中,$a_{cg}$ 为前面已定义的设计垂向加速度;$k_1$ 为砰击压力纵向分布系数(图 11.2);$\Delta$ 为海水中的满载排水量;$T$ 为 $L/2$ 处的吃水;$A$ 为计算构件设计载荷作用面积;$\beta_x$ 为斜升角(最大 30°,最小 10°);$\beta_{cg}$ 为纵向重心处的斜升角(最大 30°,最小 10°)。

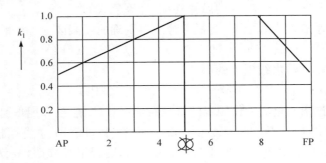

图 11.2 砰击压力纵向分布系数 $k_1$

图 11.2 中的变量系数 $k_1$ 目前还在不断的修订中,在某些情况下,采用图 11.2 中的系数进行计算,可能会低估船首砰击压力。

上述要求的适用范围是从龙骨线到舭纵材,并向上延伸到舭板上缘或者明确的喷溅区,这与 Allen 和 Jones 计算方法的适用范围很接近[7]。砰击压力可视为一个作用在设计面积 $A$ 上的等效静水压力。局部面积 $A$ 的承载,反映了砰击载荷实际上是集中作用在有限区域上的载荷特征。因此,如果将等效分布载荷作用于更大面积的结构单元时,结构实际承受的砰击载荷可能会变小。

对于平板和单筋 FRP 层合板,设计面积 $A$ 通常可取 $2.5s^2$,此处 $s$ 是筋材间距。一般 $A$ 的取值不能小于 $0.002\Delta/T$。

此外，另一个公式是计算滑行艇在低速排水航态下，由挤压作用而产生的艏部砰击压力，暂时还在修订中。

### 2. 前部边缘和船艏砰击压力；双体船连接桥平底砰击压力

目前，DNV 暂行规范中给出了船艏部水线以上，或者舷缘线以上，或上折角线以上区域的（通常斜升角为 70°处）设计砰击压力计算公式，可取三者中的最小值，该公式最大可适用范围为距艏垂线 $0.4L$ 以内。船艏砰击压力是外展角以及水线和纵轴之间夹角的函数。因此，它显然是与作用点的纵向位置有关的。

公式给出了双体船平板连接结构的设计砰击压力（如双体船连接桥底部），以及不需要考虑砰击压力作用的高度。这些公式当前尚处于修订中。

### 3. 海水压力（水压头）

海水压力是作用在船体外侧板上的载荷，露天甲板和上层建筑也可能随着船舶上下升沉，而间歇或者连续性的承受浸没水压力。对于承受砰击压力作用的区域，海水压力可视为交变载荷加以考虑。

海水压力，如砰击压力，DNV 规范中给出了相应的经验计算公式。对于包括上层建筑侧壁和露天甲板在内的舷侧外板，计算公式如下。

对处于夏季载荷水线以上，舷板上缘或者明确的喷溅区上方处的载荷点：

$$p=10h_0+(k_s-1.5h_0/T)0.08L \quad (\text{kPa}) \tag{11.6}$$

对处于夏季载荷水线以上的部位：

$$p=ak_s(cL-0.53h_0) \quad (\text{kPa}) \tag{11.7}$$

式中，$h_0$ 为吃水线 $T$ 至载荷作用点的垂直距离（m）；$k_s$ 船艉和船舯部取 7.5，艏部取 $5/C_B$，$C_B$ 为体积系数，$C_B=\Delta/(1.025LBT)$，中间值通过线性插值获得，如图 11.3 所示；$a$ 舷侧板和开口的干舷甲板取 1.0，露天甲板取 0.8；$c$ 为航行限制区域因子，区域 R0、R1、R2 取 0.08；区域 R3 取 0.072；区域 R4 取 0.064。

极限取值为：侧壁板 $p_{\min}=6.5\text{kPa}$；或者露天甲板 $p_{\min}=5\text{kPa}$（更低的计算载荷取值，目前尚在修订之中）。

其他的较小的水压头主要作用于上层建筑甲板室的尾端壁板上。

注意由于航行限制区域因子 $c$ 的存在，在限制区域 R3 和 R4 航行时，海水压力要比限制区域 R0、R1、R2 小。

1991 年暂行规范虽然针对低速航行排水型船给出了一组计算公式，但均尚处于修订中。

规范同时还给出了浸水状态下抗沉舱壁和双层底船舶内底板架的压力计算公式。

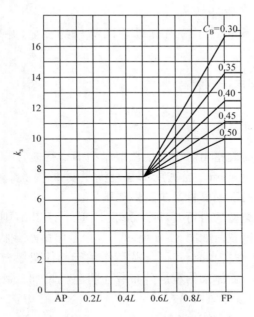

图 11.3　水压系数 $k_s$ 沿船长分布值

### 4. 液舱计算载荷

液舱计算压力取值如下：

$$p=\rho(g_0+0.5a_v)h_s \quad (kPa) \tag{11.8a}$$

$$p=0.67\rho g_0 h_p \quad (kPa) \tag{11.8b}$$

$$p=\rho g_0 h_s+10 \quad (kPa)，\quad L\leqslant 50m \tag{11.8c}$$

$$p=\rho g_0 h_s+0.3L-5 \quad (kPa)，\quad L>50m \tag{11.8d}$$

式中，$h_s$ 为载荷位置距舱顶的垂直距离(m)；$h_p$ 为载荷位置距空气管或加注站顶部的垂直位置(m)。

实际上，第二种 $h_p$ 通常是占主导的。如果液舱液体加到空气管和加注站的顶部，并且还处在加速状态下，此时压力值必须相应调整。

### 5. 干货，货物和设备；重物单元

对于干货，内底板、甲板或舱盖计算压力如下：

$$p=\rho H(g_0+0.5a_v) \tag{11.9a}$$

式中，$H$ 为货物高度。

对于重的硬物，近似计算公式为

$$p_v=M(g_0+0.5a_v) \tag{11.9b}$$

式中,$M$ 为指物体单元质量。

　　注意:上述公式均包含了静态和动态两部分的叠加,并取等效垂向加速度为 $0.5a_v$。

### 11.2.4　船体梁总强度计算载荷

#### 1. 船体梁的弯曲和剪切

　　DNV 暂行规范明确指出对于采用常规船型的滑行艇,即 $L/D<12$($L$ 为垂线间长,$D$ 为型深)且 $L<50$m。当其局部强度满足要求时,船体梁的最低强度标准是能得到保证的,即局部强度将起决定性作用。

　　然而,对于其他类型的滑行艇,即 $L/D>12$ 且 $L>50$m,则其总纵强度必须得到校核,总纵强度校核载荷如图 11.4 所示。其最危险的承载状态为:船体出水后,船体梁在重力作用下砰击水面,且砰击载荷作用于船体梁纵向重心位置处。由于纵向重心处的加速度,船体梁的重量分布载荷将急剧增加。砰击压力可等效视为作用于纵向重心处的参考面积 $A_R$。

$$A_R = 0.6\Delta(l+0.2a_{cg}/g_0)/T \quad (\text{m}^2) \tag{11.10}$$

　　砰击参考面积 $A_R$ 中的长度 $l_s$ 如下:

$$l_s = A_R/b_s \tag{11.11}$$

$b_s$ 为计算截面的船体宽度(不包括双体船连接桥的宽度)。

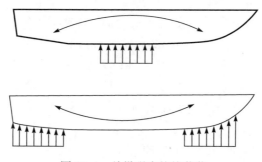

图 11.4　总纵强度校核载荷

　　中垂承载状态的分析与中拱类似,但是参考面积被等分为邻近船艏和船艉的两块区域。

　　当重量分布的详细信息缺乏时,规范也分别给出了中拱和中垂两种状态下最大弯矩的简化计算公式。

　　对于特殊船型,如水翼艇、气垫船、表面效应船及其他小水线面船等,在低速航行状态下以及小弗劳德数船型全速航行状态下的总纵弯矩均应进行特殊分析。

2. 双体船横向弯矩和剪力

当缺乏更明确的信息时,DNV 暂行规范规定了连接桥结构的横向弯矩 $M_s$ 和剪力 $S$ 的计算方法(图 11.5)。

$$M_s = \Delta a_{cg} b / S \qquad (11.12)$$

$$S = \Delta a_{cg} / q \qquad (11.13)$$

式中,$b$ 为两片体中线面的间距;$S$ 和 $q$ 是表 11.2 中给出的系数。

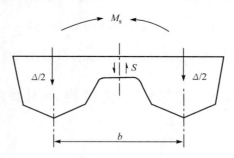

图 11.5　连接桥结构的横向弯矩

**表 11.2　计算弯矩和剪力的计算系数表**

| 航行区域 | $S$ | $q$ |
| --- | --- | --- |
| R4 | 8.0 | 6.0 |
| R3 | 7.5 | 5.5 |
| R2 | 6.5 | 5.0 |
| R1 | 5.5 | 4.0 |
| R0 | 4.0 | 3.0 |

极限取值 $S=4$ 所对应的状态是船体出水,其全部静重随着系数 $a_{cg}/g_0$ 增加而增加,此时船体由横向弯矩支撑,保持结构的完整性。$q=2$ 对应最大剪力,但实际上最小取值为 3。

规范中对于以排水支撑方式、低速航行的滑行艇,也提供了计算水平中分面载荷和相应的横向弯矩公式。在实际应用中,也可将局部载荷同时作用在横向框架上进行附加计算分析。

3. 双体船的纵摇连接弯矩

纵摇连接弯矩如下:

$$M_p = \Delta a_{cg} L / 8 \qquad (11.14)$$

当 $a_{cg}=g_0$ 时,对应的是进坞状态,此时船体由船艏和船艉方向距离纵向重心

$L/4$ 的两点支持,如图 11.6 所示。

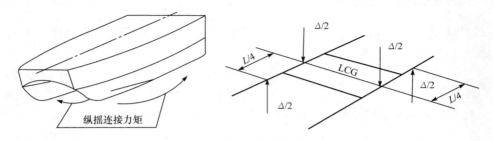

图 11.6　连接桥结构的纵摇连接弯矩

另外,将双体船沿纵轴的扭矩作用引入规范,目前也已得到考虑。

# 11.3　玻璃钢结构材料许用要求

### 11.3.1　概述

迄今高速滑行艇的主要结构材料是铝合金和玻璃钢。1991 年 DNV 高速轻质船舶暂行规范中仍然包括了钢质船舶。对于玻璃钢船体,主要结构形式包括单壳加筋和三明治夹层结构。而夹层结构中的芯材具有更好的发展前景。对于小型高速船舶,这种芯材通常是巴沙木、轻木和蜂窝结构类型;而大中型客船则几乎都采用刚性泡沫材料。DNV 暂行规范规定了包含上述芯料在内的材料许用要求。

对于玻璃钢结构,应包含以下材料组成部分:玻璃纤维增强体、聚酯基体、夹层芯材、各种界面胶黏剂(或填充腻子材料)。

对于备选材料体系,如玻璃纤维和聚酯材料,应分别单独进行性能测试,经检验合格后方可使用。

上述所列材料体系,一般分类别发放许可证,有效期 4 年。每一类材料必须通过随机抽查检测符合要求,方能批准合格,材料在每批交付时都必须满足要求。

### 11.3.2　玻璃纤维增强材料

规范要求原材料应包括化学组成成分、吸湿率、烧失量和面密度容差(±10% 名义值)。这些参量与纤维质量直接相关,但是如果纤维的力学性能和耐水性好或更为优异,其他质量特性略差也是允许选用的。

### 11.3.3　聚酯基体材料

聚酯产品合格认证分为两个不同的质量级别。
级别 1:良好的耐水性能。

级别 2：一般的耐水性能。

液态树脂的质量要求主要体现在以下方面：密度、黏度、酸度、分子类型、矿物质类型、固化时间、线性收缩性。

除了矿物质类型，其他都可以用名义误差表述其质量特征。

以下是对两种级别树脂浇铸体性能测试的具体要求：

（1）密度，要求符合制造提供的名义值。

（2）硬度，按照 ASTM D 2583-67 要求测试。

（3）热变形温度，按照 ISO 75-1974 要求测试。

（4）吸水性，按照 ISO/R 62-1980 要求测试。

（5）拉伸强度，按照 ISO/R 527-1966 要求测试。

（6）弹性模量，按照 ISO/R-1966 要求测试。

（7）断裂延伸率。

当聚酯类树脂内含蜡或者其他杂质时，将降低层合板二次黏结层间强度，此时应开展浇铸体层间强度测试。测试项目可参照 ASTM C 297 标准进行，试样应包括原始层合板和二次黏结层。

## 11.3.4　芯材

DNV 暂行规范包括以下对夹层芯材的一般要求：

（1）它们必须具备长期稳定性，且必须有文件证明。

（2）在交付中，表面必须保证不需要进行再次加工来获得同样的材料结合能力。

（3）它们必须与聚酯类树脂、乙烯基酯树脂和环氧树脂等树脂具有良好的相容性。

特殊合成基体材料有特殊的要求。

夹层芯材的标准分为两个级别。

级别 1：船体结构的质量要求。

级别 2：次要结构应用的质量要求。

两个单独的级别对基体材料的要求如下：拉伸强度和弹性模量、压缩强度和弹性模量（23℃和 45℃）、剪切强度、延长率和剪切模量、吸水性、密度、氧指数。

密度和压缩强度（23℃）在每次交付时必须进行测试检验。除压缩属性（45℃）、吸水性及防水性外的所有属性的最小值，都通过加工和合格测试核实后给出，并且应对合格证的类型进行详细说明。

在规范中结构设计部分给出了对主船体构件最小树脂基体剪力和压缩强度要求。

### 11.3.5　夹层结构胶黏剂

对夹层结构胶黏剂的要求主要表现为：液态为黏滞度和线性收缩性；浇铸固化体则以拉伸强度、断裂延伸率、剪切强度以及耐水性等为主要技术指标。

对确定应用于一种船级的某一指定芯材和胶黏剂材料体系而言，充分验证芯材黏结界面对夹层板性能的影响，并确保不会降低其力学性能是非常必要的。验证工作一般通过静载四点弯曲和疲劳试验来完成。

# 11.4　玻璃钢结构的设计与分析

DNV 暂行规范涵盖单壳加筋和三明治夹层两种船体结构形式。

### 11.4.1　材料性能及测试

11.3 中 DNV 暂行规范根据耐水性将聚酯基体定义为两个级别，并指出只有达到级别 1 要求的树脂，才能应用于单壳加筋型船体外板和夹层型船体壳板的外表层。

芯材也被分为两个级别，只有达到级别 1 的要求才能应用于船体板设计。

聚酯基体和芯材根据级别分类核准，纤维增强材料和芯材胶黏剂也要分类核准。

强度计算的依据是典型夹层板和层合板试件力学性能的测试结果，但它与试件的制备流程、生产环境、原材料以及铺层顺序等具有直接关系。当某一结构方案已具有应用经验积累时，原有的力学性能检测数据是可以用来进行设计计算的。否则，必须开展相应的试验测试。

此外，为确保实际结构满足设计要求，必须进行试验测试。这种测试通常应从实船结构上取样，也可以从通海口或其他管道和排水管上取样。

测试项目最低要求如下：

（1）船体板层合板试件拉伸强度测试。

（2）船体板夹层试件芯材剪切强度测试。

（3）宽板肋骨、纵桁和横梁翼板层合板拉伸强度测试。

迄今层合板在多于一个方向的性能参数还很少得到关注。也就是说，目前的规范体系是建立在 0° 或 90° 方向性能基本相当的正交层合板基础上的。然而，现实情况是，结构优化已是未来发展的趋势，充分利用纤维方向优势的铺层设计，必然要求能获取层合板两个或更多方向上性能的测试结果。

## 11.4.2 计算方法和许用应力

为了确定单壳加筋和夹层玻璃钢结构的应力和变形,既可基于层合板各方向上的刚度和强度性能参数进行直接计算,亦可采用规范所提供的简化公式计算。简化公式计算的适用条件如下:

(1) 表层增强材料主方向平行于板边。

(2) 两个面内主方向弹性模量差值小于 20%。

(3) 对于夹层板结构,表层较薄,满足 $d/t > 5.77$。

当采用直接计算法时,应用 Tsai-Wu 失效准则,应同时考虑第一层失效(FPF)和最后一层失效(LPF)。失效强度比 $R$ 不能小于以下值:

结构受长期静载荷作用:

$$\text{FPF} \quad R = 2.25; \quad \text{LPF} \quad R = 4.5$$

其他情况下:

$$\text{FPF} \quad R = 1.5; \quad \text{LPF} \quad R = 3.3$$

## 11.4.3 主船体总纵强度

对于 11.2.4 节"1. 船体梁的弯曲和剪切"所提到的各种类型和尺寸的滑行艇,通常要求进行总纵强度校核。对于新设计的大型复杂结构船舶(如多体船型),则要求通过完整的三维总体分析评价船体的总横和总纵强度特性。甲板和底板结构必须进行稳定性校核。

通常最小的容许船舯剖面模数如下:

$$Z = \frac{M}{\sigma} \times 10^3 \quad (\text{cm}^3) \tag{11.15}$$

式中,$M$ 为船舯剖面纵向弯矩(kN・m)。(见 11.2.4 节)

一般情况下:$\sigma = 0.3\sigma_{nu}$(MPa);水翼艇:$\sigma = 0.27\sigma_{nu}$(MPa);滑行艇(低速航行状态下):$\sigma = 0.24\sigma_{nu}$(MPa)。其中,$\sigma$ 为设计许用应力;$\sigma_{nu}$ 为材料拉伸许用应力(MPa)。

对于单体船、双体船和侧壁式船舶,$M$ 取中垂和中拱状态下的弯矩。对于水翼艇,$M$ 取最大总弯矩。有时必须考虑低速航行状态,此时 $M$ 取静水弯矩和波浪弯矩的合成弯矩。

## 11.4.4 三明治夹层板

1. 概述

夹层板结构双体船强度设计主要考虑横向载荷作用下的弯曲和剪切强度,设计方法可遵循 Allen[8] 文献中的技术路径。板的屈曲问题目前尚考虑较少，当需要进行稳定性校核时，可参见 Plantema[9] 和 Teti[10] 的工作。

### 2. 芯层

DNV 规范给出了夹层板结构芯材的最低剪切和压缩强度要求。对于船体底部、侧面、横梁以及货舱甲板，芯材最低剪切强度为 0.8MPa，最低压缩强度为 0.9MPa，对应于典型 PVC 泡沫产品密度 70kg/m³。其他构件使用时，剪切强度≥0.5MPa，压缩强度≥0.6MPa。

### 3. 表层

夹层板表层层合板中增强纤维材料含量应不小于 40%（体积分数），表层厚度通常不小于

$$t=(t_0+kL)/\sqrt{f} \quad (\text{mm}) \tag{11.16}$$

式中，$f=\sigma_{nu}/160$，$\sigma_{nu}$ 为材料拉伸许用应力（MPa）；$k$ 和 $t_0$ 根据使用位置以及层合板是裸露的还是具有保护层进行确定。

### 4. 强度和刚度要求

夹层板结构具有强度和刚度的要求，表 11.3 列出了许用应力和挠度。表中，$\sigma_{nu}$ 为表层层合板材料拉伸/压缩许用应力，材料压缩许用应力取材料压缩许用应力和局部临界失稳应力两者中的小值；$\tau_u$ 为夹层芯材许用剪切应力；$\sigma_n$ 为层合板正应力计算值；$\tau_c$ 为芯材剪切应力计算值；$w$ 为板中心挠度计算值；$b$ 为板的短边边长。

表 11.3　夹层板许用应力和挠度

| 结构名称 | $\sigma_n$ | $\tau_c$ | $w/b$ |
|---|---|---|---|
| 承受砰击的船底板 | $0.3\sigma_{nu}$ | $0.35\tau_u^*$ | 0.01 |
| 承受长期稳定静载荷的所有结构 | $0.2\sigma_{nu}$ | $0.15\tau_u$ | 0.005 |
| 其他结构 | $0.3\sigma_{nu}$ | $0.4\tau_u$ | 0.01 |

＊ 设计许用剪切应力适用于剪切应变大于 20% 的芯材。当芯材剪切断裂延伸率较小时，应单独考虑其设计许用剪切应力。当芯材延伸率超过 20% 时，可以考虑提高设计许用剪切应力。

规范中给出了对应于 11.4.3 节所列极限载荷作用下简支和固支矩形板 $\sigma_n$、$\tau_c$ 和 $w$ 的简化计算方法及相应的计算流程。对于夹层板结构，剪切变形对挠度的影响至关重要，因此计算方法中对此予以考虑，具体如下。

表层最大正应力：横向压载 $p$ 作用下，夹层板最大正应力出现在板格中点处：

$$\sigma_n=\frac{160pb^2}{W}C_nC_1 \quad (\text{MPa}) \tag{11.17}$$

式中，当应力方向与板格长边平行时，$C_n = C_2 + \nu C_3$；当应力方向板格短边平行时，$C_n = C_3 + \nu C_2$。简支边界时，$C_1 = 1.0$；固支边界时，$C_1$ 是边长比 $a/b$ 的函数。$W$ 为夹层板单位宽度剖面模数（$mm^3/mm$）；夹层板上下表层相等，均为 $t$，且距中面距离为 $d$ 时，$W = dt$。

芯材最大剪应力：横向压载 $p$ 作用下，夹层板芯材最大剪切应力位于板边中点

$$\tau_c = \frac{0.52 pb}{d} C_s \quad (MPa) \tag{11.18}$$

式中，$C_s = C_4$，为板长边中点的芯材剪切应力；$C_s = C_5$，为板短边中点的芯材剪切应力。

挠度：承受横向压载 $p$ 时夹层平板的挠度为

$$w = \frac{10^6 pb^4}{D_2} (C_6 C_8 + \rho C_7) \quad (mm) \tag{11.19}$$

式中，上下表层具有相同厚度和弹性模量时，有

$$D_2 = \frac{E t d^2}{2(1 - \nu^2)} \tag{11.20}$$

表层厚度和弹性模量不相同时，有

$$D_2 = \frac{E_1 E_2 t_1 t_2 d^2}{(1 - \nu^2)(E_1 t_1 + E_2 t_2)} \tag{11.21}$$

$$\rho = \frac{\pi^2 D_2}{10^6 G d b^2} \tag{11.22}$$

简支边界时 $C_8 = 1.0$；固支边界时，$C_8$ 是边长比 $a/b$ 的函数，取值可通过图表给出。

$E$ 和 $t$ 的下标与上下（或内外）表层分别对应。系数 $C_2 \sim C_7$ 由图 11.7 给出。

### 5. 表层局部失稳

应该对局部表层的稳定性进行校核，但主要针对大型船舶。以下公式可用于计算表层承受面内压载时的局部临界失稳应力，由 Allen[8] 中导出

$$\sigma_{cr} = 0.8 \sqrt[3]{E E_c G_c} \tag{11.23}$$

式中，$E$ 为表层拉伸/压缩模量；$E_c$ 为芯材弹性模量；$G_c$ 为芯材剪切模量。模量 $E_c$ 通常是芯材厚度方向的压缩模量。

Teti 和 Caprino[11] 认为在上面的公式中系数应小于 0.8。试验测试结果表明，取值 0.5 时与试验结果较为吻合。这种减小系数的做法通常应根据实际情况来确定。主要原因：一是理论公式没有考虑构件的几何缺陷；二是由于横向约束过强，标准压缩测试得到的 $E_c$ 值较实际值偏高。

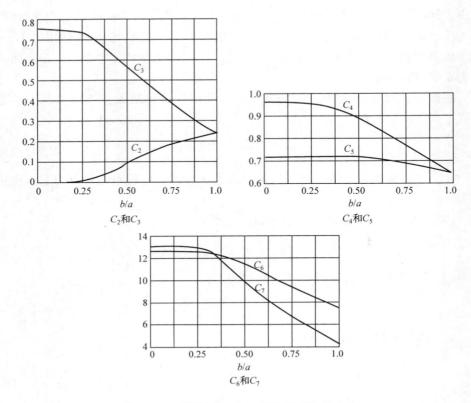

图 11.7　夹层板应力和挠度计算系数 $C_2 \sim C_7$

1991 年 DNV 暂行规范采用修订后的公式。

$$\sigma_{cr} = 0.5 \sqrt[3]{E E_c G_c} \tag{11.24}$$

### 11.4.5　单筋结构的板和加强筋

在 DNV 暂行规范中,对于单筋结构板和加强筋的设计要求是基于考虑薄膜刚度的大挠度变形理论提出的。而夹层板则综合考虑了横向承载,总纵强度稳定性或局部压缩载荷等特殊要求。

与夹层板结构相类似(11.4.4 节"3. 表层"),单筋结构中层合板增强纤维织物的含量以及壳板厚度均具有下限要求,当然,系数 $k$ 与 $t_0$ 的取值存在差异。

单筋结构的层合板材具有强度和刚度要求,通过许用应力和许可挠度表示,如表 11.4 所示。

表中,$\sigma_{nu}$ 已在夹层板中给出定义;$\sigma_c$ 为弯矩应力和薄膜应力合成(MPa);许可挠度 $\delta$ 为

$$\delta = w/t$$

式中，$w$ 为板中心计算挠度(mm)；$t$ 为层合板厚度(mm)。

表 11.4 单层表面板和加强筋的许用应力和许用变形

| 结构类型 | 层合板 | | 加强筋 |
|---|---|---|---|
| | $\sigma_c$ | $\delta$ | $\sigma$ |
| 受砰击的底部板架 | $0.3\sigma_{nu}$ | 1.0 | $0.25\sigma_{nu}$ |
| 长期恒定静载荷作用的结构 | $0.2\sigma_{nu}$ | 0.5 | $0.15\sigma_{nu}$ |
| 其他结构 | $0.3\sigma_{nu}$ | 0.9 | $0.25\sigma_{nu}$ |

板厚根据许可挠度 $\delta$ 来确定，具有如下形式：

$$t = 178b \sqrt{p/[\delta E(C_1 + \delta^2 C_2)]} \quad (\text{mm}) \tag{11.25}$$

式中，$C_1$、$C_2$ 为板格长短边比 $b/a$ 的函数，如图 11.8 所示，含简支和固支边界。

弯曲应力和薄膜应力合成应力的计算公式如下：

$$\sigma_c = [t/1000b]^2 \delta E(C_1 C_3 + \delta C_4 C_2^{2/3}) \quad (\text{MPa}) \tag{11.26}$$

式中，$C_1$、$C_2$ 由图 11.8 给出；$C_3$、$C_4$ 也是板 $b/a$ 的函数，由图 11.9 给出。

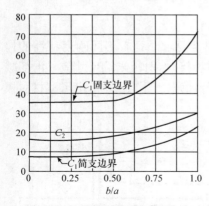
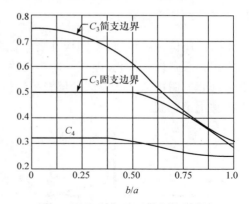

图 11.8 GRP 单壳船厚度计算系数 $C_1$、$C_2$　　图 11.9 GRP 单壳船应力计算系数 $C_3$、$C_4$

式(11.26)成立的基础是层合板面内 1、2 材料主方向模量相差小于 20%，材料主方向平行于板边，压力载荷均匀分布。对于其他情况，通常应基于 Tsai-Wu 强度准则进行分析，可采用 11.4.2 节中类似方法处理。

横向载荷作用下，对纵骨、横梁、肋骨以及其他加强筋最小剖面模数 $Z$ 的要求如下：

$$Z = ml^2 sp/\sigma \quad (\text{cm}^3) \tag{11.27}$$

式中，$l$ 为加强筋的跨长(m)；$s$ 为加强筋的跨距(m)；$p$ 为作用压力载荷(kPa)；$m$ 为经验系数，取决于构件种类和位置，取值范围为 65～135。许用应力 $\sigma$ 已在表 11.4 最后一列中给出。

### 11.4.6　肋骨框架和梁系

对于玻璃钢肋骨框架和梁系结构,DNV 规范中基于梁弯曲理论,给出了可用于单根构件设计的计算公式。设计要求涉及梁截面的剖面模数、腹板有效抗剪面积以及梁末端过渡区的黏结面积。规范要求,更为复杂的结构设计应通过二维或三维结构分析完成。

当采用后者进行设计时,强度分析必须基于 Tsai-Wu 强度失效准则进行,如11.4.2 节所述。此外,面内纵横剪应力不能超过 $0.25\tau_u$。

对于玻璃钢夹层船体结构,其横向框架结构(如肋骨、横梁和肋板)的几何特征更类似于开口舱壁,而不是柔性的刚架结构,因此很少采用刚架模型进行分析。由于结构的复杂性,强度校核计算应该通过更为复杂的有限元分析来完成,但目前实际工程中还较少采用。较为常见的做法仍然是基于总纵弯矩和剪力分布载荷特征(11.2.4 节"2. 双体船横向弯矩和剪力"),对危险截面上的弯曲应力和剪切应力进行校核。

### 11.4.7　细节设计要求

与铝质构件相似,玻璃钢构件之间也存在连接要求。具有不同刚度特性的构件之间,应通过圆弧肘板连接。肘板与板无支撑连接时,肘板末端尺寸应平滑削减至零;同时,肘板末端终止区的层合板应进行局部加强。图 11.10 给出了型材肘板终止结构示意图。

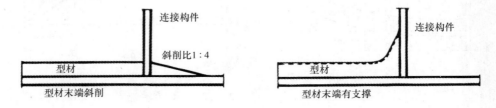

图 11.10　GRP 夹层结构型材终止示意图

此外,对于夹层结构船体,船艏局部破坏会导致分层破坏,并且随时间延长,分层会沿着船体向后扩展。为避免类似情况发生,1991 年暂行规范要求夹层结构船体艏部应采取特殊的碰撞保护措施。内外表层层合板应连接在一起,如图 11.11所示,且间距 $a$ 不小于

$$a = 0.15 + 1.5V^2\Delta/10^6 \quad (\text{m}) \tag{11.28}$$

艏部外表层层合板厚度不小于

$$t_s = [7 + (0.1V)^{1.5}]/\sqrt{\sigma_{nu}/160} \quad (\text{mm}) \tag{11.29}$$

式中,$\Delta$ 为排水量(t);$V$ 为最大航速(kn)。

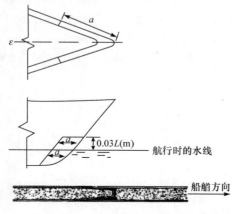

图 11.11　夹层结构边缘采取的限制局部破坏扩展方法

# 11.5　致　　谢

11.1 节的内容主要来自轻质滑行艇部主任 Karl M. Wiklund 所作的"面对船厂、船东和研究人员的高速轻质滑行艇介绍"报告。在后续内容的准备过程中,还得到了轻质滑行艇部 Torbjorn Hertzenberg 和 Gunnar Haugan 等提供的大量帮助。在此一并表示感谢。

## 参 考 文 献

[1] Tentative Rules for Classification of High Speed and Light Craft[S]. Det Norske Veritas,1991.

[2] Rules and Regulations for the Classification of Light Highspeed Ships[S]. Bureau Veritas, Paris,1987.

[3] Rules for Building and Classing Reinforced Plastic Vessels[S]. New York:American Bureau of Shipping,1978.

[4] Curry R. Preliminary Strength Standards for FRP Planing Craft(Proposal) [M]. New York: American Bureau of shipping,1988.

[5] Provisional Rules for the Classification of High Speed Catamarans[S]. London:Lloyd's Register of Shipping,1991.

[6] Savitsky D,Brown W P. Procedures for hydrodynamic evaluation of planing hulls in smooth and rough water[J],Mar. Tech. ,1976,13(4):381-400.

[7] Allen R G,Jones R R. A Simplified method for determining structural design－limit pressures on high performance marine vehicles[C]//Proc. AIAA/SNAME Conf. , Advanced Marine Vehicle,San Diego,1978.

［8］Allen H G. Analysis and Design of Structural Sandwich Panels［M］. Oxford：Pergamon，1969.

［9］Plantema F J. Sandwich Construction［M］. New York：Wiley，1966.

［10］Teti C G R. Sandwich Structures Handbook［M］. Padua：II Proto，1989.

［11］Teti C G R，Caprino G. Mechanical behaviour of sandwich construction［C］//Proc. 1st Intl. Conf. Sandwich Constructions，Stockholm：Royal Institute of Technology，1989.

# 第 12 章 产品质量与安全

## 12.1 概　述

为确保产品符合质量检测要求,通过质量认证,船体结构及构件制品等应坚持高质量标准,尤其当最终产品检验无法通过非破坏性试验和无损检测完成时,这一点更为重要。

本章将基于相关规范和规章制度,着重阐述质量保证措施和行为规范,以及其在更为有效控制 FRP 船海结构物设计、生产和使用全过程中的作用。在方案设计初始阶段必须重视"设计输入",即设计要求;而在产品设计、制造、安装和服役阶段,应严格按照相关准则和规范要求执行。

## 12.2　质量保证基本要求

### 12.2.1　名词定义

质量:事物保持使用状态及其与满足使用要求能力相关的全部属性(ISO/DIS 8402-1991,art. 2.1)。

质量保证:质量体系中所包含的所有工作计划和相关行为,以及用于确保事物满足质量要求,而必须开展的充分论证或验证工作(ISO/DIS 8402-1991,art. 3.5)。

质量体系:组织结构、人员职责、生产流程、生产过程以及资源使用等均应纳入质量管理体系(ISO/DIS 8402-1991,art. 3.6)。

### 12.2.2　ISO 标准

根据适用对象范围的差异,ISO 标准定义了三类可参照执行的质量体系管理适用标准。

(1) ISO 9001:1987-质量体系,涉及设计/开发、产品生产、安装和使用维护的质量保证模式。

(2) ISO 9002:1987-质量体系,涉及产品生产和安装的质量保证模式。

(3) ISO 9003:1987-质量体系,涉及产品最终检验和测试的质量保证模式。

以上三类标准采用统一格式出版，分别对应欧洲标准 EN29001、EN29002 和 EN29003，已得到了广泛认同，并在全球范围内快速推广。对于不同类型的产品，如何选用与之相适用的标准，ISO 9000：1987-质量管理和质量保证标准给出了指导性意见。而哪些内容应纳入质量体系，则可参见 ISO 9004：1987-质量管理和质量体系组成给出的指导性意见。

建议选择程序和主要考虑因素（ISO 9000）如下。

（1）功能或组织机构要求。

ISO 9001：适用于对产品设计/开发、生产、安装和使用维护等多阶段具有质量管理要求。

ISO 9002：适用于对产品生产和安装具有质量管理要求。

ISO 9003：适用于对产品最终检验和测试具有质量管理要求。

（2）其他 6 个需考虑的基本因素。

① 设计过程复杂性：此因素涉及某型产品或服务的设计或难度。

② 设计成熟度：此因素涉及全部设计工作得到验证或已得到应用的程度。

③ 生产过程复杂性，主要涉及以下因素：对经过验证生产过程的掌握程度；对开发新过程的需求程度；生产过程的数量和状态变化情况；生产过程对完成产品生产或服务的影响程度。

④ 产品或服务特征：此因素涉及产品或服务的复杂程度，各特征的相互关联程度以及每个特征对执行行为的影响程度。

⑤ 产品或服务安全性：失败的风险和后果。

⑥ 经济性：此因素涉及供应商和客户双方，需考虑由产品或服务不合格产生的成本。

对于 FRP 结构物或装置的生产与制备，影响质量保证管理模式选择的一个重要因素之一就是"特殊过程"，以下是 ISO 对其所进行的强调（ISO 9004，art. 11.4）

特殊过程：是指在产品生产过程中，对于产品质量具有重要影响的，需特殊关注的过程。特殊过程主要针对产品一些不易检测的技术特征而展开，可能是在使用和维护过程中需要特殊处理工艺的过程，也可能是其结果无法通过后续检测或试验验证的过程。特殊过程是检查的重点，并主要关注以下方面：

（1）用于制备和测试的装置或仪器的精度及其变化情况，包括设置和调整。

（2）生产实施者所应具有的，与质量需求相关的技巧、能力和知识状态。

（3）特殊的环境、时间、温度或影响质量的其他因素。

（4）与之相关的人员上岗资格证书，行业许可资质以及设备合格证书。

因此，当开始"特殊过程"时，应满足 ISO 9002（或 ISO 9001）标准要求。而当无特殊过程要求时，质量体系仅需遵从 ISO 9003 标准。以上说明对于大批量产品生产尤为重要。

与 ISO 9002 不同,ISO 9001 在质量管理体系中涉及复杂产品的设计,适用范围涵盖设计阶段。在大多数情况下,完全遵照 ISO 9001 意味着从源头出发,也是符合 ISO 9002 要求的。对于某一典型结构物所适用质量管理体系文献的交叉对照引用情况,可参见表 12.1。对比可知,ISO 9002 标准要求较 ISO 9003 更为严格,而较 ISO 9001 相对宽松。

表 12.1 质量体系构成元素交叉对比参考

| ISO9004 条款 (或子条款) | 内容 | 对应的条款(或子条款) | | |
|---|---|---|---|---|
| | | ISO 9001 | ISO 9002 | ISO 9003 |
| 4 | 管理职责 | 4.1● | 4.1◎ | 4.1○ |
| 5 | 质量体系准则 | 4.2● | 4.2● | 4.2◎ |
| 5.4 | 质量体系审核(内部) | 4.17● | 4.16◎ | — |
| 6 | 经济性-质量相关成本因素 | — | — | — |
| 7 | 营销质量(合同评审) | 4.3● | 4.3● | — |
| 8 | 规格和设计质量(设计控制) | 4.4● | | |
| 9 | 采购质量(购买) | 4.6● | 4.5● | — |
| 10 | 生产质量(过程控制) | 4.9● | 4.8● | |
| 11 | 产品控制 | 4.9● | 4.8● | — |
| 11.2 | 材料控制及可追溯性(产品代码和可追溯性) | 4.8● | 4.7● | 4.4◎ |
| 11.7 | 检验状态控制(检查,测量和测试装置) | 4.12● | 4.11● | 4.7○ |
| 12 | 产品验证(检查和测试) | 4.10● | 4.9● | 4.5◎ |
| 13 | 测量和测试装置控制(检查,测量和测试装置) | 4.11● | 4.10● | 4.6◎ |
| 14 | 不符合性(不符合产品控制) | 4.13● | 4.12● | 4.8◎ |
| 15 | 行为纠正 | 4.14● | 4.13● | — |
| 16 | 处理和后期处理(处理,存储和发送) | 4.15● | 4.14● | 4.9◎ |
| 16.2 | 售后服务 | 4.19● | — | — |
| 17 | 质量管理文档和记录(文档控制) | 4.5● | 4.4● | 4.3◎ |
| 17.3 | 质量记录 | 4.16● | 4.15● | 4.10◎ |
| 18 | 人员(培训) | 4.18● | 4.17 | 4.11○ |
| 19 | 产品安全和职责 | — | — | — |
| 20 | 统计方法的应用(统计分析) | 4.20● | 4.18● | 4.12◎ |
| — | 买方提供的产品 | 4.7● | 4.6● | — |

注:● 完整的要求;◎较 ISO9001 宽松;○ 较 ISO9002 宽松;—无要求。

### 12. 2. 3  质量保证体系

目前主要可参照的文献是质量保证手册(QAM)。QAM 的主要作用是为质量保证体系提供充分的阐述与说明,它尽可能地按照 ISO900 标准体系框架建立,是贯彻和维护质量体系的永久性参考文献。

QAM 可与已收集成册的《常规质量管理程序手册》互为补充,相互参照。

质量保证体系也可具体落实为系列文档,如生产说明书、质量记录表格、检查清单等。

### 12. 2. 4  当事人

对船厂或制造商质量保证体系具有影响力的当事人主要包括:船厂内独立部门(如设计、采购、生产、质量控制、产品检验等)、客户、下一级承包商(包括原材料供应商)、船级社和其他可能的第三方。

### 12. 2. 5  合格证书

船厂或制造商希望在已遵循由权威机构颁发 ISO 9000 系列标准后,得到认可,并被授予合格证书。认证方案应该是国家认可的(如英国的 NACCB、法国的 AFAQ 等),认证程序应通过严格的标准和审查流程。

在欧共体成员国内部,以下标准正在逐步完善,并要求严格执行。

EN 45011——需认证实体进行产品认证的基本准则。

EN 45012——需认证实体进行质量体系认证的基本准则。

EN 45013——需认证实体个人从业资格认证的基本准则。

EN 45004——需认证实体检验操作的基本准则。

### 12. 2. 6  适用规范

本节主要针对 FRP 船海结构物,对象主要包括游船、游艇、救生艇、渔船和快艇等,同时包含目前已在船舶和离岸结构平台上得到越来越广泛使用的 FRP 管路。

所适用的主要规范均由船级社公开发布。此外,游船还应另外遵守一些由国家权力机构(如斯堪的纳维亚管理局)发布的法令法规,以及欧共体联合会关于游船制造的指导性草案。目前暂时还没有针对其他复合材料船型结构的特殊要求。对于 FRP 管路,相关特殊要求可以参考 IMO 文献 DE 35/WP7。

# 12.3 设 计 阶 段

## 12.3.1 两种主要设计途径

对于设计者,从大规模材料选型到板/筋结构优化设计,充分认识到复合材料结构的设计潜力是极为必要的。正是因为考虑到复合材料体系的繁杂性,船级社仅针对一些比较特殊的,且与金属材料结构分析差异性较大的情况,给出了计算方法。

以下主要介绍两类方法:

第一类是在已知层合板重量或厚度要求的前提下,通过修改设计(包含选材和结构优化设计)使得所设计的层合板能满足"标准层合板"要求。

第二类是在已知层合板或筋材的极限强度要求的前提下(即材料体系确定),基于所用材料体系的真实特性进行结构设计。

显然,第二类方法是一种更显效率的设计途径。至于为什么在已确定 FRP 构件尺寸的情况下,还需要寻找新的设计途径,则是由复合材料与金属材料特性差异所造成的。下面简要分析金属材料和 FRP 材料的差异性。

## 12.3.2 FRP 与金属材料的差异性

### 1. 弹性模量和断裂强度

图 12.1 中给出了标准钢、铝合金和 FRP 的应力-应变试验曲线。

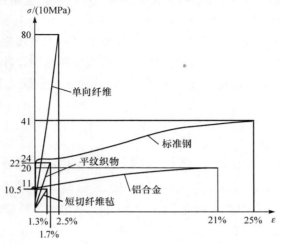

图 12.1 钢、铝合金和 FRP 应力-应变曲线

标准钢弹性模量为 210GPa,铝合金为 70GPa。而 GRP 的弹性模量取决于纤维增强方式及其含量。一般而言,短切纤维毡弹性模量约为 8.5GPa,正交平纹织物型弹性模量约为 16GPa,单向铺层时约为 33GPa。因此,GRP 弹性范围内的变形量可达标准钢 6~25 倍。

屈服应力概念主要适用于金属材料。标准钢屈服应力约为 240MPa,可焊铝合金屈服应力约为 110MPa。GRP 不存在屈服应力点,其应力-应变曲线在达到断裂强度前基本保持线性增长。相关对比分析情况可参见表 12.2。

表 12.2　不同材料基本力学性能的比较

| 参量 | 标准钢 | 铝合金 | 短切纤维毡 | GRP 层合板平纹织物 | 单向纤维增强 |
|---|---|---|---|---|---|
| 弹性模量/GPa | 210 | 70 | 8.5 | 16 | 33 |
| 塑性 | 有 | 有 | 无 | 无 | 无 |
| 屈服应力/MPa | 240 | 110 | — | — | — |
| 断裂强度/MPa | 410 | 200 | 105 | 220 | 800 |
| 屈服点应变/% | 0.11 | 0.16 | — | — | — |
| 断裂应变/% | 25 | 21 | 1.3 | 1.7 | 2.5 |

### 2. 塑性

FRP 与金属材料最重要的差异性表现为,在军用舰船结构应用领域中,金属材料必须考虑塑性特征,而 FRP 材料几乎没有塑性阶段。金属材料在进入屈服状态时,其弹性应变约为 0.11%,而断裂延伸率可达 25%,为其弹性变形 230 倍以上。然而,FRP 材料从承载到断裂,其应力-应变关系基本呈现为线弹性特征。

以上材料特性的差异,对于确定构件尺寸以及保证结构设计安全性极为重要。鉴于此,在设计时金属结构一般根据屈服应力,选取安全系数 1.5,而 FRP 层合板往往根据断裂强度,选取安全系数 5~10。

### 3. 结构设计

金属材料均质且各向同性,而 FRP 则具有多相复合和各向异性。由于 FRP 结构在不同铺层及铺层方向上存在断裂强度的差异,其结构设计远较金属结构困难。例如,在设计过程中必须考虑 FRP 结构可能存在的各种局部失效模式,如纤维断裂、树脂基体损伤、界面分层以及混合型破坏等;在实际工程应用中,纤维断裂并不总是首先出现在 FRP 结构的最外层;层间分层现象是较为常见的强度失效模式之一。由此可知,FRP 结构设计远较金属结构复杂,而且要求更高。

### 4. 疲劳特性

与静强度破坏不同的是,由于渐进式损伤扩展机理的作用,随着加载次数的增加,材料疲劳常常会导致结构出现较低应力水平状态的破坏。FRP 材料的疲劳特性与金属材料存在差异。例如,当结构中存在微裂纹时,微裂纹数量将随加载次数增加而增加,断裂强度下降。但是除非处于材料断裂强度点附近,宏观裂纹一般很少可见。相比于金属材料,FRP 的优势在于它是多相材料的复合体,裂纹在树脂基体间进行扩展时需要更多能量。

## 12.4　制　造　阶　段

### 12.4.1　火灾/爆炸及健康危害

#### 1. 火灾和爆炸

1）原材料的处理

绝大多数聚酯类树脂都是可燃的,燃烧时将产生火焰、挥发性物质和刺鼻的烟气,燃烧产物的量和特征主要取决于树脂组成成分。

聚酯溶液一般会挥发溶解于其中的高可燃气体单体,其中最常见的成分包括苯乙烯、甲基丙烯酸甲酯和石油溶剂油。关于此类物质所具有的火灾或爆炸相关危险性信息,可由供应商提供,或从已出版规范中获得。

当聚酯溶液通过管道在储罐、容器或散装容器间进行转运时,可能产生静电。由于存在引起火灾的风险,应尽可能避免溶液飞溅;转运和盛装的管道或容器应接地,以消除静电。在装卸树脂溶液的场所内,应配置泡沫或二氧化碳灭火器,同时,应有清晰明确的火灾警示标志。

光、热和其他电器设备的存在均能构成可燃大气环境。因此,转运、生产场所必须符合用电设备安全管理国家标准要求。

所有存储容器均应进行正确且恰当的标识。在产品转运过程中,正确标识以及包含产品成分、危险性以及紧急处理措施的说明书应予以提供。

所有有关聚酯类树脂和稀释溶剂的使用操作行为均应在通风良好,防火措施完备的场所进行,最好是在独立空间内完成,并严禁吸烟。当存在较为严重的气体挥发或大量灰尘时,应安装足够完善的通风系统。为避免引起爆炸,严禁将固化剂(促进剂)直接与有机过氧化物的催化剂进行混合。

2）原材料的储备

聚酯类树脂应装储于封闭容器中,环境温度 20℃ 以下,库区远离所有火源,通风良好,防火得当。

使用储存原材料时,应遵循严格的循环使用制度,以避免原材料存储时间超过保质期,也有利于降低提前出现聚合产物的风险。储存库房应确保树脂不会大范围暴露在荧光、阳光或热环境中。

确保固化剂和催化剂分隔储存,所使用的安全设施必须完备。推荐存储方式是应尽可能采用专用储罐盛装有机过氧化合物催化剂或置于地下室内储存。

3)紧急情况处理

(1)消防:聚酯类树脂和催化剂,尤其是那些含有危险单体和可燃溶剂的原材料,一旦点燃就会引发大火,并释放出浓烈的烟气。因此,一般会根据原材料的可燃特性来设立防火和成品安全性等级。

因为燃烧会产生大量有毒有害烟气,当在限制空间内进行消防作业时,消防设施必须配备自持式呼吸器。当已确认不会对人体造成危害之后,室内火可以通过使用沙子、二氧化碳、干粉或泡沫灭火器等加以控制,其中泡沫灭火器建议在户外环境下使用。

不宜采用水灭火,但水可用于降低储存罐体的温度,以防止罐体过热引发爆炸,并导致火势蔓延。聚酯类树脂是不溶于水的,干粉是进行催化剂类火灾消防的最佳选择。

(2)废品处置:所有树脂及添加剂等废弃物的处置,在大多数国家,必须通报有关管理部门,并接受环境保护法的控制。树脂溶液应该通过干沙或其他类似的惰性材料吸收,并通过批准的垃圾填埋场或控制焚烧处置。

装盛过树脂溶液的空桶或储存罐等中存在的可燃气体单体或残留物,存在引起火灾、爆炸和有毒气体的风险。因此,应遵循相关安全处理程序进行处置。工作人员在处理树脂或溶剂大量溢出事故时,应穿戴相应的防护装备。

2. 健康危害

(1)通常情况:企业和个人均应保持良好的卫生习惯。同时,人员应被告知所处理产品的性质。

(2)吸入危害:聚酯溶液和催化剂溶剂所释放的气体单体已被证明是对人体有害的。一般而言,吸入有害气体可能导致头昏、头痛、恶心反胃、眩晕、刺激黏膜,甚至可能导致意识丧失。为防止过量吸入有害气体,应控制气体的富集程度,不能超过限值要求,必要时应采用通风系统排气。

所有通风和排风系统中的排放物,不能污染厂区和周边环境。在模型打磨阶段,通风系统应装配灰尘过滤器。在斯堪的纳维亚群岛地区的国家内,只有低排放型苯乙烯类才是唯一被批准用于喷射成型的树脂材料。

(3)摄入危害:摄入聚酯类树脂及添加剂的危害与吸入危害类似。大多数的单体成分都是对人体有害的,可能会引起消化道的严重刺激。

(4)皮肤接触危害:长时间或频繁的接触单体成分或溶剂将磨损掉皮肤上的天然保护油脂层,从而使皮肤暴露于细菌攻击之下,导致皮炎,聚酯类树脂溶液可造成中高度皮肤刺激。因此,建议对暴露在外的皮肤涂抹护肤脂,以减小对皮肤的伤害;按要求正确穿戴手套,工作服以及安全鞋;工作结束后,应采用专用的清洗剂进行清洗,而不宜采用溶解剂,工作服应经常换洗。由于不透气的工作手套会引起大量出汗,并造成皮肤感染,因此一般建议在橡胶手套内衬一副棉质手套,并应经常换洗,以确保其吸湿性。

(5)眼睛接触危害:单体成分和溶液挥发出的气体会刺激眼睛,树脂溶液也会严重伤害眼睛。为防止飞溅,工作时应佩戴工作眼镜。一旦溶液进入眼睛内,应立即彻底和连续地用清水冲洗至少 15min。

## 12.4.2　产品生产要求

1. 适用范围

一般要求包括以下内容:
质量控制,包括生产场所。
与鉴定样机的一致性。
最后阶段的检验与测试。
此外,还需满足船级社规范要求:
对原材料的类型鉴别及必要的检验。
对特殊过程的合格认证。
生产人员(或质量管理人员)的上岗资格证书。
例如,欧共体委员会所给出的关于游船的指令性草案中就规定了以下生产"模式"类别。

模式 A (内部产品控制):生产总长小于 6m 的游船,每年不多于 20 艘。

模式 Aa(内部产品控制,增加试验检验):生产总长小于 6m,年产量大于 20 艘,或者生产游船总长 6~12m。

模式 D(产品质量保证):所有生产游艇总长 12~24m。

2. FRP 船舶结构典型生产许可要求

下面参考主要来自斯堪的纳维亚"北欧船舶标准"或 BV 船级社要求。

1)原材料

对于原材料的使用,制造商应在材料选型阶段与原材料制造商进行良好沟通,并理解玻璃纤维增强聚酯用于制备各种产品的原则和使用指导方针(BV:原材料必须得到核实,即材料类型必须通过检验,以确保与所要求的一致)。

2)生产场地

成型制备场地的环境温度不应低于18℃,且在制作过程中环境温度的变化应小于6℃(BV:环境温度为15~25℃,变化小于3℃)。

湿度控制(BV):相对湿度应低于70%。

光(紫外线)危害(BV):注意光照(紫外线)对树脂固化过程的影响。

清洁、通风、隔离、操作方法等要求应贯彻于制备工艺过程的各个阶段,并注意健康和安全规则以及供应商所给出的原材料使用建议等。

3)手工糊制

(1)模具(BV)。

为了确保结构件在成型和树脂固化过程中形状或尺寸的稳定性,模具应具有良好结构稳定性和适当强度。

在涂覆脱模剂之前,模具应仔细清洁,且应在环境温度下保持干燥。

应根据模具和界面层树脂材质选取合适的脱模剂,避免影响固化特性。

(2)喷射成型(BV)。

树脂和纤维混合喷射技术的使用,应仅限于能确保正确铺层的结构部位或区域。

在喷射操作前,喷射装置应正确计量设置,明确纤维含量;装置应定期检查,以保证层合板符合要求,并有效控制纤维长度。

(3)表面涂层(胶衣)(BV)。

表面涂层(胶衣)应均匀地分布于结构表层,厚度为0.4~0.6mm。

当模具涂覆凝胶层之后,第一层纤维布应尽快铺放。

为确保铺设质量,纤维布应足够柔顺;当结构局部外形与纤维布轮廓不一致时,则更显重要。

脱模时,应仔细检查表面涂层(胶衣)质量,防止出现气泡、空穴和皱褶等质量缺陷。

当使用内模(阳模)时,船体结构外表面应具有较厚的树脂层或树脂基层,然后涂覆油漆层。这层树脂就可起到表面涂层(胶衣)的作用。

(4)表面涂层(胶衣)(附北欧要求)。

胶状毡布层不应与间苯型树脂黏结。

采用表面涂层时,对于具有复杂线型要求的结构,轻质毡布的使用面密度建议低于450g/m²;而平板型结构,面密度应低于600g/m²。

增强纤维层的铺设应按照设计要求正确执行。

在容易产生积水的龙骨和舱底部位,应该在内侧使用合适的面漆保护。

当层合板不涂覆面漆时,最后一层应使用含蜡聚酯,以确保固化时能阻隔空气。

两层增强纤维层搭接铺设时,搭接宽度应大于 50mm。

每层增强纤维层层内的聚酯类树脂分布应保持均匀。

手工铺层时,至少每两层应加以碾压,以使聚酯类树脂更加均匀分布,并尽可能将空气挤出。

所有纤维应该得到良好的树脂浸润,但不能在表面形成堆积。

增强纤维层之间的固化时间间隔应与整体固化过程相匹配。当固化过程已经开始后,该层在固化过程中将放热,此时不应继续进行手工铺层。当然,层合板每层铺设的时间间隔一般不会太长,以至于出现上一层完全固化,后一层还没有铺设完的情况。但如果发生这种情况,就应该遵循次级黏结的铺设操作要求。

在结构复杂形状区域,如角隅、尖端等处碾压铺层时,应确保增强纤维层满足一定层数和厚度要求。

芯材一般采用刚性泡沫或胶合层板,如有必要,可通过外加载荷挤压,以确保在固化过程中树脂能完全浸润芯材。

芯材块之间的连接接头,在夹层结构成型前应提前完成胶接。

可以允许夹层板表层在铺设时或结构开始整体固化前,处于一定程度的预固化状态(湿态)。

(5) 次级黏结。

当已经完全固化的(48h)层合板还需进行二次成型时,表层处理工作应终止,并确保增强纤维层暴露在最外层。

如果需要进行二次成型的结构表面存在蜡涂层,表面应该清理干净,除非不是完全凝胶,或者蜡可以被新的铺层所吸收。

表层涂层(胶衣)施工在二次黏结成型之前应取消。

(6) 加强筋材。

设置于层合板上的加强筋材,其宽度至少应为板厚的 20 倍。

若层合板采用喷射成型工艺制备,应该对其厚度进行检测。

根据所使用增强材料和聚酯基体材料的力学性能而得到的试验测试结果,应与基于玻璃纤维含量的理论计算值保持一致。

可以通过增强材料重量和层合板平均厚度,计算底层玻璃纤维含量。

(7) 连接(BV)。

层合板结构与木质或金属构件连接,以及与上层建筑和设备连接时,通常通过穿透层合板,采用铆钉、螺栓或螺钉等进行机械连接。此时应尽量避免产生过大的局部应力,造成层合板的损伤。作为一般原则,对于由机械连接造成的层合板开孔应加以修补处理。

**3. 第三方产品检验方案**

关于生产能力问题,船级社已颁布了船厂和制造商承制资格的相关标准,并将质量保证体系贯彻于具体实施过程中。其根本目的是明确或确保公司具有通过特定设备生产特定产品的能力。评价与认可主要通过生产产品的质量检查以及公司质量体系的运行情况完成。对产品质量的评价主要依照相关船级社入级规范执行,并以合格证的形式认可;对质量体系运行情况的评估,则参照 ISO 9000 系列标准执行,并应获得第三方质量体系认证。

公司具备生产能力并不意味着可以免除船级社审查员对产品的检验。由于船级社审查员主要依照规范制定检验方案,因此已取得质量体系认证的公司必将从中获益。根据质量管理体系要求,公司应针对每型产品或每个系列产品列出其建造、自查和检验计划(CCI 计划)或制造、测试和检验计划(MTI 计划)。该计划详述了工作人员在产品生产过程中应完成的检验和测试工作。对于每一事项,船级社审查员应明示是否需要现场督察,或是根据质量计划执行定期评估,主要如下。

(1) C1:强制性要求,审查员的到场出席是强制性的。

(2) C2:检验点,基于 C1,检验时船厂应及时通知审查员。当审查员认为出席必要性不大时,应及时通知船厂,则强制检验点撤销。但船厂质量部门在撰写质量报告时,仍需征求审查员的意见。

(3) C3:如果质量监查仅需由施工者自行完成,或全部认证工作只需通过随机抽查和复查就能满足要求,那么即便审查员有所担心,也无须通知其来参与检验。

(4) C4:其他,以上所述方案主要针对单一舰艇的建造。对于批量建造的产品,目前的方案主要是通过对船厂和生产线开展按计划的定期检查。为确保达到质量体系所要求的生产过程可追溯性。建议对每艘 FRP 船舶,建立成型计划手册,该手册可记录结构成型的全部操作过程。显然,该手册可以替代用于 FRP 结构批量建造所需的大量检验清单列表。这样,通过计划手册,每一个构件将确保能在完工时得到公司和船级社审查员的质量认可。

**4. 非破坏性试验**

FRP 结构的安全性检查要求制造商提供质量合格证书。质量合格证书表明该结构件已经通过目测检验以及相关非破坏性试验验证,该结构无不可接受缺陷。目前无损检验的方法较多,主要是借鉴金属结构的检验方法。但是这些方法用于复合材料结构无损检测时,往往存在较多局限性,对此下面有详细说明。以下所介绍的方法主要根据操作和检测原理的难易程度进行排序。

(1) 目测技术:是目前最容易实现的检测方法。当产品具有良好透光性时,较适用于目测检查。根据透光性要求,目测检查仅适用于未进行不透明表面涂层处理的薄层玻璃纤维树脂基复合材料结构。通过目测检查,一般而言纤维铺层方向和结构内部缺陷,如气泡和分层的轮廓是可以显现的。

(2) 染色剂技术:此类方法来源于冶金领域,主要针对结构近表面的开放式缺陷,如裂纹和孔洞。在使用此类方法时,应合理选择与树脂匹配性好的染色渗透剂,以免发生有害反应。

(3) X 射线照相技术:此类方法可对复合材料结构内平行于 X 射线分布的缺陷特征进行检测,而对于分层等垂直分布缺陷,常常难以发现。

(4) 超声波技术:超声探测波的输入能量范围和谐振频率,应根据复合材料结构内声波传播特征规律进行设置。主要探测原理是利用声波的反射和透射。此类方法可有效探测大多数垂直于超声波束的缺陷特征。

(5) 红外成像技术:是一种精巧的检测技术,一般要求在夜晚进行。该检测技术可提供定性结论,用以证实其他检测方法(如超声波或 X 射线照相检测)所给出的缺陷尺度信息。

(6) 涡电流技术:此方法以电磁感应原理为基础,仅适用于碳纤维增强复合材料(具有导电性),可有效检测增强纤维缺陷。

(7) 声散射技术:该检测技术来源于金属结构检测,对于复合材料检测具有潜在应用前景。它利用纤维微损伤,树脂裂纹和分层等缺陷易产生次声散射波的基本原理,检测中根据声波从散射源到布放于结构不同部位的传感器的传播时间,来确定缺陷散射源的具体位置。

(8) X 射线断层摄像技术:该技术由医疗领域开发出来,采用 X 射线成像原理。该检测技术通过探头的旋转,可对连续铺层结构进行多角度拍摄,影像数据通过计算机储存和处理。目前这还是一个处于实验室阶段的庞大检测系统,工业应用尚有待时日,同时该检测技术成本高昂,且结构尺寸受限。

(9) 全息摄像技术:基于激光控制的检测技术,可以获得产品的 3D 图像。它可以通过同一产品摆放在不同位置时照片的对比分析,发现结构分离,孔穴和分层的程度。由于装置尺寸要求,目前该技术仅限于实验室内使用。

(10) 应变计技术:相对于声散射技术和其他先进技术,该方法的优点是成本较低,且更易操作。该技术通过加载使结构产生变形,然后由应变计获得典型部位的应变值。但在检测前,材料力学参数,如弹性模量、剪切模量以及泊松比等应提前获取。材料力学参数可以在实验室内,通过试件测试获得,试件的应变状态应与"真实"结构相一致。这种方法也是一种可用于了解结构承载特性的技术途径,它通过定量加载和应变测量,可有效评估结构的极限承载能力。

# 12.5　安装(仅针对 FRP 管路)

## 12.5.1　背景介绍

对于结构组件,如 FRP 管路件,错误的安装可能会危害到整个系统。正因为如此,IMO 和船级社均对此提出了具体要求。

## 12.5.2　规范要求

FRP 管路件安装基本要求如下:

对船舶管路系统而言,管路支撑方式的选择和跨距主要取决于许用应力和挠度要求。

当管件部件重量较大时,应设置独立支撑。

管路的安装应允许管路与船体结构之间存在相对运动。

管路安装应考虑其可能存在的外部载荷。

管路的连接接头应满足与管路一致的强度和刚度要求。这意味着管件的连接施工过程应得到质管人员的现场监督,以确保整个过程能在过程文件中加以记录,并与管路制造商所提出的安装要求保持一致。

管件的胶接过程是否合格,应通过典型试验工况测试加以考核。

每个胶接接头均应明确,并可追溯到具体的施工者和质管员。

工程完工时,管路系统应开展已认可的试验项目测试,以验证实际安装状态。

# 12.6　服役期检查与维护修理

## 12.6.1　规范要求

### 1. 舰艇结构

一旦一艘船或艇已交付使用,船主将有义务为其提供良好的维护环境。对此,目前虽然尚没有明确的强制性规范要求。但对于入级舰艇,一般应开展以下工作:

年度检查(重点关注船体底部外表面及相关部位,对用于营业的轻型船舶尤其重要)。

定期检查。

特别检查(每五年一次:对整船结构及其附属结构进行详细勘察)。

在发生搁浅、损伤事故和/或维修后应安排临时勘察。

## 2. FRP 管路

FRP 管路的可维修性要求与主船体结构一致。IMO 要求船舶应配备所需的材料和工具，以满足船员在海上完成 FRP 管路临时抢修的任务。

### 12.6.2　调查和修复标准

详细内容请参见第 7 章材料问题研究和第 11 章设计管理制度。

# 第 13 章　设计管理与组织

## 13.1　引　　言

设计管理是为了获得满足要求的产品设计方案,并确保设计工作处于低成本、高效率运行状态而开展的一系列行为。设计管理者主要通过对时间和资源的有效利用及分配,确保设计出优异的产品。相关组织的层级化管理模式有助于提升设计管理的效率;同时,设计管理行为也应该能够得到各个层次管理者的认可,并形成共识。

本章主要针对 FRP 及其在船海工程应用中的管理与组织问题展开讨论。由于 FRP 构件产品往往是某个结构物的一部分,如主船体、水下机器人底盘或海上结构平台上的某个部件等,因此下面所讨论的设计管理主要针对部件设计工作,而非完整结构物产品。然而,为了能将前瞻性的管理需求和管理作用体现到产品设计中,从工程整体层面和宏观上探讨管理工作的作用是很有必要的。

复合材料结构产品在材料选型、制备流程和结构设计要素方面存在极大的可选择性(或可设计性),这就要求设计管理必须紧密贴近设计工作。同时,还应考虑船海结构物制备的复杂性,例如,需要综合考虑重量、成本和环境等因素的影响,因此精细化的产品管理要求将日益提高。

## 13.2　管理工作的必要性

设计管理是一项重要工程,但直到最近才得到足够重视。促进设计管理工作发展的驱动力主要来自更多更好产品的需求。为了达到此目的,必须加强设计管理,以提高设计效率,降低设计成本,从而实现降低产品整体成本的目的,以满足市场需求。

设计是多学科智慧和技能的综合体现,它也是科学、艺术、工程技术、工艺以及制造等多个因素相互影响的活动过程。没有一个学科能够替代另一个学科;相反,为了提高产品设计的效率、降低成本,学科之间应尽可能相互融合,以得到最优设计方案。

因此,各个层面的管理人员必须充分理解产品设计的作用和必要性。对于人数较多的设计团队,设计管理可分为以下不同层级:①高层管理者——企业层级;

②项目管理者——管理部门层级;③设计管理者——具体设计层级。

# 13.3　企业级设计管理

企业层级的设计管理主要致力于全面规划设计任务需求,并对可用资源和生产成本进行优化配置。同时,要确保设计管理不同层级之间的信息互通、系统设计监控和评估。

各层级管理者在开展产品设计管理工作时,均可参照 BS7000[1] 进行。高层级管理者的具体职责清单如下:

(1) 明确企业总体目标。

(2) 使企业内参与项目的全体人员知晓和理解总体目标。

(3) 确保产品设计工作计划与总体目标相适应。

(4) 为产品设计计划实施提供所需资源。

(5) 确保组织政策和管理流程能够满足设计需要。

(6) 确保设计负责人及其下属设计人员具有明确的设计目标。

(7) 严格控制设计周期和经费开支。

(8) 坚持高标准产品设计预期。

(9) 进行绩效评估,并将结果通报给所有相关人员。

# 13.4　项目级设计管理

项目级设计管理应确保所有产品(如船舶、海洋设备等)的设计工作均处于合理有效的管控之下。项目总体设计目标明确后,各个部件的设计目标也应相应明确。此时,在整个项目中的 FRP 部构件的设计目标应该得到充分讨论,并制订项目计划、设计费用需求、时间表以及审查流程等。

根据 BS7000 规定,下面所列的检查点适用于整个项目层面的管理。

(1) 确保产品符合企业总体规划。

(2) 组织设计任务摘要的准备工作,确保覆盖范围足够广,并具有一定的灵活性。

(3) 编制预算,控制支出和现金流动。

(4) 固化流程,整合资源,监控过程,必要时还能对所出现的问题进行适时补救。

(5) 确保项目设计所需资源(软硬件条件)充足。

(6) 确保项目组织能够胜任设计管理工作,并应随时掌握人员的正常变动。

(7) 掌控对外信息通信与交流。

（8）实时向高层级管理者汇报项目进展和开支情况。

（9）组织对产品和项目管理的评价工作。

# 13.5　FRP产品的设计管理

对复合材料结构物或部构件进行设计管理之前必须形成如下共识：由于加工工艺对产品性能具有重要影响，FRP产品的设计是一个高度交互的过程；备选材料体系丰富，如纤维、树脂以及芯材等，而且不同型号的价格波动范围非常大。因此，进行设计管理是必需的。

设计管理的总体目标就是通过合理的方法，把设计过程中的所有因素都考虑进来，实现人力设备等资源的高效利用。为此，必须对设计过程进行合理规划，并确保能够落实到位。

## 13.5.1　设计过程

无论设计何种产品，设计过程都要讲究设计流程和设计方法的合理性。然而，由于在材料选型、制备工艺以及环境影响方面，复合材料结构需要更多地考虑各种因素的交互影响。为此，将复合材料结构件的设计流程清理如图13.1所示[2]。

主要分为以下四个阶段：①设计概要；②方案设计；③细节设计；④制备。

第一阶段设计概要的重要性往往被低估。因为当整体目标和项目经费尚不明确时，概要对于长期复杂的设计过程就显得没有实际意义。

因此，无论所设计的产品是大是小，在概要中都应该首先指明设计的方向，并进行资源的合理分配。例如，在设计高速客轮时，对总重量的控制要求是十分严格的。因此，在设计规划中就应严格执行重量控制。应使设计小组内的所有成员清醒地认识到，所有重量的增加都将得到关注。反之，当重量因素不那么重要时，选用重量较大的甲板机械设备或内装材料也应该就是容许的。

同样，对于游艇，由于成本是主要考虑因素，因此应更加密切关注材料选型和设备选择时的性价比。

综上所述，概要阶段设计管理者的主要工作应包括以下方面：①明确目标；②任命管理者；③明确设计变量；④认真组建一支具有专业知识、技能和相关资源的设计团队；⑤完成设计工作成本估算；⑥明确时间节点和最后期限。

项目第二阶段（方案设计）启动时，产品规格及设计要求应该明确，生产制备方案应该确定，并且第一笔经费已经到位。

为了确保方案设计阶段分析工作能够正常进行，可以使用预估材料性能暂时替代尚未获得的真实材料性能。关于对这部分材料真实性能值的需求将会在后面加以讨论。

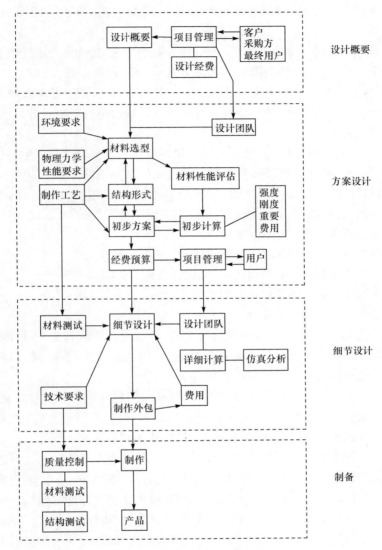

图 13.1　复合材料结构物和部构件设计流程

　　方案设计阶段是一个循环过程,各种方案提出后,需经过反复分析,不断尝试,直到获取一个各方均可接受的设计方案。在各种方案的优选过程中,如何从众多备选材料体系确定产品的材料体系组成(纤维、树脂、夹层芯材等)是方案设计的难点问题。有经验的设计者往往可以通过以往使用经验的积累,比较容易在材料体系选型时进行定量判断,从而减少材料选型所需要时间,缩短方案设计周期。

　　在方案设计阶段设计管理的重要性将得到充分体现。因为在此阶段设计者很容易将注意力转向那些看上去很有意思,但实际上对满足设计要求并没有太多帮助的次要领域中。这时就需要强有力的设计管理者来做出决策，纠正设计方向，明确设计目标。

　　设计管理者的另一个重要角色，应确保在必要时将正确的设计技能引入项目中来。非常小的项目，可能只需要一名或者几名设计人员。而大型项目因为可能涉及多学科交叉，则会需要更多设计人员。一个好的项目管理者能够清醒地把握不同专业知识的需求程度，并且能够对各专业设计需求进行折中考虑，以获取一个总体最优的设计方案。

　　单个设计人员承担的项目只需进行自我管理。在方案设计阶段中对项目总体目标形成一个完整清晰的认识，是确保设计效率的必要条件。

　　方案设计阶段一个重要工作就是设计方案的表述或汇报，所提供的汇报材料应该有明确而简洁的方案设计结论；同时，用于说明所需设计费用、设计过程、佐证数据以及设计进度的图表应该清晰易懂。

　　以下是方案设计阶段需要牢记的关键点：

　　（1）为了确保专业技能的运用效率，设计管理必须强而有力。

　　（2）各学科专业之间需要进行综合折中考虑。

　　（3）方案汇报必须简洁高效。

　　第三阶段是细节设计，主要完成计算分析、绘制设计图纸和工程设计书。

　　为了确保紧密管控设计工作的各个方面，必须强化设计管理；同时，密切关注设计过程中的不同程度的各种设计调整和方案变化。

　　细节设计阶段同样存在循环交互的技术特征，但这种专业技术间的交互，其主要目的是完成和落实设计方案，而不是形成新的方案。设计管理者将为确保各专业技术间交互过程顺畅开展，提供足够的资源、技能和条件设备支撑。

　　细节设计阶段的成果是为制作商提供具有计算和理论分析技术支撑的设计施工图纸和工程设计书等系列文档资料。这些文档资料既可用于本企业自行组织施工建造，同时可被其他单位在项目竞标时，用于报价和施工建造的依据。

　　由于复合材料结构设计工作的闭环受材料性能、结构性能、质量控制以及制造工艺调整的影响较大，因此即使工程项目已进入制造阶段，设计工作也尚未终止。

　　设计管理工作是确保以上四个设计阶段的完整设计流程始终得到严格的管控。

　　随着设计工作的不断推进，管理工作的作用主要体现在过程的记录和成本的控制方面。

　　大型项目参与人员众多，设计管理者应对每个人的工作时间以及经费使用情况加以详细记录，如资料打印费、差旅费、外协合同费等。设计管理者应尽量确保设计阶段全过程中的费用不会超支，并可为确定同类项目经费需求提供参考。设计过程中的记录是调整经费预算以及为了增补设计经费开展谈判的主要依据。

### 13.5.2　设计参数

设计过程中所需要的设计参数主要来自试验测试记录以及设计者的经验积累。设计管理者应确保设计输入参数的有效性。

有效设计输入参数的积累需要时间。同时，复合材料性能参数数据也会因为多相组合而变得不太可靠，难以反映小规模生产企业的产品质量。例如，纤维和树脂分别是由不同供应商提供的，而复合材料层合板的性能是两者的复合，因此供应商一般无法提供给设计方，如图 13.2 所示。

设计工作进入计算分析阶段后，对输入数据的需求主要体现在三种类型和两个层面上。

在方案设计阶段，设计团队对输入数据的要求，主要是用于方案分析，以获得设计参数。这些输入数据主要与备选材料体系的环境适应特性、工艺特性以及成本特性相关，可以统称为材料体系的表观性能数据。

在方案设计阶段，材料体系性能参数数据是开展结构强度和刚度计算所必须具备的。

设计者对第三类输入数据的需求是为了确保所设计的产品满足设计认证流程要求，而必须符合一系列相关要求和规范的设计控制参数，如安全系数、设计载荷和设计误差许可等。

如图 13.2 所示，以上对三类数据的需求主要体现在两个层面：

层面 1：能够满足生成设计概要的需要。

层面 2：能够满足完成设计工作的需要。

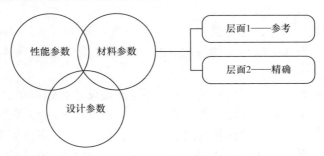

图 13.2　设计数据关系

对于任何一件产品或结构件，数据体系的完备性是必须保证的。对于不同产品，可能存在变化的只是每一类型数据的具体内容。

在细节设计的第三阶段，为了完成设计工作，所需要的数据主要是层面 2 的详细参数和规范值。如果在此阶段主要采用有限元软件对结构物的强度和刚度特性进行分析，那么所需要的建模输入参数必须详细。

以上所需设计输入参数的获取,部分可由材料供应商提供。但是,最终确定的计算参数必须通过在设计和制造过程中的材料性能试验测试获取。设计团队经过长期积累,就可以形成有效的输入参数数据库。

### 13.5.3 设计流程

在开展设计工作时,设计流程必须清楚明晰。这将确保设计工作正确进行,且有利于设计管理。设计流程应该涵盖理论设计工作,因为影响产品设计的因素和用于产品设计的数据很多都来自理论设计。

海洋结构物的设计在较大程度上受到船级社针对各型船舶所制定的规范影响。这些规范的编制主要以使用经验为依据,它利用大量的实践经验为使用各种材料的船舶结构设计提供构件尺寸要求,包括复合材料船舶结构。船级社规范的重要性在于它可为确保设计工作的有效性或设计流程的正确性提供保障。

当然,完全依照规范进行设计也存在不利因素。如对同一构件进行设计时,根据不同船级社规范可能会得到不同规格的构件尺寸。同时,由于规范主要来自应用经验的积累,设计结果往往会偏于保守,结构重量的优化特征是不明显的。此外,规范尚不能涵盖各种船型,也不能考虑所有设计细节,而这些细节有时可能会成为影响结构初始失效的关键因素。

当结构重量是项目关键技术指标时,或当降低重量与降低成本直接相关时,则不建议依照规范进行设计,而应基于基本理论进行结构设计与分析。

为使设计工作有序开展,非常有必要对设计过程中所需设计参量进行明确定义,主要包括结构设计时所采用的安全系数、许用材料体系、许用连接结构形式、设计载荷以及其他设计细节。

以上问题似乎已经非常清楚了,但实际上还是有很多不确定因素存在。例如,对于某一特定项目或船型,其所需采用的安全系数并没有得到明确规定或要求时,如何选取就非常困难了。

设计过程中另外一个需重点关注的方面,就是设计全过程的文档资料管理。设计管理者必须清楚设计过程中产生了多少份记录文档,多少份应该散发出去,多少份应该存档。而且所有信息必须记录在案,并让设计团队所有成员知晓。具体工作包括如何进行文档编号,如何安排文件接收人员,以及如何保存文档资料等。

CAD软件的使用极大程度上提高了设计人员工程制图的效率和修改速度,但也会因此而产生更多设计过程中的纸质文件。对此设计管理者应该引起注意,以便对无效数据的传播进行有效控制。

目前,结构有限元分析技术发展对设计工作的影响已经越来越大。随着计算分析与桌面软件处理问题能力的不断提高,计算机已经承担了大量分析工作。然而,设计管理者将不断地面对这种大量计算分析结果和数据使用的需求。因此,例如,在初步方案设计阶段,为了尽快拿出工作时间表,设计管理者更愿意接受经验丰富设计人员根据简化理论分析所得出的结论。

再次回到 BS7000,设计管理者随后的检查工作清单如下:

(1) 参与设计目标的制定工作,并确保其明确充分且科学合理。

(2) 为设计工作提供足够的设计资源。

(3) 确保设计专业技能满足设计要求,或通过安排必要的培训,提高设计人员的专业技能;确保所有设计管理高层人员具有相应的管理经验。

(4) 确保组织机构、设计流程和信息服务能力能够满足设计管理要求,并根据需要予以完善。

(5) 根据设计人员的专业差异分解设计任务,确保每位设计人员清楚设计目标。

(6) 激励全体工作人员。

(7) 通过设计工作阶段总结,关注阶段性研究结果。必要时,可与甲方协商调整设计目标。

(8) 确保在管理工作中体现服务意识。

(9) 关注设计进度和经费使用状况。

(10) 评估设计和质量管理流程,必要时加以适当调整和改进。

# 13.6 生产与设计接口

复合材料船舶结构物或产品设计的一个重要特征是设计和制备的交互。

设计管理必须认识到复合材料结构产品的特殊性,即生产工艺方法和流程的选择将严重影响产品性能、制作成本及其他方面特性。在某些情况下,特定的材料只能适用特定的制备流程。

在复合材料结构件制备工艺上,船海工程领域中严重依赖于选择基于模具的接触成型工艺(湿法成型工艺),近年来则越来越关注树脂传递模塑成型工艺(RTM)和预浸料固化工艺。大型复合材料船舶结构的建造目前主要采用预制三明治夹层板材,板材的加工量很少,筋材的挤压成型工艺目前应用较多。

设计流程中的每个环节或步骤都有其特定的利益特性,这些问题都应在初步设计阶段加以综合考虑。

对于大型船舶的建造,一个(普遍的)问题是加工流程中各个环节的设备成本问题。此类成本将被分摊在生产数量上,如果产品数量太少,甚至是单个,则应禁止使用复合材料制备方案。因此,在方案设计阶段不能仅考虑产品的成本,而应建立全寿命周期费用概念,充分发挥复合材料的低重量和环境改良特性。

## 13.7　设计质量保证

设计管理致力于建立和维护质量程序,保证设计流程能够通过质量过程的评估。

详细的相关管理流程规定和要求可参见 BS5750[3]。由于该规定是适用于各种组织管理的通用规定,因此参照使用的公司可能会认为这些文件的规定十分混乱,而难以理解和不便于操作实施。

设计管理的原理实际上是相当简单的,其主要工作就是对设计工作过程进行详细记录,掌握设计工作流程的评估方法,并保证实施进度。

## 13.8　组　　织

规范和完善的机构组织是有效开展设计管理的基础,该组织应该涉及企业各层级的所有部门。设计管理活动应该包括高效组织结构的建立,具体如下:

(1) 任命关键人员承担特定专业任务。

(2) 规定人员之间的通讯方式。

(3) 向全体设计人员阐明设计任务。

(4) 明确子合同单位(外协单位)的职责和本单位接口责任人。

(5) 任命助理人员、秘书和行政人员等。

组织机构成立后,应该对每位成员的岗位职责和个人能力进行重新评估,根据需求增加人员,并安排相应的业务培训等。

公司的管理应该确保所有政策能够在整个组织内部得到贯彻落实,并在职员雇佣合同的签订和高级管理人员的任命中得到体现。

## 13.9　设计管理和组织工程案例

为了对以上论述进一步加以说明,本节以一艘 30m 长的复合材料高速双体客船的设计为背景,重点介绍设计管理和组织结构在复合材料船舶设计中的重要作用。

项目基本概述主要包括船体尺寸、航速、排水量、环境影响因素、船级要求和制造地点。

由于设计对象是高速客船,重量要求至关重要,设计工作应该按照优先原则,在规定成本内实现重量的最小化。

项目管理者的任务是估算出设计成本,提供工程进度时间表,并负责建立与相关专业组的联系,如船体、机械动力和电气等。

方案设计阶段,设计管理团队主要由项目管理者和结构工程师组成,结构工程师负责进行结构重量分析和设计方案。在此要求团队中的每位成员必须清楚项目的进度、设计时间和设计报告的撰写要求。

选用复合材料进行高速客船设计是为了提高船体的综合性能。因为与铝合金相比,复合材料的使用可实现结构轻质和价廉,提高整体性能。

为了降低成本,无论采用单壳结构还是夹层结构,设计者往往倾向于阳模成型工艺。

当进入实际设计循环之后,首先要考虑的是各种船体壳板的结构形式方案。当然,还有很多其他方面的影响因素需要考虑,如水密舱壁的位置、船体外轮廓型线以及主机位置等。当主体结构和动力装置确定后,应该关注骨架结构形式,如肋骨间距和纵筋间距的比例选择。对于所提出的每套结构设计方案,设计管理者应该在与产品工程师讨论后,迅速得出重量和制作成本的评估结果,并且确保其能够有效地实施。

设计所需的材料数据可以从内部的数据库内获得,当数据储备缺乏或不足时,可以参考或借鉴相关或同类型产品的材料数据。

设计管理的技巧应该是能够适应各种结构设计方案的可能变化,同时能尽量避免在那些本应在细节设计阶段才需要考虑的事情上浪费时间和精力。综上所述,设计管理者必须确保在预定成本约束下,始终追求产品的最优重量特性。对于复合材料,这实际上是非常困难的。因为纤维的成本范围分布很宽,从玻璃纤维到碳纤维;同时,不同种类纤维对重量的影响也很大。通常层合板力学性能越好,结构越轻,所需成本也越高。当然,产品制造成本的增加可以通过全寿命成本的降低来弥补,也可以降低燃料使用费用,降低主机功率,增加航程,以及提高航速等。

制造工艺方案和原材料的选择主要基于成本、工艺水平、建造数量和质量要求等因素加以考虑,均与生产设施状态直接相关。

因此,只有对整个设计流程进行闭环,才能对所有影响因素进行客观评价,并最终得到一个明确的设计方案。

显然,经验丰富的设计管理者和设计师可以通过同类产品的工作经验积累找到捷径,但也必须遵循设计流程要求,以确保高效、低成本地达到产品设计要求。

如果没有设计管理和组织机构,设计者往往会偏离主线,重量控制无法实现,或出现任务重叠问题,或无法与其他学科形成整合,所有这些都将导致不成功的产品设计结果。

如果高速客船存在入级要求,那么在开始技术设计之前,设计载荷、安全系数以及选用材料的设计许用特性就应该满足船级社的相关规范要求。只有这样才能确保设计图纸和相关的设计计算书得到船级社的认可。

　　假设设计方案的重量和成本均已满足设计要求,那么设计工作将进入细节设计阶段。此时,设计团队将会扩大,以将所需要的更多的设计师和工程师引入,并绘制施工图纸。

　　在每张施工图纸中设计精度和部件重量将得到核实,并得到一个预估的船体总重量。

　　此时,层合板性能的测试工作将启动,以检查理论计算与制造工艺方法结果的误差。此类测试结果也是通过船级社认可的主要依据。

　　最终,包括设计图纸,产品说明书和设计计算书在内的完整设计信息文档完成后,将提供给生产制造厂家和船级社用于产品制造和入级分类批准。

　　在制造过程中对施工图纸和计算书进行适当调整及修改是不可避免的,这样才能最终形成完工文件。

　　在整个设计阶段,管理层主要通过记录工时和费用来控制成本。对计划外工作量的统计主要作为进一步资助谈判的依据。

　　对设计人员工作状态的监测和记录,可作为今后承担同类项目时进行设计管理的重要参考依据。

　　整个设计和管理过程实质上就是行动、审查及记录的过程。

# 13.10　结　　论

　　设计管理对于精细化控制设计流程,并高效统筹运用各项专业技能和软硬件设施是非常必要的。同时,由于复合材料结构物和部构件设计在设计流程中具有高度的一体化的集成特征,设计管理工作将尤显重要。

　　设计管理水平不仅表现为组织内部的管理过程;同时,清醒地认识设计需求,并将组织功能高效地发挥出来,也是设计管理艺术的真实体现。

　　个人的设计管理主要体现为自我的行为规范,以有效利用时间、技能和资源的能力为评价标准。

## 参 考 文 献

[1] BS7000. Guide to Managing Product Design[S]. 1989.

[2] Johnson A F, Marchant A. Design and analysis of composite structure[C]//Polymers and Polymeric Composites in Construction, Thomas Telford, London, 1990.

[3] BS5750. (ISO 9001, EN29001) Quality Systems, Part1: Specification for Design/ Development, Production, Installation and Servicing[S]. 1987.

# 附录　复合材料组分力学性能

　　该附录主要介绍了聚合物基复合材料及海洋结构典型层合板的力学性能。附表中的信息主要包括：

（1）热固性树脂的模量、拉伸/压缩强度及应变。

（2）热塑性树脂的模量、拉伸强度/应变。

（3）部分增强纤维的模量、拉伸强度/应变及热性能。

（4）典型层合板的弯曲/剪切模量、拉伸/压缩/剪切强度。

（5）典型三明治夹层板的剪切模量/强度及厚度方向的模量/强度。

（6）金属及 FRP 材料防火性能。

### 附表 1　热固性树脂的力学性能

| 材料 | 相对密度 | 杨氏模量/GPa | 泊松比 | 拉伸强度/MPa | 拉伸失效应变/% | 压缩强度/MPa | 热变形温度/℃ |
|---|---|---|---|---|---|---|---|
| 聚酯(邻苯型) | 1.23 | 3.2 | 0.36 | 65 | 2 | 130 | 65 |
| 聚酯(间苯型) | 1.21 | 3.6 | 0.36 | 60 | 2.5 | 130 | 95 |
| 乙烯基脂 | 1.12 | 3.4 | — | 83 | 5 | 120 | 110 |
| 环氧树脂 | 1.2 | 3.0 | 0.37 | 85 | 5 | 130 | 110 |
| 酚醛树脂 | 1.15 | 3.0 | — | 50 | 2 | — | 120 |

### 附表 2　部分热塑性树脂的力学性能

| 材料 | 相对密度 | 杨氏模量/GPa | 拉伸屈服应力/MPa | 拉伸失效应变/% | 热变形温度/℃ |
|---|---|---|---|---|---|
| ABS(丙烯腈丁二烯苯乙烯) | 1.05 | 3 | 35 | 50 | 100 |
| PET(聚对苯二甲酸乙二醇脂) | 1.35 | 2.8 | 80 | 80 | 75 |
| HDPE(高密度聚乙烯) | 0.95 | 1.0 | 30 | 600-1200 | 60 |
| PA(聚酰胺,尼龙 6/6) | 1.15 | 2.2 | 75 | 60 | 75 |
| PC(聚碳酸酯) | 1.2 | 2.3 | 60 | 100 | 130 |
| PES(聚醚砜树脂) | 1.35 | 2.8 | 84 | 60 | 203 |
| PEI(聚醚酰亚胺树脂) | 1.3 | 3.0 | 105 | 60 | 200 |
| PEEK(聚醚醚酮树脂) | 1.3 | 3.7 | 92 | 50 | 140 |

附表 3　部分增强纤维的力学性能

| 类型 | 相对密度 | 杨氏模量(轴向)* /GPa | 泊松比* | 拉伸强度/GPa | 失效应变/% | 膨胀系数(轴向)/(×10⁻⁶/℃) | 热导率(轴向)/[W/(m·℃)] |
|---|---|---|---|---|---|---|---|
| E-玻璃纤维 | 2.55 | 72 | 0.2 | 2.4 | 3.0 | 5.0 | 1.05 |
| S2 玻璃纤维 | 2.50 | 88 | 0.2 | 3.4 | 3.5 | 5.6 | — |
| HS 碳纤维(梭内尔 T-40) | 1.74 | 297 | — | 4.1 | 1.4 | | |
| HS 碳纤维(梭内尔 T-700) | 1.81 | 248 | — | 4.5 | 1.8 | | |
| HS 碳纤维(福塔菲尔 F-5) | 1.80 | 345 | — | 3.1 | 0.9 | -0.5 | 140 |
| HM 碳纤维(P-75S) | 2.00 | 520 | — | 2.1 | 0.4 | -1.2 | 150 |
| HM 碳纤维(P-12S) | 2.18 | 826 | — | 2.2 | 0.3 | — | — |
| 芳纶纤维(凯夫拉 49) | 1.49 | 124 | — | 2.8 | 2.5 | -2.0 | 0.04 |

\* 玻璃纤维基本为各向同性;而碳纤维和芳纶纤维具有较强的各向异性,表中未能很好描述。

附表 4　FRP 层合板的力学性能

| 类型 | 纤维体积分数 $V_f$ | 相对密度 | 杨氏模量 $E$/GPa | 剪切模量 GPa | 拉伸强度 $\sigma_{UT}$ /MPa | 压缩强度 /MPa | 剪切强度 /MPa | 比模量/($E$/SG) | 比强度($\sigma_{UT}$/SG) |
|---|---|---|---|---|---|---|---|---|---|
| E-玻璃纤维聚酯基树脂(CSM) | 0.18 | 1.5 | 8 | 3.0 | 100 | 140 | 75 | 5.3 | 67 |
| E-玻璃纤维聚酯基树脂(balanced WR) | 0.34 | 1.7 | 15 | 3.5 | 250 | 210 | 100 | 8.8 | 147 |
| E-玻璃纤维聚酯基树脂(单向纤维) | 0.43 | 1.8 | 30 | 3.5 | 750 | 600 | — | 16.7 | 417 |
| 碳纤维/环氧树脂(高强 balanced 织物) | 0.50 | 1.5 | 55 | 12.0 | 360 | 300 | 110 | 37 | 240 |
| 碳纤维/环氧树脂(高强单向纤维) | 0.62 | 1.6 | 140 | 15.0 | 1500 | 1300 | — | 87 | 937 |
| 凯夫拉 49/环氧树脂(单向纤维) | 0.62 | 1.4 | 50 | 8.0 | 1600 | 230 | — | 36 | 1143 |

**附表5　三明治夹层芯材力学性能**

| 芯材 | 相对密度 | 剪切模量 | | 剪切强度 | | 厚度方向杨氏模量 | | 厚度方向压缩强度 | |
| --- | --- | --- | --- | --- | --- | --- | --- | --- | --- |
| | | 绝对值/MPa | 比值 | 绝对值/MPa | 比值 | 绝对值/MPa | 比值 | 绝对值/MPa | 比值 |
| PVC泡沫 | 0.075 | 25 | 320 | 0.8 | 10.7 | 50 | 667 | 1.1 | 15 |
| PVC泡沫 | 0.13 | 40 | 308 | 1.9 | 14.6 | 115 | 885 | 3.0 | 23 |
| PVC泡沫 | 0.19 | 50 | 260 | 2.4 | 12.6 | 160 | 842 | 4.0 | 21 |
| PU泡沫 | 0.10 | 10 | 100 | 0.6 | 6.0 | 39 | 390 | 1.0 | 10 |
| PU泡沫 | 0.19 | 30 | 158 | 1.4 | 7.4 | 83 | 437 | 3.0 | 16 |
| 复合泡沫 | 0.4 | 430 | 1070 | — | — | 1200 | 3000 | 10 | 25 |
| 复合泡沫 | 0.8 | 1000 | 1250 | 21 | 26 | 2600 | 3250 | 45 | 56 |
| 横切巴沙木 | 0.10 | 110 | 1100 | 1.4 | 14 | 800 | 8000 | 6 | 60 |
| 横切巴沙木 | 0.18 | 300 | 1670 | 2.5 | 14 | 1400 | 7780 | 13 | 72 |
| 铝蜂窝* | 0.07 | 455/205 | 6500/2930 | 2.2/1.4 | 31/20 | 965 | 13790 | 3.5 | 50 |
| 铝蜂窝* | 0.13 | 895/365 | 6885/2810 | 4.8/3.0 | 37/23 | 2340 | 18000 | 9.8 | 75 |
| GRP蜂窝* | 0.08 | 117/52 | 1462/650 | 2.3/1.4 | 29/18 | 580 | 7250 | 5.7 | 71 |
| 芳纶纸蜂窝 | 0.065 | 53/32 | 815/492 | 1.7/1.0 | 26/15 | 193 | 2970 | 3.9 | 60 |

* "/"两侧数值分别代表六角蜂窝芯材的纵向与横向。

**附表6　金属及FRP材料防火性能**

| 材料 | 熔点/℃ | 热导率[W/(m·℃)] | 热变形温度/℃ | 自燃温度/℃ | 燃点/℃ | 氧指数/% | 烟密度/dm |
| --- | --- | --- | --- | --- | --- | --- | --- |
| 铝 | 660 | 240 | — | — | — | — | — |
| 钢 | 1430 | 50 | — | — | — | — | — |
| E-玻璃纤维 | 840 | 1.0 | — | — | — | — | — |
| 聚酯树脂 | — | 0.2 | 70 | — | — | 20～30 | — |
| 酚醛树脂 | — | 0.2 | 120 | — | — | 35～60 | — |
| GRP(聚酯树脂) | — | 0.4 | 120 | 480 | 370 | 25～35 | 750 |
| GRP(酚醛树脂) | — | 0.4 | 200 | 570 | 530 | 45～80 | 75 |